벨직신앙고백서의 다차원적 읽기

(Reading the Belgic Confession Multi-Dimensionally)

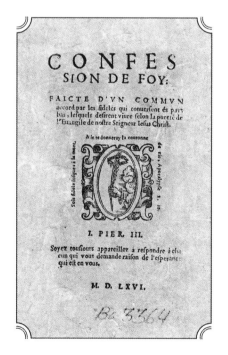

벨직신앙고백서 원본

향기교리
시리즈 02

교리서 다차원적 읽기 시리즈 02

벨직신앙고백서

1쇄 인쇄   2023년 08월 15일
1쇄 발행   2023년 08월 15일

지은이 | 송영목
펴낸이 | 이은수

편 집 | 이은수
디자인 | 디자인 향기

펴낸곳 | 도서출판 향기
등 록 | 제 325-2020-000007호
주 소 | 부산광역시 중구 대청로 69-12
전 화 | 051-256-4788
팩 스 | 051-256-4688
이메일 | onearoma@hanmail.net

ISBN 979-11-973080-5-5

향기교리
시리즈 02

송 영 목 지음

교리서 다차원적 읽기 02

벨직신앙고백서의

다차원적 읽기

향기
도서출판

저자 서문

송영목 교수
고신대학교

벨직신앙고백서에는 개혁신앙과 신학을 위해 목숨을 바친 귀도 드 브레의 순교 신앙의 짙은 향이 배어있습니다. 드 브레는 이 신앙고백서를 통해 "하나님께서 인간을 창조하셨으나 타락하여 죄와 비참에 빠졌을 때, 예수 그리스도를 통하여 구원하셨고, 구원받은 사람은 교회로서 종말을 산다."라고 해설합니다.

이 책의 목적이자 특징은 벨직신앙고백서를 성경신학, 역사신학, 교의학, 봉사신학, 선교학 등을 종합하여 다차원적으로 해설하는 데 있습니다. 그리고 본서는 이 신앙고백서의 각 조항을 다차원적으로 해설한 다음, '적용'도 간단히 제시합니다. 이런 다차원적 작업이 필요한 이유는 개혁교회의 유산인 신앙고백서는 창고에 먼지와 곰팡이로 덮인 채로 보관될 수 없기 때문입니다. 그리고 신앙고백서가 현재에 생생하게 회복되어 신선한 목소리를 내어야 하기 때문입니다. 이를 위해 최신 연구물을 많이 참고했습니다.

이 책의 부록 가운데 소위 '칼빈주의 5대 교리'라 불리는 '튤립'과 '다섯 가지 오직'을 해설한 다음에, 적용을 위해 생각해 볼 점을 소개합니다. 따라서 이 책은 주일 오후 예배 혹은 교회학교의 성경공부반에서 활용하기에 적절할 것입니다.

무엇보다 주일 오후 예배 때, 벨직신앙고백서를 함께 묵상한 부산 범천교회(정바울 담임목사)에 깊은 감사를 표합니다.[1] 또한 5주에

걸쳐 '튤립'을 함께 묵상한 시냇가에심은교회(전상수 담임목사)와 5
주 동안 '5 Solas'를 함께 묵상한 부산범천교회 청년부에도 감사드립
니다. 그리고 출판을 허락하신 도서출판 향기 대표 이은수 목사님과
추천사를 써주신 김찬영 교수님과 정바울 목사님, 그리고 고신대 신
대원 동기 김재윤 교수님께 감사를 표합니다. 또한 벨직신앙고백서
의 한글 번역본을 사용하도록 흔쾌히 허락해 주신 독립개신교회 김
헌수 목사님께 감사드립니다. 마지막으로 '튤립'과 '다섯 가지 오직'
찬송가 두 곡을 작곡 및 해설해주신 부산 삼일교회 오르가니스트 정
미경 집사님(D.M.)의 경건하고 탁월한 실천적 수고는 본 소품의 가
치를 높입니다.

---

1) 필자는 장로교의 표준 문서 중 하나인 웨스트민스터 신앙고백서를 2022년에
부산범천교회의 오후 예배 때 설교한 바 있다. 장로교 직분자라면 임직 시,
본 신앙고백서를 믿고 따른다고 서약한다. 하지만 직분자들이 이 신앙고백서
를 배운 경우는 매우 드물고, 심지어 읽어보지 않은 경우도 적지 않은 형편이
다. 장로교 설교자들이 웨스트민스터 신앙고백서를 설교한다면, 직분자들의 마
음의 짐을 들어줄 수 있을 것이다. 개혁주의 신학과 신앙이 네덜란드 개혁교
회와 영어권 장로교회에서 어떻게 꽃피었는지 비교하며 살핀다면, 미국의 신학
과 교회로부터 지대한 영향을 받는 한국교회가 세계적인 균형감을 갖추게 될
것이다. 참고. J. R. Beeke and S. B. Ferguson, 『개혁주의 신앙 고백의 하모니』,
Reformed Confessions Harmonized, 신호섭 역 (서울: 죠이북스, 2023).
참고로 하이델베르크교리문답(1563)과 도르트 교회질서(1619)와 같이 유럽의
신조를 애용하는 남아공 개혁교회들(GKSA, NGK, NHKA)이 발행하는 학술 저널
(*In die Skriflig, Koers, HTS Teologiese Studies, Verbum et Ecclesia, Acta
Theologica, Scriptura, Stellenbosch Theological Journal*)에 영미권의
웨스트민스터 신앙고백서와 대소교리문답에 관한 연구는 찾아보기 어렵다.

편집인의 글

이은수 목사

발행인 / 편집인

　너무도 빨리 변하는 세상을 살고 있고, 변화를 가치로 여기는 세상의 중심에 있습니다. 모든 것이, 빨라도 너무 빠릅니다. 욥의 고백처럼 '베틀의 북'과 같습니다. 하지만 '빠름'보다 '바름'이 중요하고, 세상은 시간이 지나도 변하지 않는 것을 가치로 여깁니다. 하나님의 계시와 구속의 은혜를 가르치는 성경의 가치는 변하지 않는 데 있습니다. 그리고 성경의 진리를 구슬로 꿰맨 벨직신앙고백서도 400년이 넘게 변하지 않기에 영롱합니다.

　하이델베르크 신앙고백서의 다차원적 읽기에 이어 향기교리시리즈 02로 송영목 교수님의 벨직신앙고백서의 다차원적 읽기가 한국교회에 소개되어 감사합니다. 전작인 '하이델베르크 신앙고백서의 다차원적 읽기'는 학문적으로는 가치가 있지만, 많은 교회에서 주일 오후 예배에 성경 공부 교재로 사용하고, 성도들이 직접 읽기엔 좀 어렵다는 평이었습니다. 그래서 좀 더 많은 사람이 읽고 바른 교리 위에 신앙이 확립되도록 변화를 주었습니다.

　첫째는 모든 문장을 경어체로 바꾸었습니다. 마치 저자의 강의를 직접 듣는 느낌이 날 것입니다.

　둘째는 각 제목에 주요 성경 구절을 넣었습니다. 성경을 찾지 않아도 되고, 각 제목의 근거가 되는 말씀이기 때문입니다. 그래서 암송을 겸하면 더욱 좋을 것입니다.

셋째는 부록으로, 칼빈주의 5대 교리인 'TULIP'과 다섯 가지 오직(5 Solas) 및 복음주의, 근본주의, 그리고 개혁주의에 대한 해설을 넣었습니다. 이것을 중간에 특강으로 넣으면 52주 동안 성경 공부를 할 수 있을 것입니다.

연말 즈음에 웨스트민스터 신앙고백서의 다차원적 읽기도 출판될 것입니다. 이런 작은 몸짓으로 한국교회가 변하지 않는 반석인 성경 위에 굳게 서서 세상을 밝히는 빛이 되길 기도합니다.

한국교회를 위하는 저자의 수고와 변화에 감사를 드립니다.

추천사 1

김재윤 교수

고신대 신대원 교의학

출중한 성경신학자이자 개혁교회를 사랑하는 신대원 동기 송영목 교수가 벨직신앙고백서의 해설서를 출판하게 된 것은 매우 뜻깊은 일입니다. 1787년 가블러(J. P. Gabler)가 처음으로 성경신학과 교의학을 구분한 이후, 이 둘의 거리는 점점 더 멀어져 온 것이 사실입니다. 최근 통합적 작업을 위한 새로운 목소리들이 등장하고 있지만 여전히 신학 분과들의 분리 현상은 온존하고 있습니다. 이런 상황 속에서 성경신학자가 신앙고백 해설서를 출간했다는 사실은 그 자체로만 해도 큰 의의가 있습니다. 무엇보다도 벨직신앙고백서를 과거의 문서로만 머물게 할 수 없고 현재 교회를 세우는 중요한 토대로 삼고자 하는 고민과 신앙고백서 연구의 방법론은 다차원적인 것이 되어야 한다는 방법론적 통찰은 인상 깊습니다. 벨직신앙고백서가 복잡한 신학 체계 대신에 교회를 위한 담백한 가르침을 담고 있는 것처럼, 본서에 나타난 해설도 간결하지만 많은 유익을 담고 있습니다. 이 해설서를 통해서 벨직신앙고백서가 교회에 든든히 자리잡는 계기가 되리라 믿습니다.

추천사 2

김찬영 교수

대신대 신학과 교의학

본서는 개혁교회의 역사적 증언의 공인된 요약인 벨직신앙고백서를 그 역사적 측면, 교리적 측면, 목회적 측면, 선교적 측면, 공공신학적 측면 등을 종합적으로 고려하여 해설한 역작입니다. 저자가 특히 요한계시록과 신약 연구에서 보여준 다차원적인 통합적 읽기의 대가(大家)다운 면모가 이번에는 교회의 역사적 문서인 신앙고백서 연구에서 드러납니다. 오늘날 성경 본문(text)의 바른 읽기에 있어서 문맥(context)과 상호텍스트성(intertextuality)에 대한 정당한 강조에도 불구하고, 성경신학과 조직신학, 이론신학과 실천신학, 영성신학과 공공신학의 간극은 쉽게 좁혀지지 않고 있습니다. 이런 상황에서 본서는 귀한 선물입니다. 그리고 이런 신앙고백서에 대한 깊이 있는 다각도의 해설의 모판이, 우리 주 그리스도의 측량할 수 없는 사랑의 "너비와 길이와 높이와 깊이"를 맛보는 예배 시간이었다는 사실이 참 감사하고 기쁩니다. 본서는 산 자들의 죽은 신앙이 아니라, 죽은 자들의 산 소망과 그 이유를 밝혀줍니다. 이 책이 살았다는 이름만 있는 죽은 정통이 아니라, 죽었으나 지금도 말하는 생생한 믿음의 고백을 함께 들을 수 있게 하는 확성기 역할을 하리라 기대하며 환영합니다.

추천사 3

정바울 목사
부산범천교회

기독교는 고백적 신앙공동체입니다. 우리가 예수 그리스도를 믿게 되면 예수님이 그리스도라는 자신의 신앙을 반드시 고백해야 합니다. 하지만 같은 예수 그리스도를 놓고도 서로의 고백이 다를 수 있습니다. 같은 하나님의 말씀에 대한 신학적 고백도 다를 수 있습니다. 고백이 다르다는 것은 서로의 신앙적 관점이 다르다는 말입니다. 그러므로 같은 신앙을 고백하기 위해서는 동일한 신학적 관점을 지향해야 합니다. 이러한 필요에 의해 신앙고백서가 만들어지게 되었습니다. 역사적으로 1561년에 작성된 귀도 드 브레(Guido de Bres)의 벨직신앙고백서는 성경적 신앙을 가진 이들에게 표준 문서처럼 여겨져 왔습니다. 이 신앙고백서는 서로 다른 국적과 인종을 뛰어넘어 같은 신앙을 고백하도록 했습니다. 코로나19 이후 한국교회에는 어느 때보다 바른 신앙고백이 더욱 필요합니다. 바른 신앙고백은 교회를 거룩하고 순결하게 합니다. 또한 바른 신앙고백은 우리의 믿음을 흔들리지 않게 합니다. 이 책의 저자는 우리의 바른 신앙고백을 돕기 위해 신앙고백서 해설서를 출간하게 되었습니다. 이 책이 우리의 바른 신앙고백을 위해 큰 도움이 될 줄 확신합니다.

목 차

약어표

BC　　The Belgic Confession
　　　벨직신앙고백서

CD　　The Canons of Dordt
　　　도르트신경

HC　　The Heidelberg Catechism
　　　하이델베르크 교리문답서

SD　　The Synod of Dordt
　　　도르트회의

WCF　The Westminster Confession of Faith
　　　웨스트민스터 신앙고백서

WLC　The Westminster Larger Catechism
　　　웨스트민스터 대교리문답서

WSC　The Westminster Shorter Catechism
　　　웨스트민스터 소교리문답서

들어가면서

　벨직신앙고백서(Confessio Belgica; The Belgic Confession, 1561, 이하 BC)는 천주교의 박해를 받던 네덜란드, 벨기에, 프랑스 북부, 그리고 룩셈부르크의 저지대(the Low Countries)의 '십자가 아래 교회'를 변호하기 위해 프랑스어로 작성된 신앙고백서입니다. 이 고백서가 작성된 해인 1561년에 조선의 형편은 어떠했을까요? 명종 제16년이었고, 학정과 수탈에 시달린 민초를 대변하여 임꺽정이 난을 일으켰고, 이순신은 22세였습니다.

　BC의 저자는 벨기에 남부 몽스(Mons)에서 유리 세공업자 장 드 브레의 넷째 아들로 출생한 귀도 드 브레(Guido de Brès, 1522-1567년 5월 31일)입니다.[2] 귀도는 천주교의 영향을 받으며 성장했지만, 둘째 형 크리스토퍼와 개혁주의 순회설교자들의 영향을 받아 25세가 되기 전에 개혁주의 신학과 교리를 수용했습니다. "우리는 믿는다"(Nous croyons)로 시작하는 공동체의 고백서인 BC(1561)는 1562년에 네덜란드어로 번역된 후, 안트베르펜총회(1566), 엠던총회(1571), 미덜부르흐총회(1581), 그리고 도르트총회(1619)가 개혁교회의 신앙고백서로 수정 후 채택했습니다. '네덜란드신앙고백서'라고도 불리는 BC는 개혁신앙을 위해 목숨을 바친 신앙의 선배가 보인 결연한 의지를 증거합니다.

---

2) '귀도'(Guido)는 옛 프랑스어로 가이드(Guide) 혹은 지도자(leader)라는 의미이다.

1. 서론

(1) 벨직신앙고백서의 작성 배경과 목적3)

BC가 작성될 당시 네덜란드의 통치자는 신성로마제국(Novum Imperium Romanum)의 카를 5세(1500-1558)의 아들이자 스페인 출신 천주교도 펠리페 2세(1527-1598)였습니다. 펠리페 2세는 1556년부터 스페인과 네덜란드를 모두 통치했습니다. 펠리페는 교황 피오 4세(d. 1565)와 이복누이인 파르마의 마르가레타와 힘을 합쳐 개신교도를 박해했습니다. 귀도는 1548-1552년에 에드워드 6세 치하의 영국으로 도피하여, 마르틴 부써(d. 1551), 마르턴 미크론(d. 1559), 요하네스 아 라스코(d. 1560), 얀 후텐호프, 그리고 페트루스 다테누스와 같은 개혁주의자들과 교제하면서 배웠습니다. 그 후 귀도는 '몽스의 어거스틴'이라는 가명으로 프랑스 북단의 릴(Lille)에 정착하여 4년간 장미교회에서 목회했습니다. 귀도는 총 16장으로 된 첫 저작 『기독교 신앙의 무기』(1554)를 익명으로 출판하여 개혁신앙을 변호했는데, 이것은 BC의 초본과 같습니다. 1556년 9월, 귀도는 프랑크푸르트에 도피하던 중 낙스와 칼빈을 만났고, 그 후 3년간 칼빈과 베자에게서 신학을 배웠습니다.4) 그는 1559년에 릴에서 동쪽 15마일 떨어진 도르니크로 돌아와 종려나무교회에서 자기 형 '제롬'의 이름을 가지고 목회했는데, 그 해 37세 때 검은 눈을 가진 젊은 여

---

3) 이 단락은 송영목, 『하이델베르크 교리문답서의 다차원적 읽기』 (부산: 도서출판 향기, 2022), 24-25를 수정하여 인용한 것이다.

4) BC에 칼빈의 영향은 여러모로 감지된다. 예를 들어, 경륜적 삼위일체와 창세기부터 계시록으로 흐르는 구원계시역사적 해설을 들 수 있다. 칼빈의 어머니와 아내는 네덜란드 남부 출신이었고, 칼빈은 화란 신학자들과 신학 네트워크를 형성하여 소통했다. H. L. Bosman, "Die Nederlandse Geloofsbelydenis/onfessio Belgica en die Bybel in 1561," *NGTT* 53/3-4 (2012), 9.

성 카타리나 라몽과 혼인했습니다. 이 둘 사이에 태어난 장남의 이름은 '이스라엘'입니다. 귀도가 45세에 순교했기에, 혼인 관계는 8년만 지속되었습니다.

　귀도가 프랑스신앙고백서(1559)를 참고하여 BC를 작성한 시기는 1559-1561년이었습니다. 귀도가 이 신앙고백서를 작성할 때, 레이던대학교 교수 아드리안 드 사라비아, 공작(公爵) 빌럼 판 오란여(Oranje, 1533-1584)의[5] 군목 모데투스, 그리고 갓프리 판 빙언이 도움을 주었습니다. 1561년 11월 2일 도르니크 총독 관저의 보초들은 귀도가 만성절(11월 1일)에 던져놓은 BC와 펠리페 2세에게 보낸 서신 뭉치를 발견했습니다. 1561년 12월에 귀도는 도르니크를 떠나 저지대(低地帶)에서 가까운 프랑스의 북부 지역(아미엥, 몽디디에, 스당 등)으로 도피하여 (궁정설교자로서) 위그노를 목회했습니다. 이 시기에 자녀 두세 명이 더 출생했습니다. 귀도는 이때 『재세례파의 뿌리와 기원 및 기초』(La Racine, Source et Fondement des Anabaptistes)를 모국어인 프랑스어로 903페이지로 작성하여 1565년에 루앙에서 출판했습니다. 1562년 1월 21일에 천주교도인 왕의 명령에 따라 귀도의 허수아비가 도르니크 시장 광장에서 화형 당했습니다. 이렇게 허수아비를 불태우는 행위는 귀도가 발각되면 화형에 처하겠다는 공개적인 협박이었습니다. 그 후 1566년 5월 안트베르펜총회에서 BC가 개혁파 신앙고백서로 채택되었습니다(참고. 총회 참석자의 암호는 '포도원'). 귀도는 1566년 8월 개혁파가 다수였던 발렌시앙에서 델라 그랑즈 목사와 더불어 목회했는데(독수리교회), 마침 성상(聖像)을 파괴하는 운동이 일어나 펠리페 왕의 공격을

---

5) 1568년까지 합스부르크제국(Habsburgerreich, 1526-1918)에 충성했던 오란여는 1571년부터 '조국의 아버지'라 불렸고, 1573년에 칼빈주의로 개종했다.

받아 1567년 3월에 그 도시는 함락되었습니다. 귀도는 무력 저항과 성상 파괴를 반대했지만 검거되어 고문당한 후 1567년 5월 31일, 성령강림절 전날에 처형되었습니다. 귀도는 투옥 중에 아내와 어머니에게 보낸 편지들을 썼고, 233페이지에 달하는 '주님의 만찬에 관한 논문'도 작성했습니다. 쎄아 판 할세마가 귀도에게 별명을 붙이듯이 이 '영광스런 이단자'는 개혁주의 교리 때문에 정죄당하여 죽임을 당하는 것을 행복이자 영광으로 여긴다는 유언을 남겼습니다.[6]

BC의 중요한 목적은 개신교의 개혁신앙을 변호하고, 천주교와 재세례파를 반대하는 데 있습니다.[7] 독일의 토마스 뮌처가 주도한 농민혁명을 거쳐, 1534년에 재세례파는 무력으로 뮌스터를 점령했습니다. 이를 염두에 둔 채 저지대의 재세례파 지도자인 메노 시몬스(d. 1561)는 뮌스터 점령과 선을 긋고 평화를 외쳤습니다. 하지만 다른 재세례파처럼 예수님의 인성을 부인했습니다. 1550년대에 저지대에

---

6) 이 단락은 귀도 드 브레를 BC의 저자로 명시한 W. te Water(1762)의 자료를 분석한 N. H. Gootjes, "The Earliest Report on the Author of the Belgic Confession (1561)," *Nederlands Archief voor Kerkgeschiedenis* 82/1 (2002), 86-94, 라은성, "벨지카 고백서의 저자 귀도 드 브레," 『신학지남』 82/1 (2015), 151-67, 이승구, "벨직 신앙고백서의 교회론: 벨직 신앙고백서의 교회 이해에 비추어 본 우리들의 교회," 『신학정론』 33/2 (2015), 152-76에서 요약.

7) 재세례파(anabaptist)는 주로 16세기에 급진적으로 철저한 종교개혁을 추구한 사람들이다. 예를 들면, 스위스 형제단의 콘라드 그레벨(d. 1526), 펠릭스 만츠(d. 1527), 게오르게 블라우록(d. 1529], 발타사르 휘브마이어(d. 1528)이다. '좌익 종교개혁파'라고도 불린 재세례파는 국가교회 체제를 완전히 극복하려 했으며, 유아세례를 부인하고 오직 성인의 세례만 유효하다고 보았다. 다시 말해, 유아세례를 받은 사람이라 할지라도 신앙고백을 할 수 있는 성인이 되면 다시 세례를 받아야 한다고 주장했다. 그들은 성령께서 말씀과 함께 역사하기보다는 내적으로 직접 조명하심을 강조하여, 기록된 성경의 권위를 약화시켰다. 그들은 비폭력 및 기독교 평화주의, 종교와 국가의 분리(교회가 타락한 원인은 국가와 연합된 데 있음), 평등과 사랑의 실천을 통한 제자도, 유아세례 반대, 거룩한 삶과 형제애의 실천, 믿음을 통한 구원의 강조, 절대적 예정론 반대 등을 내세운다. 이상규, "재세례파의 기원과 교의," 『진리와 학문의 세계』 3 (2000), 99-124.

재세례파의 수는 증가했는데, 그들은 설교보다는 각자 마음에 주어지는 직통계시를 따르는 해석, 반 성직자 성향, 그리고 체제 전복을 주장했습니다.[8] 귀도는 이를 좌시하거나 방치할 수 없었습니다.

(2) 벨직신앙고백서의 구조

BC는 총 37개 조항으로 구성되며, 크게 11주제를 다룹니다. (1) 하나님(제1-2조), (2) 성경(제3-7조), (3) 삼위일체(제8-13조), (4) 사람(제14조), (5) 죄(제15조), (6) 예정과 구원(제16-17조), (7) 그리스도(제18-21조), (8) 칭의와 성화(제22-26조), (9) 교회(제27-35조), (10) 정부(제36조), 그리고 (11) 종말(제37조). 그런데 첫째 주제인 '하나님'(제1-2조)과 셋째 주제인 '삼위일체'(제8-13조)를 구분한점이 특이합니다. 신앙고백은 '하나님'으로 시작하는 게 마땅하지만, 하나님의 자기 계시인 '성경'(제3-7조)을 통하여 '삼위일체'를 제대로 알 수 있다는 논리 전개로 보입니다. BC를 네 주제로 압축하면, 삼위일체, 성경, 교회, 그리고 시민 정부입니다.[9]

(3) 벨직신앙고백서의 특징과 가치

귀도는 기독교 교리를 포괄적으로 담아내면서 성경적 신앙을 강조하는데, 특히 천주교와 재세례파의 문제점을 간파합니다.[10] BC는 성경과 교부를 적절히 활용합니다.

귀도가 BC에서 증거 구절로 '인용'한 구약성경은, 창세기 1:26-27(제9조), 신명기 12:32(제7조), 시편 69:5(제21조), 143:3(제23조),

---

8) 강병훈, "귀도 드 브레(Guido de Brès, 1522-1567)의 재세례파 반대의 이유: 『재세례파의 뿌리와 기원 및 기초』(La Racine)를 중심으로," 『한국개혁신학』 75 (2022), 80-90.
9) 이 단락은 송영목, 『하이델베르크 교리문답서의 다차원적 읽기』, 26을 재인용함.
10) 라은성, "벨지카 고백서의 저자 귀도 드 브레," 174-77.

이사야 11:11(제19조), 53:5, 7, 9(제21조), 예레미야 33:15(제19조), 미가 5:2(제10조)입니다. 이때 구약 히브리어 본문(Masoretic Text)과 약간 차이가 나는 경우가 종종 있습니다. 그리고 귀도는 구약의 인용에서 인본적인 역사비평적 해석과 자의적인 풍유적 해석을 지양합니다(예외. BC 34조). 구약의 메시아 예언은 신약 본문의 기독론과 적절히 연결하여 해석하면서(예. BC 10조) 천주교와 재세례파를 비판합니다.[11]

하지만 구약 본문을 증거 구절로 활용할 경우, 그 본문의 문맥과 의미에 나타난 구원계시의 발전이 무시될 가능성이 큰데, BC에도 이 경향이 나타나는지 주의해서 살펴야 합니다(예. BC 23조의 시 32:1과 롬 4:6).[12]

BC의 가치는 칼빈주의에 입각한 도르트신조(1619, 이하 CD)와 하이델베르크 교리문답서(1563, 이하 HC)와 더불어 '세 일치신조'(the Three Forms of Unity) 중 하나라는 사실입니다. BC는 칼빈이 작성한 프랑스신앙고백서(갈리칸신앙고백서, 1559)를 참고했습니다. 예를 들어, BC 2-7조와 프랑스신앙고백서 2-5조의 특별계시와 자연계시라는 이중 계시는 유사하며, BC 19조의 그리스도의 양성 교리와 35조의 성찬론은 루터의 공재설(共在說; 떡과 포도주에 그리스도께서 임하심)이 아니라 칼빈의 영적인 실제 임재설을 따릅니다.[13]

---

11) 이 단락은 H. F. van Rooy, "Die Gebruik van die Ou Testament in die Belydenisskrifte, Hermeneuties Beoordeel," *In die Skriflig* 25/1 (1991), 33-34, 37, 42-44를 요약함.

12) Van Rooy, "Die Gebruik van die Ou Testament in die Belydenisskrifte, Hermeneuties Beoordeel," 43, 45; Bosman, "Die Nederlandse Geloofsbelydenis/Confessio Belgica en die Bybel in 1561," 14.

13) S. A. Strauss, "John Calvin and the Belgic Confession," *In die Skriflig* 27/4 (1993), 506-508. 참고로 동방정교회의 고백서는 1633년까지 그리스어로 작성된 바 없다. 그리스어로 신앙고백을 작성하려는 시도는 1638, 1642, 1672년에 열린 정교회 총회에서 비판받았다. 1672년 총회는 예루살

BC(1561)와 HC(1563)는 작성 연대에 있어 2년밖에 차이가 나지 않습니다. 이 둘을 비교해 보면 차이점과 유사점이 나타납니다. (1) HC는 율법을 그리스도인의 감사하는 삶을 위한 규칙으로 제시하기에 칼빈주의 색채가 강합니다. 반면, HC에서 율법의 신학-정치적 용례는 부차적인 역할을 합니다. BC는 예수님의 그림자인 제의법이 주님의 도래로 폐기되었다는 신학적 용례만 다룹니다(예. BC 25). (2) HC는 주기도문 해설을 통하여 그리스도인의 개혁주의 윤리에 관한 상당한 내용을 제공합니다. 따라서 HC는 올바른 신앙과 더불어 올바른 신앙으로부터 나오는 올바른 삶을 강조합니다. HC 62-63, 86-91문답은 윤리의 기초를 설명하는데, BC 24조도 성화와 선행을 다룹니다. 따라서 HC는 BC보다 윤리적 삶에 관해 더 자세한 설명을 담아냅니다.[14]

BC의 다양한 버전을 주목해야 합니다. 네덜란드교회는 BC의 초판은 받아들이는데, 프랑스어판은 안트베르펜총회(1566)에서 개정되었습니다. 1561년 초판이 발행된 후 20년 이내에 BC의 원본의 상태에 관해 모호함이 발생했습니다. 1566년에 아드리안 사라비아(d. 1613)는 개정 작업에 기여했는데, 혹자는 이때를 초판 발행 연도로 잘못 간주합니다.[15] 1562년에 BC의 초판은 네덜란드어로 번역되었

렘의 총대주교 Dositheos II(1641-1707)가 의장을 맡았다. Dositheos II는 루마니아 부쿠레슈티에서 Meletios Syrigos(1585-1663)가 작성한 신앙고백서를 비판하는 글을 썼다. 이런 모든 상황은 현대 학자들로 하여금 총대주교 Cyril Loukaris의 칼빈주의 신앙고백서는 동방정교회의 '칼빈화'를 위한 기초로 의도되었다고 믿도록 인도한다. 참고. V. Tsakiris, "The 'Ecclesiarum Belgicarum Confessio' and the Attempted 'Calvinisation' of the Orthodox Church under Patriarch Cyril Loukaris," *Journal of Ecclesiastical History* 63/3 (2012), 476

14) 참고. B. J. Engelbrecht, "'N Vergelyking tussen die Teologie van die Nederlandse Geloofsbelydenis en die Heidelbergse Kategismus," *HTS Teologiese Studies* 45/3 (1989), 635.

습니다.16)

　BC 초판의 앞표지에 "이 신앙고백서는 우리 주 예수 그리스도의 복음의 순수성을 따라 살기를 열망하는 네덜란드 신자들의 공동 합의로 만들어졌다."라는 문구가 있습니다. 그리고 앞표지 하단에 "너희 마음에 그리스도를 주로 삼아 거룩하게 하고, 너희 속에 있는 소망에 관한 이유를 묻는 자에게는 대답할 것을 항상 준비하되 온유와 두려움으로 하고"(벧전 3:15)가 적혀 있습니다. BC는 귀도의 개인적 신앙고백을 넘어서는 공교회의 문서이며, 그리스도인이 복음을 따라 살면서 드러내는 소망에 관한 이유를 설명하기 위해서 제작되었습니다.17) 신앙고백서는 신자의 마음과 입에 머물지 말고, 심장과 손과 발로 표현되어야 마땅합니다.

2. 벨직신앙고백서의 다차원적 해설18)

　프레토리아대학교 교의학 및 윤리학 교수 타니아 판 베이크(T.

---

15) L. Verduin, "Which Belgic Confession? [1]," *Reformed Journal* 11/8 (1961), 17-20.

16) https://blog.naver.com/paidion1318/222418833500 (2022년 11월 19일 접속). 참고로 총 4장으로 구성된 도르트 교회질서(1619)는 BC의 참 교회의 세 가지 표지를 반영했다. 남아공 개혁교회(GKSA)는 레덜스부르흐총회(1862)에서 화란 미델부르흐총회(1581)와 흐라픈하흐총회(1586)가 결의한 교회질서, 그리고 제네바 교회질서(the Genevan Articles, 1537)와 프랑스 개혁교회의 교회치리서(the Discipline Ecclésiastique, 1559)에 기반을 둔 도르트 교회질서를 헌법으로 채택했다. 그리고 화란에서 도르트 교회질서는 새로운 환경을 고려하여 1816년, 1951년과 2004년에 각각 업그레이드되었다. L. van den Broeke, "The Composition of Reformed Church Orders: A Theological, Reformed and Juridical Perspective," *In die Skriflig* 52/2 (2018), 2-8.

17) 참고. Bosman, "Die Nederlandse Geloofsbelydenis/Confessio Belgica en die Bybel in 1561," 11.

18) 이 책에서 사용한 벨직신앙고백서는 독립개신교회 김헌수목사님이 번역한 것을 허락받아 사용함을 밝힌다. https://ko.ligonier.org/resources/creeds-and-confessions/the-belgic-confession.

van Wyk)는 성경해석법과 유사한 신앙고백서를 해석하는 몇 가지 방법과 원칙을 다음과 같이 제안합니다.[19] (1) 신앙고백서의 한 본문을 분리하지 말고 전체 본문의 맥락에서 읽어야 합니다. (2) 신앙고백서의 본문이 역사적으로 어떻게 발전해 갔는지를 파악해야 합니다. (3) 신앙고백서가 작성될 당시의 역사-종교-정치-사회적 배경을 배제하지 말아야 합니다. (4) 메시지의 조직화된 '정신'은 본문을 통해서 전달되는데, 해석자의 편견을 배제한 채 신중하게 연구되어야 합니다. (5) 후대 교회 역사에서 볼 수 있는 수용의 역사는 중요하지만, 원래 상황 안에서 전달된 메시지와 동일하지 않음을 인지해야 합니다. (6) 원본이 작성될 때의 문화와 시간은 현대 독자의 그것과 차이가 난다는 사실을 진지하게 인정해야 합니다.

본서의 다차원적 해석은 성경 주해, 교리 해설, 교회 역사, 선교, 기독교교육, 하나님 나라 중심의 공공신학과 실천신학의 통찰을 아우르려고 시도합니다.[20] 이런 다차원적 해석은 수백 년 전의 문서를

---

19) T. van Wyk, "Die Dordtse Leerreëls: 'N Grammatika van Geloofstaal gebore uit die Nasie-Staat-Ideologie," *HTS Teologiese Studies* 71/3 (2015), 2.

20) 참고. 송영목, "하이델베르크 교리문답의 공공선교신학," 『갱신과 부흥』 30 (2022), 157-88. 본서의 다차원적 해석에서 교회법(교회질서)은 취약하다. 강민, 『아 라스코: 개혁주의 교회법의 토대를 놓다』 (서울: 익투스, 2019); 노영상, 『개혁교회 전통의 교회법과 대한예수교장로회(통합)의 교회법에 대한 비교 연구』 (서울: 총회한국교회연구원, 2017); 허순길, 『개혁교회 질서 해설: 도르트 교회 질서』 (광주: 셈페르 레포르만다, 2017); 황규학, 『교회법이란 무엇인가?』 (서울: 에클레시안, 2007); G. P. Waters, 『꼭 알아야 할 장로교 교회 정치 5대 원리: 질서 있고 복된 그리스도인의 삶』, *Well Ordered, Living Well*, 전광규 역 (서울: 부흥과 개혁사, 2022); 남아공 노쓰-웨스트 대학교 교회법 교수 A. L. R. du Plooy, "Calvyn se Vierde Diens, die Doktore-Amp, en Artikel 18 van die Kerkorde van Dordrecht 1618 en 1619: 'N Kritiese Refleksie," *In die Skriflig* 48/2 (2014), 1-11; "Die Betekenis van Charisma en Amp vir die Kerkregering," *In die Skriflig* 39/3 (2005), 555-67; "Die Gesag van Christus in Enkele Kerklike Gesagsmodelle," *Koers* 53/3 (1988), 469-85; "Die Grondslag en

현대 그리스도인의 삶에 생생하게 다가가도록 만듭니다. 무엇보다 성경해석의 발전된 방법을 통해 신앙고백서를 해설하고, 동시에 신앙고백서를 통해서 성경을 더 깊게 알아가게 됩니다. 해외 개혁교회의 10대 청소년은 교회학교에서 교리문답서를 배웁니다. 그리고 성도는 설교를 들으면서 교리를 자연스럽게 습득합니다. 본서는 무엇보다 칼빈의 성경해석에 나타난 중요한 특징인 '간명함'을 염두에 두면서, 각 조의 요점을 중심으로 해설할 것입니다.

Relevansie van die Gereformeerde Kerkreg as Teologiese Wetenskap," *In die Skriflig* 29/1-2 (1995), 135-59; "Die Heilige Nagmaal en Kerklike Tug," *Koers* 55/1-4 (1990), 143-61; "Die Hermeneutiek van Gereformeerde Kerkreg," *In die Skriflig* 46/1 (2012), 1-8; "'N Kritiese Analise van die Begrip Ratifikasie volgens die Gereformeerde Kerkreg," *HTS Teologiese Studies* 64/1 (2008), 415-28; *Reformed Church Polity: Essays and Topics* (Potchefstroom: Faculty of Theology, ND); "The Keys of the Kingdom as Paradigm for Building up the Church in Reformed Church Government," *In die Skriflig* 32/1 (1998), 53-68; G. F. Manavhela and A. L. R. du Plooy, "Women in the Office of Deaconate," *Studia Historiae Ecclesiasticae* 28/2 (2002), 1-23; B. Spoelstra, "Calvyn se Kerkreg en Invloed op Kerke in Suid-Afrika," *In die Skriflig* 15/59 (1981), 4-23; "Die Diens van Diaken Vandag," *In die Skriflig* 11/41 (1977), 38-49; "Die Diens van Ouderling Vandag," *In die Skriflig* 10/37 (1976), 41-48; "Die Gesag van die Sinode," *In die Skriflig* 11/43 (1977), 45-63; "Die Gesag van Meerdere Kerkvergaderings," *In die Skriflig* 1/3 (1967), 23-34; "Geskiedenis van die Diakenamp tot voor die Reformasie," *In die Skriflig* 3/9 (1969): 1-16; 남아공 프리스테이트대학교 교의학 교수 P. J. Strauss, "Die Dordtse Kerkorde van 1619 en die NG Kerkorde van 1962: Laasgenoemde 'n Ontwikkeling van Eersgenoemde ten Opsigte van die Kerklike Tug?" *In die Skriflig* 54/1 (2020), 1-8; 남아공 프리스테이트대학교 교회법 교수 E. P. J. Kleynhans, *Gereformeerde Kerkreg* (Pretoria: NGKB, 1984); L. van den Broeke, "The Composition of Reformed Church Orders: A Theological, Reformed and Juridical Perspective," *In die Skriflig* 52/2 (2018), 1-9; J. M. Vorster, *An Introduction to Reformed Church Polity* (Potchefstroom: Faculty of Theology, 2011); I. van Dellen and M. Monsma, *The Church Order Commentary* (Grand Rapids: Zondervan, 1964)를 참고하라.

하나님에 대하여 (제1-2조)

제1조 유일하신 하나님에 대하여

우리 모두는 단일 본질이시며 영적 존재이신 유일하신 한 분 하나님만 계신다고 마음으로 믿고 입으로 고백합니다. 그분은 영원하시고, 파악될 수 없으시고, 보이지 않으시고, 불변하시고, 무한하시며, 전능하시고, 완전히 지혜로우시며, 의로우시고, 선하시며, 모든 선이 넘쳐흐르는 원천이십니다.

성경 근거 구절

유일하신 하나님: 이스라엘아 들으라 우리 하나님 여호와는 오직 유일한 여호와이시니(신 6:4)

영원하신 하나님: 너는 알지 못하느냐 듣지 못하였느냐 영원하신 하나님 여호와, 땅 끝까지 창조하신 이는 피곤하지 않으시며(사 40:28)

전능하신 하나님: 아브람이 구십구 세 때에 여호와께서 아브람에게 나타나서 그에게 이르시되 나는 전능한 하나님이라 너는 내 앞에서 행하여 완전하라(창 17:1)

지혜로우신 하나님: 지혜의 오묘함으로 네게 보이시기를 원하노니 이는 그의 지식이 광대함이라 하나님께서 너로 하여금 죄를 잊게 하여 주셨음을 알라(욥 11:6)

의로우신 하나님: 내가 들으니 물을 차지한 천사가 이르되 전에도 계셨고 지금도 계신 거룩하신 이여 이렇게 심판하시니 의로우시도다(계 16:5)

선의 원천이신 하나님: 온갖 좋은 은사와 온전한 선물이 다 위로부터 빛들의 아버지께로부터 내려오나니(약 1:17)

해설 ➡ BC의 구조를 단순화하면, 신론(제1-11조)을 필두로, 인간론(제12-15조), 기독론(제16-26조), 교회론(제27-36조), 그리고 종말론(제37조)이 뒤따릅니다. 이 다섯 주제를 요약하면, "하나님께서

인간을 창조하셨으나 타락하여 죄와 비참에 빠졌을 때, 예수 그리스도를 통하여 구원하셨고, 구원받은 사람은 교회로서 종말을 산다"입니다. 이것은 인간의 비참과 구원, 그리고 구원에 보답하는 삶을 차례로 설명하는 하이델베르크 교리문답서의 구조를 떠올리게 합니다.[21]

BC 제1조는 '우리 모두'의 공동체 고백인데, 한 분 하나님께서 '단일 본질'임을 고백합니다(참고. 기독교강요 제13장). 하나님은 단일 본질 안에서 세 위격을 가지십니다. 제1조에 무려 23개에 달하는 성경의 증거 구절이 등장합니다. 이는 하나님의 무궁하심과 부요하심을 한두 구절로 다 밝힐 수 없기 때문입니다. 사람은 이런 하나님을 믿고 그분을 구주로 시인하면 의와 구원에 이릅니다(롬 10:10).[22]

1조는 신자의 믿음의 대상인 하나님의 속성을 12개로 요약합니다. 그분은 유일하시고(신 6:4; 삼하 7:22; 시 83:18; 고전 8:4; 딤전 2:5),[23] 영적이시며(요 4:24), 영원하시고(대상 29:10; 시 90:2; 117:2; 사 9:6; 계 1:8), 파악될 수 없으시며(욥 11:7; 롬 11:33), 보이지 않으시고(골 1:15; 딤전 6:16), 불변하시며(약 1:17), 무한하시고(왕상 8:27; 렘 23:24), 전능하시고(창 17:1; 대상 29:11-12; 욥 11:7; 13:3; 23:16; 24:1; 27:2, 10, 11, 13; 28:5; 42:2; 마 19:26; 고후 6:18; 계 1:8; 19:6), 완전히 지혜로우시며(욥 11:6; 12:13, 16; 36:5; 롬 16:27; 딤전 1:17; 유 1:25), 의로우시고(삼상 12:7; 대상

---

21) K. Stam, 『만유의 그리스도: 세 일치신조와 함께한 벨직신앙고백서 개요』, *Everything in Christ: The Christian Faith Outlined according to the Belgic Confession*, 송동섭 역 (서울: 자유개혁교회 레포르만다, 2017), 37.

22) 롬 10:10의 '입'은 그저 말로만 고백하는 차원이 아니라, 진실된 신앙고백이 보여주듯이 성도의 내적 변화를 반영한다. R. W. Yarbrough, 『로마서』, *Romans*, 홍병룡 역 (서울: 국제제자훈련원, 2022), 281.

23) 한글 개역개정은 롬 16:27의 첫 단어 '유일하신'(μόνῳ, 모노)을 번역하지 않았다.

18:14; 욥 25:4; 34:17; 시 119:137; 요 17:25; 롬 3:25-26; 9:14; 계 16:5, 7),24) 선하시고(삼상 25:30; 대상 17:26; 시 136:1; 마 19:17; 막 10:18), 모든 선이 넘쳐흐르는 원천이십니다(시 118:1, 29; 약 1:17).

하나님은 살아계시고 유일하시므로, 죽은 다른 신이나 우상을 허용하지 않으십니다(출 8:10; 15:11; 신 4:35; 삼상 12:21; 왕하 17:37-39; 19:15; 시 86:10; 렘 10:14; 고후 6:15-16). 구약 이스라엘은 다신교를 따른 이방 나라에 둘러싸여 있었기에, 옛 언약 백성에게 유일신 신앙은 매우 중요했습니다. 신약 시대의 그레코-로마세계에서 탁월한 통치자나 황제는 '신'이라 불렸는데, 그리스도인은 이런 다신교 문화 속에서라도 유일신 신앙을 고수하며 살아야 했습니다(고전 8:4; 10:19).25) 하나님께서 '살아계시기에'(왕하 19:16; 시 36:9; 요 5:26; 행 14:15; 17:24-25; 살전 1:9), 그분은 무한하시고 전능하시며 지혜로우시고 의로우시고 선하십니다(시 85:10; 롬 16:27).26)

하나님의 속성 중 마지막은 '모든 선이 넘쳐흐르는 원천'인데, 온갖 좋은 은사와 온전한 선물을 주십니다(약 1:17). 선하신 하나님은 사람을 시험하여 악행에 빠트리지 않으십니다(약 1:13).27) 대신 하

---

24) 스 9:15와 느 9:33 그리고 렘 12:1의 간본문인 계 16:5에서 거룩하신 하나님의 의로우심은 심판으로 나타난다. 이것은 특이하게도 '심판의 송영' (doxology of judgment)이라 불린다. J. A. du Rand, *God's Conquering Story of Victory: Unravelling the Book of Revelation* (Wandsbeck: Reach Publishers, 2021), 429.

25) C. F. H. Henry, "The Living God of the Bible," *SBJT* 1/1 (1997), 17.

26) 유대인들은 십계명의 셋째 계명을 준수하기 위해 하나님의 성호를 입에 담지 않으려고 조심했지만, 역설적으로 하나님은 그들에게 '기록된 상징'(written symbol)에 머물 뿐 '살아있는 단어'(living word)는 아니었다. Henry, "The Living God of the Bible," 16, 30.

27) D. A. Carson (ed), *NIV Biblical Theology Study Bible* (Grand Rapids:

나님은 자신이 바라시는 대로 주도하셔서 성도에게 모든 좋은 선물을 주십니다(벧후 1:3).[28] 태양과 지구는 위치에 따라 새벽과 정오와 저녁에 빛의 양과 강도가 다르지만, 하나님에게는 일출과 일몰과 같은 변화가 없기에, 그분은 항상 자기 자녀에게 최선의 복을 주십니다. 항상 신실하신 하나님은 진리의 말씀으로써 최고의 좋은 선물인 중생을 자기 자녀에게 주십니다(약 1:18). 하나님께서 선하시므로 자기 자녀가 고난 중에 있을 때 버려두지 않으시고 건져주십니다.

죽지 않으시고 무한하신 하나님은 영적 존재이신데, 이 사실을 천사와 사람의 영혼과 동일시한다면 범신론에 빠지고 맙니다.[29] 하나님의 영원하시고 불가해하시며 비가시적이고 불변하고 무한하시며 전능하심은 사람과 공유하시지 않은 속성입니다. 하나님의 속성 가운데 사람에게 전해진 것인 공유적 속성은 지혜, 의로움, 그리고 선함입니다.[30] 귀도는 BC에서 맨 먼저 즉 첫 번째로 송영을 했는데, 그것은 하나님은 '모든 선이 넘쳐흐르는 원천'이라는 고백입니다.[31] 귀도는 1567년 4월 12일 투옥 중에 아내 캐써린 라몽에게 보낸 편지에서, "나는 나의 하나님의 흘러넘치는 부요함으로 가득 차 있소"라고 감사를 드리며 하나님을 송영한 바 있습니다.[32] 이처럼 귀도의

Zondervan, 2018), 2227..

28) V. E. Gideon, "An Exposition of James 1," *Southwestern Journal of Theology* 29/1 (1986), 16.

29) 신호섭, 『벨직 신앙고백서 강해』 (서울: 좋은씨앗, 2019), 88-89.

30) 허순길, 『벨기에 신앙고백 해설: 개혁교회 신앙고백』, 76. 그런데 여기서 하나님의 공유적 속성 가운데 가장 중요한 '사랑'은 왜 생략되었을까?(참고. 요 3:16; 요일 4:8, 16). 아마 하나님께서 '모든 선의 원천'이라는 설명에 사랑이 포함된 것으로 보인다.

31) C. A. Schouls, 『우리는 믿고 고백한다: 벨직신앙고백서 강해』, *Simply, Faith!: Expository Sermons on the Belgic Confession*, 마르투스선교회출판부 역 (부천: 마르투스선교회출판부, 2017), 50.

32) C. Bouwman, 『벨직신앙고백해설』, *Notes on the Belgic Confession*, 손정원 역 (부산: 신언, 2007), 35.

삶의 시작과 마지막은 송영이었다 해도 과언이 아닙니다.

BC의 모든 조항은 1조에 비추어 해석해야 합니다. 다시 말해, 하나님의 존재와 속성에 비추어 성경, 인간, 구원, 교회, 정부, 그리고 세상의 종말을 탐구해야 합니다.[33]

적용 ➡ 신앙고백서는 우리가 논의하고 따져야 할 주제라기보다 성경의 빛에 따라 '고백해야 할 진리'입니다. 우리가 신앙고백서를 포기한다면, 진리를 이해하고 믿는데 지장을 받게 될 위험에 처할 수 있습니다. BC는 하나님께서 우리에게 주신 풍요로운 신앙의 유산입니다. 그렇다면 우리는 이 신앙고백에 따라 살아가고 있습니까?[34] 다시 말해, 하나님을 믿고, 성경의 나침반에 따라 살고, 성령님을 힘입어 예수 그리스도에게 달려가 안기며, 교회를 사랑하며 살고 있습니까? 이렇게 하나님께서 이미 우리에게 주신 것을 가지고 실천하지 않고, 무언가 더 받기를 기다린다면 무책임하며 오류가 아니겠습니까! 모든 선이 흘러나오는 원천이신 하나님을 믿는 신자라면 마땅히 선을 행해야 합니다(삼상 24:17-19; 25:15, 21; 29:9; 벧전 3:17). BC 1조에 따르면 하나님과 신자가 공유하는 특성 중 하나는 선(善)입니다. 그리스도인은 이런 신적 성품에 최선을 다해 참여해야 합니다(벧후 1:4-7). 성도가 '하나님과 함께', 그리고 '하나님 앞에' 산다면 하나님의 큰 은혜를 받습니다(왕상 3:6).

유일하신 하나님을 믿는 교회는 무신론, 다신론, 그리고 범신론을 배격합니다. 그런데 영국인 가운데 하나님보다 미확인 비행물체

---

33) 자연계시와 자연과학도 마찬가지로 특별계시인 성경의 빛을 통과하여 검증받아야 한다. 참고. D. J. Dreyer, "'N Ewolusionêre Perspektief op die Nederlandse Geloofsbelydenis: Sistematies Teologiese Verkenning," *Verbum et Ecclesia* 34/1 (2013), 8.

34) Schouls, 『우리는 믿고 고백한다: 벨직신앙고백서 강해』, 259-60.

(UFO)를 믿는 사람이 더 많다고 합니다.35) 이처럼 지금도 사탄은 하나님에게서 엉뚱한 데로 사람의 시선을 돌리게 만듭니다.

제2조 하나님을 아는 것에 대하여

우리가 하나님을 아는 방법은 두 가지가 있습니다. 첫째, 우주를 창조하시고 보존하시며 통치하시는 것을 통하여 아는 것인데, 이 우주는 우리 눈앞에 있는 가장 훌륭한 책과 같고 그 안에 있는 크고 작은 많은 피조물은 글자와 같아서, 그것들은 사도 바울이 말한 대로(롬 1:20) 하나님의 보이지 않는 속성들인 그분의 영원한 능력과 신성을 우리로 묵상하도록 인도합니다. 이 모든 것은 사람들에게 죄를 깨닫게 하기에 충분하며 그들로 변명할 수 없게 합니다. 둘째, 하나님께서는 그분의 거룩하고 신적인 말씀으로 자신을 우리에게 더 분명하고 더 충분하게 알리십니다. 즉 현세에서 하나님의 영광과 우리의 구원에 관하여 우리가 알 필요가 있는 만큼 우리에게 알리십니다.

성경 근거 구절

자연계시: 하늘이 하나님의 영광을 선포하고 궁창이 그의 손으로 하신 일을 나타내는도다(시 19:1)

창세로부터 그의 보이지 아니하는 것들 곧 그의 영원하신 능력과 신성이 그가 만드신 만물에 분명히 보여 알려졌나니 그러므로 그들이 핑계하지 못할지니라(롬 1:20)

특별계시: 여호와여 주의 말씀대로 주의 인자하심과 주의 구원을 내게 임하게 하소서(시 119:41)

옛적에 선지자들로 여러 부분과 여러 모양으로 우리 조상들에게 말씀하신 하나님이 이 모든 날 마지막에 아들로 우리에게 말씀하셨으니 이 아들을 만유의 후사로 세우시고 또 저로 말미암아 모든 세계를 지으셨느

---

35) Schouls, 『우리는 믿고 고백한다: 벨직신앙고백서 강해』, 29.

니라(히 1:1-2)

예수 그리스도의 계시라 이는 하나님이 그에게 주사 반드시 속히 일어
날 일들을 그 종들에게 보이시려고 그의 천사를 그 종 요한에게 보내어
알게 하신 것이라(계 1:1)

해설 ▶ 사람은 하나님께서 알려주시는 만큼 그분을 알 수 있습니다. 하나님의 자기 계시의 두 수단은 자연(시 19:1)과 말씀입니다(시 19:7; 히 1:1-2; 계 1:1). 하나님은 자연을 창조하셨고, 통치하시고 보존하십니다(욥 9:5-10; 38-39; 시 8:3; 121:2). 하나님의 살아계심은 자연이라는 안경과 책을 통해 희미하게 나타납니다(롬 1:20; 기독교강요 1.5.14). 그러나 무신론자와 범신론자와 같은 죄인은 자연계시에 나타난 하나님의 존재를 외면하려 애씁니다.[36]

시편 19편은 하나님의 영광을 선포하는 일반계시(자연계시, 창조계시, 1-6절), 삶을 변화시키는 강력한 특별계시(7-11절), 그리고 특별계시에 대한 올바른 반응과 유익(12-14절)을 차례로 설명합니다.[37] 로스(A. P. Ross)에 따르면, "창조와 성경에 나타난 하나님의 계시를 주의 깊게 묵상하는 것은 신자에게 더 큰 경배와 새롭게 된 영적 헌신을 불러일으킨다."[38]

사람은 자연을 통한 일반계시 때문에 하나님을 모른다고 핑계할 수 없지만(롬 1:20), 기록된 말씀 곧 성경은 인간의 구원을 위해 꼭 필요합니다(시 119:41, 174). 이런 의미에서 성경은 구원의 책이요

---

36) Yarbrough, 『로마서』, 69; Carson (ed), *NIV Biblical Theology Study Bible*, 2022.
37) A. P. Ross, 『예배와 영성: 앨런 로스의 시편 강해를 위한 주석 I(1-41편)』, *Commentary on the Psalms: Volume I*, 정옥배 역 (서울: 도서출판 디모데, 2015), 524-25, 535.
38) Ross, 『예배와 영성: 앨런 로스의 시편 강해를 위한 주석 I(1-41편)』, 541.

믿음의 책입니다(요 5:39).39) 사무엘은 이스라엘 백성이 왕이신 하나님을 버리고 인간 왕을 요구한 것이 얼마나 심각한 범죄인가를 우레와 비라는 자연현상을 통해서 증명했습니다(삼상 12:17-18). 그러나 하나님은 계시하지 않으심으로 자신의 공의와 심판을 표현하실 때가 있습니다(삼상 28:6).

BC 2조는 과학과 신앙의 관계를 규명하는데 원칙을 제공합니다. 새로운 지식은 이론이나 전제를 새롭게 만들므로, 과학적 전제는 완전하지 않습니다. 과학으로 발견한 지식은 과학과 창조 세계를 초월하시는 하나님을 섬겨야 하는 책임을 요청받습니다.40) 하나님의 특별계시를 탐구하는 신학은 과학이 발견한 자료 안에 하나님에 관한 지식이 무엇인지를 결정하는데, 하나님에 관한 놀라운 발견은 그리스도인으로 하여금 하나님의 영광을 위해 살도록 촉구합니다.41)

---

39) 신호섭, 『벨직 신앙고백서 강해』, 103.

40) 참고. J. A. Erasmus, "Artikel 2 van die Nederlandse Geloofsbelydenis as Geloofsvooronderstelling in die Gesprek tussen Wetenskap en Geloof," *In die Skriflig* 48/1 (2014), 3.

41) Erasmus, "Artikel 2 van die Nederlandse Geloofsbelydenis as Geloof svooronderstelling in die Gesprek tussen Wetenskap en Geloof," 6. 여기서 일반계시와 선교와 구원의 관계에 대한 노쓰-웨스트대학교의 크뤼어(M. A. Kruger) 교수의 주장을 들어보자. "하나님께서 창조 세계 안에, 그리고 그것의 보존과 통치하시는 사역 안에 자신을 충분히 계시하셔서 인간을 구원으로 인도하신다는 확고한 기초는 롬 1:18-23이다. BC 2조가 로마서 1:18-23(그리고 9:30-10:21)을 정확하지 않게 해석한 것은 개혁파 진영에 넓게 확산한 현상이다. 이렇게 잘못된 해석은 하나님과 성경의 복음을 듣지 못한 사람들의 관계는 물론, 하나님과 교회의 관계를 오해하도록 만든다. 만약 대안 해석을 수용하면, 하나님의 자비와 사랑이 더 강조되며 우리로 하여금 두 극단을 피하도록 만든다. 첫째 극단은 보편 구원이며, 둘째 극단은 성경에 관한 지식이 없는 사람들을 향한 보편적인 정죄이다. 오늘날 세상은 국가 간의 상호의존이 강하며, 바울이 로마서를 기록할 때처럼 모든 교파가 선교를 우선에 둔다. 하나님께서 자연과 보존과 통치 안에서 자신을 계시하신 것이 <u>인간의 구원을 위해 충분하다고 믿는다면</u>, 선교 사역에 장애가 되지 않을 것이다. 반대로, 이런 관점은 그리스도 안에 나타난 하나님의 사랑을 세상에 증언하는 데 중요하고 긍정적인 자극이 될 것이다." 그러나 선교를 위해서 자연계시(창조계시)가 구원에 충분하다는 크뤼어의 주장에 동의하기 어

자연계시를 능가하는 특별계시에 관한 찬송인 시편 19편을 주목해 보아야 합니다. 야웨 하나님은 "나는 내가 나라고 말한 나다"(I-am-who-I-say-I-am)와 "나는 내가 행하리라고 말한 것을 행한다"(I-do-what-I-say-I-will-do)라고 말씀하시고 그것에 맞추어 행하십니다(출 3:14).[42] 하나님은 자존하시며, 창조와 섭리를 주관하시고, 불변하시며, 영원하십니다.[43]

고신대에서 교수한 바 있는 고재수(1992)는 개혁신학의 특징 중 하나를 일반계시를 인정하는 것이라고 봅니다. 그는 일반계시(자연신학)를 부정하면서 성경 계시만이 하나님과 구원을 아는 길이라고 주장한 칼 바르트(d. 1968)를 비판한 바 있습니다. 하지만 고재수는 일반계시를 하나님과 율법에 관한 지식으로 제한하여 인정하기에, 일반계시가 자연과학의 발전에 따라 증가한다고 보지는 않습니다(롬 2:14-15). 그리고 고재수는 자연과학의 연구 결과를 BC 2조가 '계시'라고 부르지 않는 점에 주목하면서, 그것을 일반계시로 인정할 수 없다고 주장합니다.[44] 일반계시에 대해 '최소주의(minimalism) 입장'을 견지하는 고재수는 자연과학의 연구 결과를 일반계시로 수용하려는 사람들이 증거 구절로 제시하는 이사야 28:23-28을 일반계시와 무관하다고 봅니다.[45] 이 단락에 '파종', '소맥', '귀리', '곡식'

렵다. M. A. Kruger, "The Kingdom of God and Those who have not heard the Contents of Scripture," *In die Skriflig* 37/4 (2003), 614.

42) Bouwman, 『벨직 신앙고백해설』, 101.

43) Carson (ed), *NIV Biblical Theology Study Bible*, 113.

44) 북미주개혁교회(CRCNA)의 '창조와 자연과학 위원회의 보고서'(1991)는 고재수의 견해와 상충합니다.

45) 고재수, 『교의학의 이론과 실제』 (부산: 고려신학대학원출판부, 1992). 147-65 in 박찬호, "일반 계시에 대한 소론: 바르트와 고재수 그리고 바빙크를 중심으로," 『한국개혁신학』 75 (2022), 215, 224-25, 228. 참고로 일반계시에 소극적인 고재수는 신앙에 우선성을 두는 캄펀신학교 출신이며, 자연계시와 자연과학 연구에 적극적인 북미개혁교회의 칼빈대학교는 학문성을 강조하는

처럼 자연과 농경문화를 설명하는 단어가 등장합니다. 하지만 여기서 이사야의 요점은 자연 자체에 있다기보다, 그것들을 섭리하시는 하나님에게 있습니다. 그래서 고재수도 선지자 이사야가 이 단락에서 자연계시가 아니라 야웨의 모략과 지혜를 설명한 것으로 봅니다.

진화 창조론(유신진화론)에 긍정적인 서울대 천문학자 우종학은 일반계시가 하나님의 창조와 섭리를 가르친다고 보면서, 신학자가 아니라 과학자가 일반계시를 해석해야 한다고 주장합니다. 하지만 죄로 물든 사람인 과학자가 성경과 창조주 하나님을 믿지 않는다면, 일반계시를 정확히 해석할 수 없습니다. 성경이 자연계시를 해석하고 사람에게 알려주는 역할을 수행한다는 사실을 간과해서는 안 됩니다.[46]

적용 ▶ 성경과 개혁신앙은 사람이 하나님을 전혀 알 수 없다는 불가지론자, 하나님을 정확히 알 수 없다는 무신론자, 그리고 하나님을 충분히 (인간 자신의 방법으로) 알 수 있다는 신비주의를 배격합니다.[47] 남아공의 인종차별정책인 아파르트헤이트는 BC 2조에 기대어, 하나님의 창조 질서에 속하는 인종의 경계는 보존되어야 한다고 주장했습니다. 하지만 그리스도인이 자연 세계를 통하여 하나님을 알아가는 지식만으로는 교회-정치와 관련된 사안을 신학적으로 논의하기는 역부족입니다.[48]

기독교대학이다. 따라서 개혁진영의 이런 차이점은 신학교와 대학교의 차이에서 발생한 것으로 볼 수 있다.

46) 우종학, 『과학시대의 도전과 기독교의 응답』 (서울: 새물결플러스, 2017) in 우병훈, "개혁신학의 관점으로 평가한 진화 창조론: 우종학, 『과학시대의 도전과 기독교의 응답』을 중심으로," 『한국개혁신학』 60 (2018), 157.

47) Stam, 『만유의 그리스도: 세 일치신조와 함께한 벨직신앙고백서 개요』, 39.

48) G. van den Brink, "A Most Elegant Book: The Natural World in Article 2 of the Belgic Confession," *WTJ* 73/2 (2011), 290.

성경에 대하여 (제3-7조)

제3조 성경에 대하여

우리는 하나님의 말씀이 사람의 뜻으로 말미암아 전달된 것이 아니고, 사도 베드로가 말한 대로 거룩한 사람들이 성령의 감동을 받은 대로 말한 것이라고 믿습니다(벧후 1:21). 그 후에 하나님께서는 또한 우리와 우리의 구원을 위하여 특별히 배려하셔서 그분의 종들과 예언자들과 사도들이 그분의 계시하신 말씀을 글로 쓰도록 명령하셨습니다. 그리고 그분은 친히 그분의 손가락으로 율법의 두 돌판에 기록하기도 하셨습니다. 그러므로 우리는 이러한 글을 일컬어 '성경'이라 부릅니다.

성경 근거 구절

성경의 영감성: 모든 성경은 하나님의 감동으로 된 것으로 교훈과 책망과 바르게 함과 의로 교육하기에 유익하니(딤후 3:16)

예언은 언제든지 사람의 뜻으로 낸 것이 아니요 오직 성령의 감동하심을 받은 사람들이 하나님께 받아 말한 것임이라(벧후 1:21)

해설 ▶ 제3-7조는 성경의 영감, 정경성, 권위, 외경과의 차이, 그리고 충족성을 차례로 다룹니다. 성령님의 감동이 성경의 저자/기록자에게 임했기에, 하나님의 계시의 말씀인 성경에 오류가 없고 신적 신뢰성을 가집니다(대상 28:12; 딤후 3:16; 벧후 1:21).[49] 3조는 전반

---

49) 허순길, 『벨기에 신앙고백 해설: 개혁교회 신앙고백』, 89. 참고로 야웨의 책을 읽어보면 빠진 것과 제 짝이 없는 것이 없다는 사 34:16을 성경의 영감성을 위한 증거 구절로 사용할 수 없다. Contra 신호섭, 『벨직 신앙고백서 강해』, 109.

부에 신탁(神託)과 같은 구두 계시를 언급한 후, 나중에 하나님의 특별한 배려로 기록된 계시를 설명합니다.[50] 베드로후서 1:20-21은 거짓 선생들이 영감된 성경을 자기중심적으로 사사로이 해석하여 왜곡한 것을 비판합니다. 하나님께서 성경 계시의 기원과 전달을 주도하셨으므로, 그리스도인이 성경을 해석할 때도 성령님의 조명을 따라 주의를 기울여야 합니다.[51]

성령님은 인간 저자의 지식과 경험 등을 활용하셨고, 성경의 단어 하나와 구조 하나까지 완전히 영감되었습니다. 성령님은 인간 저자들 안에서, 인간 저자들을 통하여, 그리고 인간 저자들과 함께하셔서 기록하셨습니다.[52] 성령께서 성경 저자의 성향과 삶의 방식을 고려했다는 유기적 영감성에서 볼 때, 예레미야와 이사야의 히브리어는 고상하지만, 아모스의 언어는 다소 투박해 보입니다.[53] 그리고 사도 바울의 법률 용어와 의사 누가의 의학 용어도 유기적 영감을 이해하는데 좋은 예들입니다. 하나님께서 율법을 말씀하셔서 주시기도 하셨지만, 친히 자신을 낮추셔서 사람이 이해하도록 두 돌판에 율법을 기록하셨습니다(출 31:18; 느 9:13-14).[54]

---

50) 이상웅, "네덜란드신앙고백서(1561)에 나타나는 개혁주의 성경관," 『신학지남』 82/4 (2015), 157.
51) 채영삼, "계시 의존적 만남과 생명의 성경해석을 위한 소고(小考): 요한일서 1:1-4, 베드로후서 1:19-21을 중심으로," 『생명과 말씀』 24/2 (2019), 163-64. 참고로 딤후 3:16은 영감 된 성경의 본질을 설명한다면, 벧후 1:20-21은 성경이 영감된 방법을 알린다. Carson (ed), *NIV Biblical Theology Study Bible*, 2251.
52) Bouwman, 『벨직 신앙고백해설』, 58, 61. 참고로 Bouwman은 C. van der Waal의 『성경연구 1-3권』과 같은 연구서를 참고하면서 성경을 읽을 것을 제안한다.
53) Schouls, 『우리는 믿고 고백한다: 벨직신앙고백서 강해』, 71.
54) 벧후 1:16-21에서 하나님의 계시와 변화산 사건의 체험을 밝힌 베드로처럼 귀도는 하나님의 계시 말씀인 성경과 신자의 경험 간의 상호 작용에 주목한다. 경험은 진리의 말씀에서 나오며 그것을 체화한다. 참고. B. A. Zuiddam, "Openbaring en Ervaring: 'N Reformatories-Konfessionele Benadering van 2 Petrus 1:16-21," *In die Skriflig* 50/2 (2016), 6.

적용 ➡ 하나님께서 구두 계시로 말씀하신 것처럼, 설교자는 기록된 말씀인 구약과 신약을 연결하여 신실하고도 진심으로 대언해야 합니다. 그래야 회중은 그런 선포를 하나님 말씀으로 받을 것입니다. 그리고 신약학 전공자라면 북미 중심의 신약학 연구 단체인 '예수세미나'가 복음서에서 예수님의 말씀을 축소하는 행태를 경계해야 합니다.55) 참고로 1646년 11월 4일에 메사추세츠에서는 성경이 하나님의 말씀임을 부정할 경우 사형에 처했습니다.

제4조 성경의 정경들에 대하여

우리는 성경이 구약과 신약 두 책으로 되어 있고, 이 책들은 정경이어서 이 책들에 대하여서는 어떠한 이의도 있을 수 없다고 믿습니다.

이 책들은 하나님의 교회 안에서 다음과 같은 이름들로 불립니다. 구약성경의 책들은 다음과 같습니다. 모세오경인 창세기와 출애굽기, 레위기, 민수기, 신명기, 그리고 여호수아, 사사기, 룻기, 사무엘상하, 열왕기상하, 역대상하, 에스라, 느헤미야, 에스더, 욥기, 다윗의 시편, 솔로몬의 세 책, 즉 잠언, 전도서, 아가서, 그리고 네 권의 대예언서, 즉 이사야, 예레미야, 에스겔 및 다니엘, 그리고 열두 권의 소예언서들, 즉 호세아, 요엘, 아모스, 오바댜, 요나, 미가, 나훔, 하박국, 스바냐, 학개, 스가랴, 그리고 말라기.

신약성경의 책들은 다음과 같습니다. 사복음서, 즉 마태복음, 마가복음, 누가복음, 요한복음, 사도행전, 바울의 14통의 편지, 로마서,

---

55) 1985년에 로버트 펑크와 도미닉 크로산이 주도하여 설립된 '예수세미나'(Jesus Seminar)는 복음서에 나타난 예수님의 말씀 가운데 상당 부분을 예수님의 입에서 나오지 않은 것으로 치부해 버린다. Schouls, 『우리는 믿고 고백한다: 벨직신앙고백서 강해』, 69.

고린도전후서, 갈라디아서, 에베소서, 빌립보서, 골로새서, 데살로니가전후서, 디모데전후서, 디도서, 빌레몬서, 히브리서, 그리고 그 외의 일곱 편지, 즉 야고보서, 베드로전후서, 요한일서, 요한이서, 요한삼서, 유다서, 요한계시록.

성경 근거 구절

신약 시대에 구약성경을 하나님 말씀으로 받아들인 증거: 하나님이 이르셨으되 네 부모를 공경하라 하시고 ...... (마 15:4)

또 이르시되 내가 너희와 함께 있을 때에 너희에게 말한 바 곧 모세의 율법과 선지자의 글과 시편에 나를 가리켜 기록된 모든 것이 이루어져야 하리라 한 말이 이것이라 하시고 이에 그들의 마음을 열어 성경을 깨닫게 하시고(눅 24:44-45)

해설 ▶ 성령의 인도하심을 따라, 구약시대에 구약 정경이 모아졌고, 신약 시대에 예수님과 사도는 구약을 하나님의 말씀 곧 정경으로 받아들여 사용했습니다(마 15:4; 21:42; 눅 24:44-45).[56] 구약성경은 BC 3세기에 '정경'으로 인정되었고, 구약의 그리스어 번역본인 70인역(LXX, Septuagint)의 권위는 신약 시대까지 인정받았습니다.[57] 70인 역이 외경을 포함하지만, 종결되어 닫힌 정경 66권은 외경을 배격합니다.

제4조는 정경을 부연 설명하면서 전통적 저작설을 따라 소개합니다. 오경을 '모세오경'이라고 부릅니다. 그리고 시편은 '다윗의 시편'으로, 잠언과 전도서와 아가서는 '솔로몬의 세 책'이라 부릅니다. 예언서는 '대예언서'와 '소예언서'로 나누는데, 놀랍게도 대예언서에 예레미야애가를 (실수로) 생략합니다(비교. 프랑스신앙고백서 3조).[58]

---

56) 신호섭, 『벨직 신앙고백서 강해』, 119.
57) Stam, 『만유의 그리스도: 세 일치신조와 함께한 벨직신앙고백서 개요』, 47.

BC 4조는 바울이 쓴 편지는 히브리서를 포함하여 '총 14개'라고 소개합니다. 하지만 바울서신의 형식과 문체를 두고 볼 때, 그를 히브리서의 저자로 보기 어렵습니다. 칼빈도 바울을 히브리서의 저자라고 보지 않았지만, 4조의 정경 목록에 대해서 반대하지 않았습니다.

믿음의 가장 확실한 근거인 성경의 권위를 교회의 협의가 아니라, 성령님께서 신적 기원을 증거하신다는 사실에 두는 프랑스신앙고백서는 구약 39권과 신약 27권의 정경 목록을 처음으로 신앙고백서에 실었습니다. BC와 웨스트민스터 신앙고백서(1647; 이하 WCF)가 이를 반영했습니다(참고. 기독교강요 1.7).[59] 아타나시우스(367)와 히포회의(367)를 거쳐 카르타고회의(397)는 정경을 66권으로 공인했습니다. 하지만 재세례파는 구약성경의 권위를 인정하기를 꺼렸기에, 구약성경을 정경으로 수용하기를 거부한 AD 2세기 이단 말시온과 유사합니다.[60]

성경은 하나님의 말씀이자 사람의 말입니다. 이것은 자칫 혼동을 야기할 수 있기에, 노쓰-웨스트대학교에서 신약학을 가르친 쿠지에(J. C. Coetzee)교수가 탁월한 설명을 하는데, 주의를 기울여서 들어봅시다.

---

58) BC의 최종 수정 공인본(1619)에도 정경 목록에 예레미야애가가 누락되었다. 이상웅, "네덜란드신앙고백서(1561)에 나타나는 개혁주의 성경관," 161. 그런데 BC 4조에서 예레미야애가를 정경 목록에 포함한 경우는 Stam, 『만유의 그리스도: 세 일치신조와 함께한 벨직신앙고백서 개요』, 42를 보라.

59) 이남규, "벨직신앙고백서의 성경론에 나타난 칼빈주의적 성격," 『장로교회와 신학』 13 (2017), 93.

60) 말시온(d. ca 160)은 최상의 존재로서 예수 그리스도 안에 계시된 자비로운 아버지 하나님과 창조주이자 이스라엘의 정당하게 보복하는 하나님을 구분했다. 신호섭, 『벨직 신앙고백서 강해』, 120; F. Hauck and G. Schwinge, 『신학 전문용어 및 외래어 사전』, *Theologisches Fach und Fremdwörterbuch*, 조병하 역 (서울: 크리스챤다이제스트, 1998), 203.

정경은 100% 하나님으로부터(from God)인 동시에, 100% 사람에 의해서(by man)이다. 여기서 100% 사람에 의해서라는 말을 할 때 주의해야 할 것은 성령 하나님은 그들의 실제 상황 속에서 인간 저자의 인간성 전체(100%)로 저자들을 사용하셨다. 그러나 여전히 그들은 죄인이기에, 성경을 기록할 때 하나님께서 말씀하시기 원하셨던 100%를 기록하기 위해서 그들의 죄된 생각을 비추기 위한 신적 영감을 필요로 했다.[61]

또한 정경은 하나님의 존재와 사역을 중심으로 이해해야 합니다. 아버지 하나님은 정경이시며, 또한 예수님도 정경이십니다. 성부께서는 창조자와 섭리자와 법의 제정자이십니다. 따라서 성부의 뜻은 절대적인 규범이자 표준(canon)입니다(롬 11:33-36). 성부는 자신의 온전한 뜻을 예수님 안에서 세상에 계시하셨습니다. 예수님은 자신의 존재와 공적 사역을 통하여, 성부의 파송을 받은 권위 있는 말씀임을 선언하셨습니다(마 9:6; 눅 4:36; 요 12:49). 예수님은 제자들로 하여금 주님 자신과 말씀과 사역을 정경으로 수용할 뿐 아니라 전권대사로서 권위 있는 정경이신 예수님을 증거하도록 인도하셨습니다(마 28:19-20; 행 1:7-8).[62]

---

61) J. C. Coetzee, *The Canon of the New Testament* (Potchefstroom: EFJS Drukkers, 1995), 13-14.
62) 이 단락은 Coetzee, *The Canon of the New Testament*, 36-38에서 요약함. 헤르만 리델보스의 설명도 들어보자. 인간의 언어는 하나님을 받들어 봉사하고 하나님 말씀의 권위와 무오성에 참여한다. 하나님의 손에 있는 인간의 도구라는 의미에서 하나님 말씀인 것이다. 유기적 영감론과 일치하지 않는 것으로서, 성경의 모든 언어의 역사적 정확성에 대한 논의를 종결시키는 것을 목적으로 하는 기계적인 축자영감설(mechanical verbal inspiration)은 월권행위를 하고 있다. 성령님은 교회가 무언가 곤핍(困乏)을 겪지 않도록, 그리고 기록된 말씀의 토대 위에서 믿고 설교하도록 분명하게 돌보신다. 우리는 경외심을 가지고 영감 교리에 접근하고 주의를 기울여 논해야 한다. H. N. Ridderbos, 『성경의 권위』, *The Authority of the New Testament Scriptures*, 김정훈 역 (서울: 한국 기독교 교육 연구원, 1982), 42, 46에서

에덴동산에서 뱀은 하나님 말씀의 진위 여부를 두고서 하와를 시험했습니다(창 3:1). 이처럼 사탄은 교회를 공격하고 미혹할 때, 성경과 하나님의 진리 복음을 표적으로 삼고 그것을 왜곡합니다.[63)

신약 정경의 순서를 파악하는 것은 신약성경의 정경 간의 대화(inter-canon dialogue)를 통해 각 권의 메시지를 이해하는 데 도움을 줍니다. 70인 역의 오경-역사서-성문서-예언서에 상응하도록, 신약성경은 사복음서-역사서-서신서-예언서로 이어집니다.[64) 동방교회의 정경 배열을 따르는 러시아어 성경과 카작어 성경은 공동서신(야고보서-유다서)을 사도행전 다음에, 그리고 바울서신보다 앞에 둡니다. 신약 정경의 이런 순서는 AD 10세기 이전에 대세였다고 합니다(예. 바티칸사본[4세기 그리스어 대문자 사본]과 A사본[5세기 그리스어 대문자 사본], 라오디게아회의[363], 아타나시우스[367]).[65) 이에 반해, 라틴어 정경 배열은 복음서, 사도행전, 바울서신, 히브리서, 공동서신, 그리고 요한계시록 순서입니다(예. 히포회의[393], 제롬의 벌게이트[394], 제3차 카르타고회의[397]). 만약 사도행전이 공동서신 앞에 위치하면, 사도행전은 공동서신을 이해하기 위한 내러티브 서론 혹은 주석과 같습니다.[66) 그리고 공동서신이 바울서신

요약함.

63) Schouls, 『우리는 믿고 고백한다: 벨직신앙고백서 강해』, 77.

64) 장동수, "신약성경의 정경 순서가 신약전서의 이해에 미치는 영향," 58-59, 69; 박형용, "신약정경에 관한 역사적 고찰," 『신학정론』 10/2 (1992), 255-99. 참고로 구약 정경을 역사비평적 관점에서 논하며 AD 90년경 얍네회의에서 최종 확정된 것으로 보는 경우는 천사무엘, "구약정경의 형성과정에 대한 재고: 표준 이론을 중심으로," 『구약논단』 20/1 (2014), 200-226을 보라.

65) Lachmann(1842-50), Tischendorf(1862-72), Tregelles(1857-79), Westcott and Hort(1881), Baljon(1898), Von Gebhardt(1901), Von Soden (1913) 등의 그리스어 신약성경도 동방신학 즉 헬라교부의 정경 순서를 따랐다(Contra 네스틀레-알란트). 장동수, "신약성경의 정경 순서가 신약전서의 이해에 미치는 영향," 『복음과 실천』 63/1 (2019), 61, 70.

앞에 있다면, 전자는 후자의 서론이자 길라잡이와 같습니다. 예를 들어, 믿음의 실천(야고보서), 소망(베드로전후서), 그리고 사랑(요한서신)의 개념의 빛 아래 바울이 강조한 믿음과 소망과 사랑을 파악할 수 있습니다.[67]

신약성경을 장르별로 분류하면, 복음서, 역사서, 서신서, 요한계시록입니다. 이것은 시간의 흐름을 따라 성경을 배열한 것입니다. 이에 대해 배종열은 다음과 같이 적절히 설명합니다.

예수 그리스도의 구속사건을 다루는 복음서를 먼저 놓고, 다음에 이 복음이 어떻게 전해져서 교회가 탄생되었는지를 보여주는 역사서(사도행전)를 놓고, 이어서 이 교회나 개인들에게 보낸 서신들을 놓고, 마지막에 계시록(요한계시록)을 놓는다.[68]

그리스도인은 영감된 말씀의 기록인 성경을 귀하게 여겨야 합니다. 그러나 그리스도인은 성경 본문 자체나 책을 숭배하는 '성경숭배자'(bibliolater, S. T. Coleridge의 용어)가 되어서는 안 됩니다.[69] 이와 관련된 적절한 질문은 "성경 원본은 왜 사라졌을까?"입니다. 그 이유는 성경 자체를 우상화하지 못하도록 예방하시는 하나님의 섭리 때문입니다. 이스라엘 백성이 광야에서 만든 구리 뱀은 우상으로 숭배받았고, 결국 히스기야 왕 때에 파괴되었습니다(왕하 8:4). 유사하게, 예수님 당시의 유대인들은 율법의 문구 자체를 떠받들다가, 율법

---

66) 장동수, "신약성경의 정경 순서가 신약전서의 이해에 미치는 영향," 72-73.
67) 장동수, "신약성경의 정경 순서가 신약전서의 이해에 미치는 영향," 75.
68) 배종렬, "신약성경 목록순서,"『성경과 신학』80 (2016), 205. 참고로 "공관복음을 더 세분하면 개인을 대상으로 하는 복음서인 누가복음과 그렇지 않은 복음서인 마태복음과 마가복음이 있다. 이 경우 마태복음과 마가복음을 앞에 두고 누가복음을 뒤에 둔다. 또한 상대적으로 많은 마태복음을 앞에 두고, 적은 마가복음을 뒤에 둔다. 따라서 복음서의 순서는 마태복음, 마가복음, 누가복음, 요한복음이다." 배종렬, "신약성경 목록순서," 206.
69) K. J. Vanhoozer (ed), *Dictionary for Theological Interpretation of the Bible* (London: SPCK, 2005), 261-62.

의 중심이자 성취자이신 예수님을 놓치고 말았습니다.

적용 ▶ 성경 66권은 동등한 가치와 권위를 가지므로, 특정 성경을 편식하지 말아야 합니다. 성경은 목마른 사람에게 '구원의 샘'과 같기에, 여기에 더 보탤 것이 없습니다(아타나시우스). 예수 그리스도 후기 성도교회의 몰몬경, 통일교의 원리강론, 마태와 누가가 참고했다고 여겨지는 가상의 'Q복음서'를 정경처럼 간주하지 말아야 합니다.70) 프랑스의 철학자 볼테르(d. 1778)는 성경을 파괴하던 이신론자였는데, 아이러니하게도 제네바성서공회가 그가 살던 집을 매입했습니다. 하나님의 말씀에 대한 공격은 연이어 있을 것이지만, 하나님의 역사로 실패할 것입니다. 하나님의 말씀은 성도가 사탄의 미혹을 이기는 최선의 무기입니다(요일 2:14; 계 12:11). 예수님을 닮아가는 그리스도인이 복음의 말씀을 증거할 수 있는 근거는 주 예수님께서 충성되고 참된 증인으로 승리하셨기 때문입니다(계 1:5; 3:14).71)

제5조 성경의 권위에 대하여

우리는 이 모든 책을, 우리의 신앙을 규율하고 근거를 제시하고 확증하는 거룩하고 정경적인 책들로서 받아들입니다. 우리가 아무 의심 없이 그 안의 모든 내용을 믿는 것은, 교회가 이 책들을 정경으로 받고 동의하였기 때문만이 아니라, 무엇보다 성령께서 우리 마음 가운데서 그것들이 하나님께로서 왔음을 증언하시기 때문이고, 또한 성경의 책들 안에 그 자신에 대한 증거가 들어 있기 때문입니다. 심

---

70) 마태복음과 누가복음에만 공통적으로 발견되고 마가복음에 나타나지 않는 가상의 자료인 Q복음서는 250절 정도로 양이 비교적 많다. 이 구절에 언어적 유사성 및 내용의 순서의 유사성이 나타나기에, Q를 지지하는 학자들은 마태와 누가가 Q라는 공통 자료를 사용했다고 추측한다.
71) Du Rand, *God's Conquering Story of Victory*, 359.

지어 시각장애인도 그 책들 가운데 예언된 일들이 이루어진 사실을 깨달아 알 수 있습니다.

성경 근거 구절

성도의 믿음을 유지하고 확실하게 증거하는 성경: 그러므로 믿음은 들음 에서 나며 들음은 그리스도의 말씀으로 말미암았느니라(롬 10:17)

무엇이든지 전에 기록된 바는 우리의 교훈을 위하여 기록된 것이니 우 리로 하여금 인내로 또는 성경의 위로로 소망을 가지게 함이니라(롬 15:4)

이러므로 우리가 하나님께 끊임없이 감사함은 너희가 우리에게 들은 바 하나님의 말씀을 받을 때에 사람의 말로 받지 아니하고 하나님의 말씀 으로 받음이니 진실로 그러하도다 이 말씀이 또한 너희 믿는 자 가운데 에서 역사하느니라(살전 2:13)

해설 ▶ 교회는 신앙의 규범인 정경의 권위를 부여하거나 승인하지 않고, 대신 믿음으로 수용했습니다. 성경을 사람의 말이 아니라 하나 님의 권위 있는 말씀으로 받아들여야, 그 말씀이 믿는 사람들 가운데 역사합니다(롬 10:17; 살전 2:13). 불순종(롬 10:16)과 무관심(롬 10:18)도 복음이 전해지는 곳에 구원의 역사가 일어난다는 진리를 바꿀 수 없습니다.[72] 하나님께서 교회에게 선물로 성경을 주셨고, 교 회는 그것을 받아들이기 때문입니다. 성경은 신자의 믿음을 위한 규 정이므로, 성경을 제쳐두고 믿을 것을 선택하거나 만들 수 없습니다. 성경은 교회가 믿을 내용을 규정합니다. 그러므로 교회는 성경에 계 시되지 않은 것을 넘어서는 것을 믿을 수 없습니다.[73] 성경은 하나님 의 진리의 말씀이므로 신자가 믿는 바의 기초이며, 의심과 의문을 잠

---

72) Yarbrough, 『로마서』, 285.
73) Bouwman, 『벨직신앙고백해설』, 73-74.

재우고 확증합니다(약 1:18).

루터에 따르면, 교회가 있기 전에 성경이 이미 있었기에, 성경은 교회의 요람입니다.[74] 그래서 베른 논제(Theses Bernenses, 1528)는 '제1항 교회'에서 예수님께서 교회의 머리이시며, 하나님 말씀으로부터 교회가 태어나서, 교회는 그 말씀 안에 머물러야 하며, 다른 것을 들을 수 없다고 밝힌 바 있습니다. 정경이 절대적인 권위를 가지는 것은 성령님의 내적 증거와 성경이 자체 가신적이기에(autopistos) 가능합니다(기독교강요 1.7.5).[75] 이남규는 "성경의 자체 가신적인 객관적 권위가 사람의 마음에서 확실성으로 열매 맺는 것은 성령의 증언 때문이다."라고 올바르게 설명합니다.[76] 성령님이 내주하시는 성도는 성경이 하나님에게서 왔음을 믿습니다. 성령님은 성경 기록자들에게 영감을 주셨고(딤후 3:16), 오늘날 그리스도인에게 성경을 하나님의 말씀으로 증거하십니다(살전 2:13). 그리고 성경은 내적 통일성을 갖추기에, 그 안의 예언이 성취되었다는 사실은 심지어 시각장애인이라도 알 수 있습니다. 다시 말해, 성도가 구약성경부터 신약성경까지 쭉 읽어간다면, 성령님은 약속과 성취라는 통일성이 분명하다는 사실을 깨닫게 하십니다.

예수님은 신약성경의 절정이십니다. 그리고 예수님은 교부문헌이 단편으로 소개하지만, 지금은 현존하지 않는 다수의 신약 외경의 중심이자 절정이기도 합니다. 이를 음콜레(J-C. L. Mkole)는 아래와 같이 설명합니다.

---

74) 참고. 허순길, 『벨기에 신앙고백 해설: 개혁교회 신앙고백』, 110.
75) 정확히 말하면, 칼빈은 성경의 자체가신성(autopistia)이 아니라, 현재적으로 성경이 자체가신적(autopistos)이라고 성경이 일하는 방식을 부각하여 설명한다. 참고. 이남규, "종교개혁과 성경: 성경의 자체가신적($\alpha\dot{\upsilon}\tau\acute{o}\pi\iota\sigma\tau o\varsigma$) 권위를 중심으로," 『개혁정론』 35/2 (2017), 65-66.
76) 이남규, "종교개혁과 성경," 67.

예수님은 기독교 성경의 정경이신데, 그분은 태초부터 하나님 아버지와 함께 계신 하나님이시기 때문이다(요 1:1). 그분은 하나님의 말씀을 해석하는 데 있어 정경이신데, 주님 스스로가 사람이 되신 하나님의 말씀이자 메시지이시기 때문이며(요 1:14), 또한 주님은 독생자로서 성부께서 자신을 사람에게 계시하시는 매개체이시기 때문이다(요 1:18).[77]

귀도는 성경에 기록된 모든 것을 믿으며(5조), 성경이 하나님께로부터 왔음을 성령님께서 증거하시며(5조), 성경을 진리와 하나님의 말씀으로 부르고(8조), 성경을 거룩한 사람의 글과도 비교할 수 없다고 진술합니다(7조). 따라서 귀도는 성경 내용이 영감된 것이 아니라, 하나님을 잘 아는 인간 기록자만 영감을 받았다는 '동력적(dynamic) 영감설'을 배격합니다.[78] 동력적 영감설이란 성령님이 성경 기록자들을 감동하시되 직접 그리고 구체적으로 개입하시지 않았으므로, 사람이 자신의 자유로운 사상이나 뜻을 기록했다는 그릇된 주장입니다. 5조의 진술과 달리, 천주교 새 백과사전(The New Catholic Encyclopedia)은 "천주교는 교회의 무오한 가르침의 권위를 근거하여 성경을 받아들인다"라고 밝힙니다.[79]

칼빈을 의존한 헤르만 바빙크는 『개혁교의학 1권』 772-777에서 성령의 내적 증거와 성경의 자증(自證) 사이의 관계를 아래와 같이 잘 설명합니다.

첫째, 성령은 성경 자체의 내용과 형태의 신적 권위에 관해 증거한다. 성경의 자증성은 이미 성령의 내적 증거를 내포하고 있다. 둘째,

---

77) J-C. Loba Mkole, "Jesus: The Apex of Biblical Canons," *HTS Teologiese Studies* 78/4 (2022), 5.
78) Bouwman, 『벨직신앙고백해설』, 57; 이남규, "벨직신앙고백서의 성경론에 나타난 칼빈주의적 성격," 90.
79) 참고. Schouls, 『우리는 믿고 고백한다: 벨직신앙고백서 강해』, 95.

성령의 내적 증거의 내용은 모든 세기를 거쳐 성경이 하나님의 말씀이라는 교회의 고백을 포함한다. 마지막으로, 성령은 성경의 신적 권위에 관하여 모든 신자의 마음에 주는 증거를 포함한다.[80]

그리스도인은 죄로 오염된 이성이 아니라, 중생한 이성 즉 성령과 성경과 믿음으로 조명을 받은 이성을 활용해야 합니다.[81]

적용 ▣ 성경은 성도의 믿음의 기초입니다. 그리고 성경은 믿음을 유지하고 그것을 확증하는 방편입니다(롬 15:4). 복음을 올바로 이해하면 믿음이 강화됩니다(벧전 2:2). 올바른 신학이란 신앙을 성경적으로 형성하고 강화하는 생명력 있는 탐구입니다. 지역교회의 소그룹 성경공부반에도 신앙을 형성하고 강화하는 선순환이 일어나야 합니다.

제6조 정경과 외경의 차이점에 대하여

우리는 이러한 성경을 외경들과 구별합니다. 외경으로는 제3-4 에스드라서, 토비트, 유딧, 지혜서, 벤시락(집회서), 바룩, 에스더서의 부록, 가마솥 속의 세 자녀의 노래, 수산나의 이야기, 벨과 용의 이야기, 므낫세의 기도, 그리고 마카비상하가 있습니다. 이 모든 외경은 정경의 책들과 일치하는 한 교회가 읽고 교훈을 얻을 수 있습니다. 그러나 이 외경들은 우리가 그 책의 증거에서부터 신앙과 기독교의 어떤 요점이라도 확정할 만한 힘도 그럴 만한 권위도 없습니다. 더구나 이 외경들을 가지고 정경의 권위를 저하시키는 데에 사용해서는

---

80) 칼빈은 『기독교강요』에서 성경의 객관적 확실성 즉 자증에 대한 증거로 태고성, 성경 기록자들의 고백, 예언과 성취, 성경의 보존과 전승, 성령님의 교훈을 받은 신약 저자들의 기록, 감화력 등을 제시했다. 참고. 류길선, "성경의 신적 권위에 관한 개혁주의 해석: 헤르만 바빙크와 벤자민 워필드의 관점 비교," 『한국개혁신학』 71 (2021), 151, 160.
81) 바빙크 in 이남규, "종교개혁과 성경," 88.

안 됩니다.

성경 근거 구절

성경 66권 이외에 다른 책에는 복음이 없음: 그러나 우리나 혹은 하늘
로부터 온 천사라도 우리가 너희에게 전한 복음 외에 다른 복음을 전하
면 저주를 받을지어다(갈 1:8)

내가 이 두루마리의 예언의 말씀을 듣는 모든 사람에게 증언하노니 만
일 누구든지 이것들 외에 더하면 하나님이 이 두루마리에 기록된 재앙
들을 그에게 더하실 것이요 만일 누구든지 이 두루마리의 예언의 말씀
에서 제하여 버리면 하나님이 이 두루마리에 기록된 생명나무와 및 거
룩한 성에 참여함을 제하여 버리시리라(계 22:18-19)

성경 밖의 출처에서 온 말씀: 천사장 미가엘이 모세의 시체에 관하여
마귀와 다투어 변론할 때에 감히 비방하는 판결을 내리지 못하고 다만
말하되 주께서 너를 꾸짖으시기를 원하노라 하였거늘(유 7)

해설 ▶ '숨겨진'이라는 뜻의 외경(Apocrypha)은 BC 300-AD 100
년경 그리스-로마제국 치하에서 유대인들이 신앙을 지킨 것을 다룬
책들입니다.[82] 외경은 70인 역과 제롬의 라틴어 벌게이트 성경에 포
함되었습니다. 물론 천주교와 동방정교회는 외경을 수용합니다.

BC 6조는 외경 14권을 언급하는데, 그 가운데 7권(토비트, 유딧,
지혜서, 집회서, 벤시락[바룩], 마카비상하)은 천주교의 정경입니다.
성령께서 영감시키시고 한 권으로 모아두신 결과물인 정경 66권이
명확하고 충족하며 필수적인 데 반해, 외경의 기원과 의미는 분명하
지 않습니다. 천주교는 외경을 포함한 벌게이트를 정경으로 수용했
는데, 외경을 정경보다는 아래이지만 영감 된 책으로 수용했습니
다.[83] 그 결과 정경의 권위는 손상을 입었습니다. 그래서 라오디게아

---

82) Vanhoozer (ed), *Dictionary for Theological Interpretation of the Bible*, 54.
83) 허순길, 『벨기에 신앙고백 해설: 개혁교회 신앙고백』, 118.

공회의(364)와 콘스탄티노플공회의(681)는 외경을 정경이 아니라고 올바르게 결정했습니다.

WCF(1647) 1:3은 외경에 관하여 단호하게 부정적 입장을 취합니다. 이와 비교해 보면, BC 6조는 외경을 배제하지 않고 제한적으로 활용할 수 있다고 평가합니다. 참고로 SD(1618)의 결정을 따라 번역된 네덜란드어 국가성경 흠정역(De Statenvertaling Bijbel, 1637)은 외경도 네덜란드어로 번역했지만, 성경을 최종적으로 출판하는 단계에서는 번역된 외경이 삭제되었습니다.[84]

귀도는 순교 직전에 어머니에게 보낸 편지를 비롯하여 자신의 저술에서 외경을 48회나 활용했습니다.[85] 귀도는 외경의 내용이 성경에 일치할 경우, 그것을 활용하는 데 거리낌이 없었습니다. 그런데 BC가 개정되면서 외경은 점차로 시야에서 사라졌습니다. 증거 구절로 활용된 외경은 BC 1564년 판까지 나타났습니다. 그런데 귀도가 외경을 사용하되, 변증을 위한 용도로까지 활용했는지는 의문입니다. 물론 귀도는 필요하다고 판단한 경우에 외경을 비판했지만, [86] 그 당시 그리스도인은 참된 가톨릭교도로서 외경 전승이 하나님의

---

84) SD를 개최한 바로 그 네덜란드 정부가 재정을 지원하여 네덜란드어 국가성경 흠정역(1637)이 19년 만에 출판되었는데, 번역가들은 구약과 신약 네덜란드어 본문 옆 여백에 해설(kanttekeningen)을 달았다. 하지만 외경에는 해설이 없었다. 여러 언어에 능통한 테오도르 학(Theodore Haak)은 1657년에 이 흠정역 본문과 해설을 영어로 번역했는데, 문장 하나가 너무 길다. H. Boonstra, "Review: The Dort Study Bible: An English Translation of the Annotations to the Dutch Staten Bijbel of 1637 in Accordance with a Decree of the Synod of Dort, 1618-19 translated by Theodore Haak, edited by Roelof A. Janssen. Vols. 1-5. Neerlandia: Inheritance Publications, 2003-2010," *Calvin Theological Journal* 46/2 (2011), 415-16.

85) 이상웅, "네덜란드신앙고백서(1561)에 나타나는 개혁주의 성경관," 166.

86) W. Bredenhof, "Guy de Brès and the Apocrypha," *WTJ* 74/2 (2012), 320-21.

말씀에 일치한다면 존중했습니다. 그러나 안트베르펜총회(1566)는 외경을 삭제하여 BC를 개정했습니다.

외경은 정경의 정보와 상반되기도 하는데, 그 외경이 작성될 당시의 시대적 사조를 반영하기 때문입니다. 예를 들어, 복음서에 12회 소개되는 막달라 마리아는 주님의 십자가와 부활 사건에 종종 언급됩니다. 그러나 신약 외경에서는 아래와 같이 '예수님의 동지이자 동반자'라는 오해의 여지가 있는 표현과 더불어, 그녀는 매우 능동적이고 지도자급 인물로 등장합니다. 이에 대해 송혜경의 설명을 들어봅시다.

필립보복음 64와 (막달레나) 마리아복음 18에서는 스승께서 다른 제자들보다 (막달레나) 마리아를 더 사랑하셨다고 표현한다. 필립보복음 59에서 마리아는 스승 예수님의 동지이자 동반자로 소개된다. 주님께 남자 제자 열둘과 여자 제자 일곱이 있었다고 전하는 야고보 첫째 묵시록에서는 주님께서 야고보에게 마리아 막달레나에게서 배우라는 말씀도 하신다(38; 40).[87]

이런 주장을 이어받아서 어떤 자들은 예수님과 막달라 마리아가 결혼했다고 가짜 뉴스를 전한 바 있습니다(참고. 다빈치 코드, 그리스도 최후의 유혹).

적용 ➡ 제2 성전기 유대문헌 가운데 일부인 외경은 정경과 일치하지 않는 다른 복음을 담고 있습니다(갈 1:8). 외경은 유대인 중심의 민족 정서를 부각함, 여성 비하, 구원을 위한 조건으로서 선행, 사후 구원의 가능성, 그리고 역사적으로 부정확한 정보(예. 느부갓네살[d.

---

87) 송혜경, "신약 외경에 나타난 마리아 막달레나," 『Catholic Theology and Thought』 70 (2012), 75. 참고. J-Y, Leloup, 『막달라 복음서』, (L')evangile de Marie, 박미영 역 (서울: 루비박스, 2006).

BC 562]이 [이미 BC 612년 8월에 멸망한] 니느웨에 거주함)를 담고 있습니다.[88] 하나님은 사본을 통하여 원본을 보존하셨습니다. 따라서 성경의 신빙성 있는 성경 사본들을 비교하여 성경 원본의 형태를 추적하는 작업인 본문비평은 필요합니다.[89] 외경으로 교리를 만들어서는 안 됩니다.

제7조 성경의 충족성에 대하여

우리는 성경이 하나님의 뜻을 완전히 담고 있으며, 사람이 구원을 위하여 믿어야 할 모든 것을 충족하게 가르치고 있다고 믿습니다. 하나님이 우리에게 요구하시는 예배의 전체 방식이 성경 안에 상세히 기록되어 있기 때문에, 심지어 사도라 할지라도 지금 성경이 우리에게 가르치는 내용과 다르게 가르치는 것은 부당합니다. 사도 바울이 말하듯이 '혹 하늘로부터 온 천사라도' 그렇게 할 수 없습니다. 하나님의 말씀에 무엇을 보태거나 거기서 무엇을 빼는 일이 금지되어 있으므로(신 12:32) 성경의 교훈은 모든 면에서 가장 완전하고 완성된 것입니다.

사람이 쓴 글은, 그 저자가 아무리 거룩한 사람이라 해도 성경과 동등한 가치가 있는 것으로 여겨서는 안 됩니다. 또한 관습이나 혹은 다수에 속한 것이나, 오래된 것, 시대와 사람들을 거쳐 전승된 것, 종교회의들, 칙령이나 법규 등을 하나님의 진리와 동등한 가치가 있는 것으로 여겨서도 안 됩니다. 하나님의 진리는 모든 것을 초월하기 때문입니다. 또한 사람은 모두 다 거짓되고(시 116:11), '입김보다도 가볍기' 때문입니다(시 62:9).

---

88) Bouwman, 『벨직신앙고백해설』, 82; Vanhoozer (ed), *Dictionary for Theological Interpretation of the Bible*, 56.
89) Stam, 『만유의 그리스도: 세 일치신조와 함께한 벨직신앙고백서 개요』, 51.

따라서 우리는 이 무오한 규칙과 일치하지 않는 것은 무엇이든지 마음을 다하여 배척합니다. 이것은 사도가 우리에게 가르친 것이기도 합니다. "영들이 하나님에게로부터 왔는지 시험해 보라"(요일 4:1). 마찬가지로 "만일 누가 너희에게 와서 이 교리를 전하지 않거든 그를 너희 집에 받아들이지 말라"(요이 1:10).

성경 근거 구절

성경의 충족성: 내가 너희에게 명령하는 이 모든 말을 너희는 지켜 행하고 그것에 가감하지 말지니라(신 12:32)

만일 누구든지 이 두루마리의 예언의 말씀에서 제하여 버리면 하나님이 이 두루마리에 기록된 생명나무와 거룩한 성에 참여함을 제하여 버리시리라(계 22:19)

해설 ▶ 성경은 절대 권위를 가지고 무오하며, 구원의 공동체인 교회에게 충분합니다. 성경은 구원을 위해 믿어야 할 내용과 구원의 주체이신 하나님을 경배하는 방법을 충분히 알려줍니다(출 19-24; 롬 10:17; 딤후 3:15; 벧전 2:1-3). 그래서 개혁교회는 천주교와 달리 구주 예수 그리스도 중심의 설교와 단순하고 엄숙한 예전을 지향합니다.[90] 종교개혁 당시, 재세례파는 신비로운 경험과 느낌, 그리고 직통계시를 의존했습니다. 그 결과 그들은 성령님의 직접적인 가르침과 계시를 중요하게 여기고, 성경의 명확성과 충족성을 등한시하거나 부정했습니다.[91] 천주교는 정경 이외에 교회의 전통과 해석에

---

90) 허순길, 『벨기에 신앙고백 해설: 개혁교회 신앙고백』, 127.
91) 네덜란드에서 처음으로 재세례파를 설파한 사람은 Melchior Hoffmann (1495-1543)이었다. 그는 열광적인 묵시주의자였다. 그리고 네덜란드에서 처음으로 비폭력 반(反) 뮌스터 운동을 전개한 재세례파는 Obbe Phillips (1500-1568)였다. Bouwman, 『벨직신앙고백해설』, 94; 최강희, "박해의 역사 속에서 형성된 재세례파 신앙의 본질," (석사논문, 영남신학대학교, 2003), 38.

권위를 부여하기 위해, 예수님의 대리자로서 지상교회를 다스리는 교황이 성령의 도움을 받아 올바른 전통을 판단한다고 주장합니다.[92] 그리고 천주교는 수천 개 조항에 걸친 교회법전도 가지고 있습니다. 재세례파는 성령께서 말씀하는 바를 듣는 것으로 충분하다고 주장했고, 천주교는 신자가 성경을 듣는 것으로 충족하다고 봅니다.[93] 그러나 7조는 성경의 완전성과 충족성과 종결성을 들어 이런 주장을 반박합니다(신 12:32; 잠 30:6; 고전 4:6; 계 22:18-19; 참고. 신 4:2; 12:32).[94] 7조는 성경의 충분성을 강조하면서 사도조차도 다른 교리를 가르쳐서는 안 됨을 설명하는데, 기독교강요 4.8.9에서도 사도는 하나님께서 주신 것이 아닌 '인간적인 생각의 모든 발명'을 제거하고 하나님의 말씀만 순수하게 가르쳐야 할 것을 강조합니다(갈 1:8).[95] 복음주의 신약학자 틸만(F. Thielman)의 다음 경고는 적실합니다. "복음과 다른 것을 말하는 교사나 가르침은 아무리 매력적이고 기쁘게 들릴지라도 그릇된 길에 접어든 것이고 교회의 순수성을 위협한다."[96] 복음을 변질하여 다른 교리를 전하면, 타인의 참된 믿음을 흔들어 공격하고 결국 하나님의 저주를 초래합니다.

그렇다면 성경은 어떤 의미에서 충족합니까? 성경은 인간의 구원과 삶의 규칙으로서 충분합니다. 그리고 '오직 성경'(Sola Scriptura)으로 충분하다는 의미이기도 합니다.[97] 천주교는 예수님의 입에서 나온 가르침 가운데 사도가 기록하지 않았지만, 보편적이고 고대적

---

92) 허순길, 『벨기에 신앙고백 해설: 개혁교회 신앙고백』, 125.
93) Bouwman, 『벨직신앙고백해설』, 95-96.
94) 이상웅, "네덜란드신앙고백서(1561)에 나타나는 개혁주의 성경관," 170.
95) 이남규, "벨직신앙고백서의 성경론에 나타난 칼빈주의적 성격," 97.
96) F. Thielman and B. L. Merkle, 『갈라디아서·에베소서』, *Galatians·Ephesians*, 홍병룡 역 (서울: 국제제자훈련원, 2022), 47.
97) 차영배, "성경의 충족성," 『신학지남』 49/4 (1982), 4.

이며 일치성이 있다고 여겨지는 전승을 귀하게 여깁니다. 그러나 그런 전승은 확인할 길이 없습니다. 성령님은 인간의 전통이 아니라 '오직 말씀과 더불어'(Sola cum Verbo) 일하십니다(Contra '거룩한 전통과 함께'[cum Sacra Traditione]).[98]

적용 ▶ 그리스도인 곧 '그 책의 사람'에게, '오직 성경'(Sola Scriptura)과 '전체 성경'(Tota Scriptura)은 평생의 소중한 표어와 같습니다. 왜냐하면 성경은 신앙의 유일한 표준이자, 실제 주중의 생활을 위한 원칙이기 때문입니다. 성경은 우리의 안전한 삶을 위한 속도 제한 표지판과 같으며, 또한 하나님 나라를 누리도록 안내하는 사용자 설명서와도 같습니다.[99]

---

98) 차영배, "성경의 충족성," 5.
99) Center for Excellence in Preaching, "신명기 30:15-20 주석," (cepreaching.org; 2023년 2월 7일 접속).

삼위일체론에 대하여 (제8-13조)

제8조 하나님께서 본질에서 한 분이시며 동시에 세 위격이신 것에 대하여

이 진리와 하나님의 이 말씀을 따라서 우리는 유일하신 한 분 하나님을 믿으며, 그분이 하나의 단일 본질이신 것과 그 안에서 삼위로, 곧 그분들의 교환할 수 없는 특성을 따라서 구별되게 실제로, 참으로, 그리고 영원히, 성부와 성자와 성령 삼위로 계신 것을 믿습니다. 성부께서는 보이는 것과 보이지 않는 모든 것의 원인이시고 근원이시며 시작이십니다. 성자께서는 말씀이시고 지혜이시며, 성부의 형상이십니다. 성령께서는 성부와 성자에게서 나오신, 영원한 능력과 힘이십니다. 그럼에도 불구하고 이 구분으로써 하나님께서 세 분으로 분리되는 것은 아닙니다. 왜냐하면 성경에서는 우리에게 성부와 성자와 성령께서 각기 그 특성들로써 구별되는 위격이나, 이 세 위격이 오직 한 분 하나님으로 계신다고 가르치기 때문입니다.[100]

따라서 성부는 성자가 아니시고 성자는 성부가 아니시며, 마찬가지로 성령은 성부도 아니시고 성자도 아니심이 분명합니다. 그럼에도 불구하고 그렇게 구분된 세 위격은 서로 나뉘거나 혼합되지 않으십니다. 왜냐하면 성부께서 우리의 살과 피를 입으신 것도 아니고, 성령께서 그러하신 것도 아니며, 오직 성자께서만 그렇게 하셨기 때문입니다. 성부께서는 성자 없이 계신 적이 없으시고 성령 없이 계신 적도 없으십니다. 왜냐하면 이 삼위는 하나의 동일 본질 안에 계시고 영원히 동등이시기 때문입니다. 거기에는 첫째 되신 분도, 또한 나중

---

100) '세 분' 하나님이 계신다고 말하지 않도록 각별한 주의가 필요하다. Contra 신호섭, 『벨직 신앙고백서 강해』, 152.

되신 분도 없으십니다. 왜냐하면 세 위격은 진리와 능력과 선하심과
자비하심에서 모두 하나이시기 때문입니다.

성경 근거 구절

성부: 어리석고 지혜 없는 백성아 여호와께 이같이 보답하느냐 그는 네
아버지시요 너를 지으신 이가 아니시냐 그가 너를 만드시고 너를 세우
셨도다(신 32:6)

성자: 그는 보이지 아니하는 하나님의 형상이시요 모든 피조물보다 먼저
나신 이시니(골 1:15)

성령: 내가 아버지께로부터 너희에게 보낼 보혜사 곧 아버지께로부터 나
오시는 진리의 성령이 오실 때에 그가 나를 증언하실 것이요(요 15:26)

해설 ▶ 성부께서 만유의 원인과 기원, 그리고 시작이라는 고백은 성
부를 만유의 창조주라고 밝히는 니케아신경과 유사합니다(고전 8:6;
참고. 신 6:4). 신약성경은 성부를 '아버지'라고 약 255회에 걸쳐 언
급합니다. 구약성경은 12구절에서 성부를 '아버지'라고 밝히는데, 이
스라엘 백성이 아버지 하나님의 자녀임을 언급합니다(신 32:6; 왕하
17:13, 22:10, 28:6; 시 2:7; 89:27; 사 63:16; 64:8; 렘 3:19,
31:9; 말 1:6, 2:10).[101]

성자는 말씀과 지혜이며, 성부의 형상입니다(시 104:24; 잠
8:22-31; 요 1:1; 14:9; 고전 1:31; 골 1:15; 히 1:3). 그런데 로마의
사제로 추정되는 사벨리우스(c. 220)는 '아버지, 아들, 성령'을 한 분

---

101) S. D. Snyman, "The Trinity and the Old Testament," *Verbum et
Ecclesia* 43/1 (2022), 3. 참고로 BC 8조는 성경 66권에서 도출된 삼위
의 일체 교리(doctrine of the tri-unity)를 소개하기에, 정경에 외경을 포
함하는 천주교의 삼위일체 논의 방식과 다르다. Schouls, 『우리는 믿고 고
백한다: 벨직신앙고백서 강해』, 116; 이승구, "벨직 신앙고백서의 삼위일체
론," 『장로교회와 신학』 13 (2017), 103.

에 대한 다른 세 가지 이름이라고 주장했습니다. 이것을 '양태론적 단일신론'이라 부릅니다. 하나님은 시대마다 양태(mode)만 다르다고 주장함으로써 실제로 삼위 하나님을 구별하지 않는 양태론(modalism, 혹은 양식설[樣式說]) 역시 이단 사상입니다. 양태론을 따른다면, 구약의 아버지 하나님께서 신약 시대에 십자가에 죽으셨다가 오순절에 성령으로 오신 것이 되고 맙니다.[102]

16세기의 소시니안(Socinian)과 19-20세기의 미국의 유니테리언(Unitarian)은 성자의 신성을 부인했습니다.[103] 양자론은 예수님의 신성을 부인하는데, 인간 예수님이 열정과 사랑이 탁월하기에 거룩한 사람이 되셔서 결국 성부의 양자로 입양되었다는 주장입니다(참고. 아리우스, 여호와의 증인).[104] 그리고 16세기에 세베르투스는 삼위일체론을 선명하게 고백한 아타나시우스신경을 '사탄의 신경'이라고 비난했습니다.[105] 슐라이에르마허는 예수님을 신 의식 수준까지 도달한 인간으로 존경했지만, 그는 예수님의 신성과 대속 사역을 부정하여 결과적으로 아리우스주의를 따랐습니다.[106]

성령님은 성부와 성자에게서 나오신 영원한 능력과 힘입니다(참고. 눅 1:35; 요 15:26; 행 1:4, 8; 살전 1:5). 여기서 '능력과 힘'은 성령의 비인격성이 아니라, 그분의 전능하심을 강조합니다. 그리스도인은 바로 이 '성령의 능력으로' 소망이 넘칩니다(롬 15:13).[107]

---

102) 허순길, 『벨기에 신앙고백 해설: 개혁교회 신앙고백』, 136.
103) 유니테리언주의의 뿌리 중 하나는 이성주의에 잠식된 16세기의 이성주의적 개신교도인데, 그들은 플라톤이 강조한 이성과 하나님의 단일성을 부활시켰다고 평가받는다. 1960년대 미국 유니테리언주의자들은 회중정치를 따르는 만인구원론자 그룹에 흡수되었다.
104) Bouwman, 『벨직신앙고백해설』, 108.
105) 허순길, 『벨기에 신앙고백 해설: 개혁교회 신앙고백』, 134.
106) Schouls, 『우리는 믿고 고백한다: 벨직신앙고백서 강해』, 32.
107) 배재욱, "성령의 능력 안에서 이루어지는 희망: 로마서 15:13을 중심으로," 『신약연구』 13/2 (2014), 352.

성령님은 능력을 행하는 은사를 주십니다(고전 12:10; 참고. 행 10:38). 그리고 성령은 성부와 성자 없이 존재한 바 없습니다. 따라서 BC는 성령이 성자가 아니라 성부에게서만 나온다는 동방신학을 따르지 않습니다.[108] 성령은 성부와 성자에게서 나오기 때문입니다.

삼위일체가 분명히 드러나기 이전인 구약시대에 천사(야웨의 사자)는 종종 성육하시기 전의 예수님을 가리키거나 연상시켰습니다 (창 16:7-14; 18:10-13; 출 3:2-4; 수 5:15).[109]

칼빈은 삼위일체가 교회에서 믿어지고 동의가 된다면, '본질' (essence)과 '위격'(person)이라는 신학 용어를 그만 사용하려 했지만, 이 용어들은 그 당시 이단과의 논쟁에서 필요했습니다.[110]

적용 ▶ 우리의 기도와 예배와 영광을 성부만 받으시지 않고, 삼위일체께서 받으십니다(참고. 21세기 찬송가 제4장). 그러므로 '하나님 아버지'라고 기도를 습관적으로 시작하는 것은 재고되어야 합니다. 남아공 프리스테이트대학교 조직신학 교수 펜터(R. Venter)는 "삼위 하나님의 영광은 신학의 아름다움의 근원입니다."라고 설파합니다. 하나님께서 영광을 받으셔야 할 이유는 그분이 은혜롭고 아름다운 분이시기 때문입니다. 그리고 삼위 하나님을 '세 분'이라고 설명하는 경우가 있는데, 삼신론에 빠지기 쉽기에 주의해야 합니다.[111]

---

108) 내재적 삼위일체는 성부께서 성자를 낳으시고, 성부와 성자는 성령을 발출 하신 삼위 하나님의 내부 관계를 가리킨다. 내재적 삼위일체에서 성부의 고 유성은 무출생이므로 성자를 (창조가 아니라) 출생시킬 수 있었다. 성자의 고유성은 출생이고, 성령의 고유성은 발출이다(기독교강요 1.13). 다른 한 편, 경륜적 삼위일체는 바깥세상을 향한 삼위의 협동 사역이다. 그것은 성 부의 세계 '창조'(creatio), 성자의 '구원'(redemptio), 그리고 성령의 '성 화'(sanctificatio)이다. 김선권, "내재적 삼위일체와 경륜적 삼위일체에서 본 칼뱅의 삼위일체론," 『한국조직신학논총』 59 (2020), 42-43, 52.

109) Bouwman, 『벨직신앙고백해설』, 106; 이승구, "벨직 신앙고백서의 삼위일 체론," 『장로교회와 신학』 13 (2017), 107.

110) Schouls, 『우리는 믿고 고백한다: 벨직신앙고백서 강해』, 119.

제9조 삼위일체 교리에 대한 성경의 증언들

이 모든 것을 우리는 성경의 증언들로부터, 그리고 삼위께서 각기 행하시는 일들, 특히 우리가 깨닫는 바 우리 안에서 행하시는 삼위의 사역들을 통하여 압니다. 우리로 이 삼위일체의 교리를 믿게 인도하여 주는 성경의 증언이 구약에도 많이 기록되어 있습니다. 그 구절들을 다 열거할 필요는 없고 신중하게 몇 구절만 택하여 말하는 것으로 충분할 것입니다.

창세기 1:26-27은 하나님께서 "우리의 형상을 따라 우리의 모양대로 우리가 사람을 만들자" 하시고, "자기 형상 곧 하나님의 형상대로 사람을 창조하시되 남자와 여자를 창조하시고"라고 말합니다. 또 창세기 3:22는 하나님께서 "보라 이 사람이 선악을 아는 일에 우리 중 하나같이 되었으니" 하고 말씀하십니다. "우리의 모양대로 우리가 사람을 만들자" 하신 말씀을 보면, 하나님 안에 한 위격 이상이 계심을 말하는 것이 분명해 보입니다. 또한 "하나님께서 창조하셨다."라는 표현에서는 한 분 하나님이 계심을 나타냅니다. 물론 여기서 위격의 수에 대하여서는 말하지 않고 있지만, 구약성경에서 다소 모호하게 보였던 것이 신약성경에서는 매우 선명하여집니다.

우리 주님께서 요단강에서 세례를 받으실 때에 하늘로부터 "이는 내 사랑하는 아들이요" 하는 성부 하나님의 음성이 들렸습니다(마 3:16-17). 그리고 성자께서 물에 계셨고, 성령께서는 비둘기 모양으로 나타나셨습니다. 그리스도께서는 모든 신자에게 베풀 세례 의식을 제정하실 때에 "아버지와 아들과 성령의 이름 안으로 세례를 주라" 하고 사용할 문구를 정하여 주셨습니다(마 28:19). 누가복음에서는 천사 가브리엘이 우리 주님의 어머니 마리아에게 이렇게 말하였

---

111) 예를 들어, 신호섭, 『벨직 신앙고백서 강해』, 152.

습니다. "성령이 네게 임하시고 지극히 높으신 이의 능력이 너를 덮으시리니 이러므로 나실 바 거룩한 자는 하나님의 아들이라 일컬으리라"(눅 1:35). 마찬가지로 다른 곳에서는 "주 예수 그리스도의 은혜와 하나님의 사랑과 성령의 교통하심이 너희 무리와 함께 있을지어다"(고후 13:13) 하고 말합니다. 이 모든 구절은 세 위격이 단일한 한 신적 본질 안에 계심을 우리에게 가르쳐 줍니다.112)

비록 이 교리는 인간의 모든 이해력을 뛰어넘는 것이지만, 그럼에도 우리는 이 세상에서 사는 동안에도 하나님의 말씀에 근거하여 이 교리를 믿으며, 장차 하늘에서 그에 대한 완전한 지식과 그 유익을 누릴 것을 고대합니다.

이와 더불어서 우리는 이 삼위의 구별된 직분과 우리를 향한 각 위격의 사역들에 대하여 살펴보아야 합니다. 성부께서는 그분의 능력 때문에 우리의 창조주로 불리시며, 성자께서는 그분의 피로 인하여 우리의 '구주'와 '구속주'로 불리시고, 성령은 우리 마음에 거주하심으로 인해 우리를 거룩하게 하시는 분으로 불리십니다.

삼위일체의 교리는 사도시대부터 오늘에 이르기까지 참된 교회 안에서 유대교와 회교도에 대항하여, 또한 말시온, 마니, 프락세아스, 사벨리우스, 사모사타의 바울, 아리우스 등과 같은 자들에 대항하여 항상 변호되고 보존되어 왔습니다. 정통 교부들은 정당하게 그러한 자들을 이단으로 정죄하였습니다. 그러므로 우리는 이 교리에 관하여 세 신조, 곧 사도신경과 니케아 신경과 아타나시우스 신조가 가르치는 것을 기꺼이 받아들이며, 마찬가지로 교부들이 이 신조들에 일치하게 합의한 것도 받아들입니다.

---

112) 삼위일체의 신비에서 유일한 하나의 신적 본질(존재) 안에 세 위격이 있다. Stam, 『만유의 그리스도: 세 일치신조와 함께한 벨직신앙고백서 개요』, 56.

삼위일체: 하나님이 이르시되 우리의 형상을 따라 우리의 모양대로 우리가 사람을 만들고 그들로 바다의 물고기와 하늘의 새와 가축과 온 땅과 땅에 기는 모든 것을 다스리게 하자 하시고(창 1:26)

그러므로 너희는 가서 모든 민족을 제자로 삼아 아버지와 아들과 성령의 이름으로 세례를 베풀고(마 28:19)

너희 중에 이와 같은 자들이 있더니 주 예수 그리스도의 이름과 우리 하나님의 성령 안에서 씻음과 거룩함과 의롭다 하심을 받았느니라(고전 6:11)

곧 하나님 아버지의 미리 아심을 따라 성령의 거룩하게 하심으로 순종함과 예수 그리스도의 피 뿌림을 얻기 위하여 택하심을 받은 자들에게 편지 하노니 은혜와 평강이 너희에게 더욱 많을지어다(베드로전서 1:2)

해설 ▶ 9조에서도 삼위일체에 관한 성경적 진술은 매우 길고 상세합니다. 그리고 이 교리를 부정하는 다양한 이단을 거론하며 반박합니다. 9조에 따르면, 구약 증거 구절은 창세기에 나오는데, 1:26-27과 3:22의 '우리'입니다.[113] 삼위일체를 가르치는 신약 증거 구절은 주로 복음서(마 3:16-17; 28:19; 눅 1:35)와 바울서신에서 나옵니다(고후 13:13; 참고. 민 6:24-26의 3회 반복된 '야웨').[114] 더불어 계시록 1:4-5는 성부와 성령과 성자께서 박해받던 소아시아 7교회에게 주시는 은혜와 평안을 자세히 언급합니다.

마태복음의 마지막 단락인 28:18-19에서 삼위일체의 이름으로 세례를 베풀라는 명령은 마태복음 전체에 이미 소개된 세 가지 주제를 종합한 결론과 같습니다. 다시 말해, 하늘에서 땅으로 내려오신

---

113) 창 1:26-27의 '우리'는 삼위일체의 정확한 증거 구절이 맞는가? 적어도 이 구절은 복수의 위격이 한 분 하나님 안에 있다고 증거한다. Schouls, 『우리는 믿고 고백한다: 벨직신앙고백서 강해』, 131; Snyman, "The Trinity and the Old Testament," 2.

114) Schouls, 『우리는 믿고 고백한다: 벨직신앙고백서 강해』, 131.

임마누엘 예수님의 족보(마 1:1-25), 세례 요한의 세례(마 3:13-17), 그리고 성부께서 성자에게 주신 하늘과 땅의 권세입니다(마 11:27).[115)]

그리고 삼위일체를 위한 증거 구절로 바울서신인 고린도후서 13:13을 언급한다면, 일반서신인 베드로전서 1:2와 요한일서 5:7-8 역시 적절합니다(참고. 고전 6:11; 12:4-6; 갈 4:6; 살후 2:13).[116)]

삼위일체는 믿어야 할 진리이자 교리입니다(롬 11:33). 이것은 성도가 이해할 수 있는 범주를 초월합니다. 이처럼 삼위일체가 신비롭기에 이성적으로 설명하려는 시도가 있어왔습니다. 그 결과 적지 않은 이단사상이 출현했습니다. 예를 들어, 마니교에 따르면, AD 3세기 페르시아 출신의 마니(216-274)가 스스로 '보혜사'로 자처하면서 진리에 관한 영적 지식을 갖추면 구원받는다고 주장했습니다. 프락세아스는 AD 3세기 초에 성부께서 성자가 되어 십자가에서 죽었다고 주장한 바 있습니다. 이와 유사하게 사벨리우스는 AD 3세기에 양태론을 주장했습니다. 그리고 사모사타의 바울은 AD 3세기 안디옥의 목사인데, 인간 예수님이 점차 신이 되어가셨으며 성부의 양자가 되었다고 주장했습니다. 아리우스(250-336)는 성자가 가장 먼저 피조 된 존재이므로 그는 성부보다 열등하다고 보았습니다.[117)] 하지만

---

115) H. C. van Zyl, "Die Trinitariese Formule van Matteus 28:19: Fremdkörper of Gepaste Afsluiting vir die Matteusevangelie?" *Verbum et Ecclesia* 43/1 (2022), 4-8.

116) 마틴 루터는 몬 1:4-5에서 삼위일체를 찾는다. 이 두 구절에서 성령은 명시적으로 언급이 안 되지만, 바울의 감사를 불러일으키신다. 덧붙여 성령은 6절의 '믿음의 교제'도 촉진하신다고 볼 수 있다. 반면, 칼빈은 몬 1:10의 빌레몬의 중생을 성령의 사역으로 이해한다. 참고. D. F. Tolmie, "God, Christ and the Spirit in Luther and Calvin's Commentaries on the Letter to Philemon," *Verbum et Ecclesia* 43/1 (2022), 4, 6. 참고로 삼위일체 구절인 갈 4:6에서 바울의 취지는 "성령으로 인한 신자와 그리스도의 연합은 너무나 친밀해서 그들은 그리스도가 하나님 아버지와 맺는 사랑의 가족관계와 똑같은 관계를 맺게 된다."이다. Thielman and Merkle, 『갈라디아서·에베소서』, 125.

참 교회는 삼위일체 교리를 항상 고수해왔습니다.

세 위격은 하나의 본질이며 한 분 하나님이십니다. '삼위 안의 하나됨'(unity in Trinity) 그리고 '하나 안의 삼위'(Trinity in unity)는 신비로운 진리입니다.118) 이 신비를 우리에게 주신 하나님께 감사하면서 기뻐하며 믿어야 할 것입니다.119) 성부는 성자를 통해 자신을 계시하시고 그 안에 거하시고, 성자는 성령을 통하여 자신을 계시하시고 그 안에 거하십니다(벧전 1:2). 그리고 성도가 창조주 성부, 구원의 주 성자, 그리고 성화의 주 성령이라는 삼위일체를 완전하게 이해할 때는 언제일까요? 성도가 완전히 영화 될 주님의 재림 때입니다.

적용 ➡ 목회자는 오늘날 삼위일체를 부정하는 이단의 주장과 문제점을 성도에게 설명해야 합니다(예. 여호와의 증인). 아타나시우스신경이 힘주어 강조하듯이, 삼위일체에 관한 고백이 없다면 구원도 없습니다.

성령강림주일의 예전 색(liturgical color)은 불의 혀를 연상하는 빨강이며(행 2:3), 그다음 주일인 삼위일체주일의 예전 색은 승리를 상징하는 흰색입니다. 이 두 주일은 교회가 새롭게 창조되어감을 기념합니다. 삼위일체 하나님 안에서 만유는 새롭게 변해갑니다(계 21:5). 교회는 갱신이 완성될 미래, 곧 주님의 재림을 기대하며 바라봅니다. 교회는 세상을 갱신하시는 예수님의 사역에 동참하기 위해 무엇이 필요한지 알아차리고, 이를 위해 성령의 은사를 활용해야 합니다.120)

---

117) 이 단락은 허순길, 『벨기에 신앙고백 해설: 개혁교회 신앙고백』, 157-58, 194에서 요약.

118) Schouls, 『우리는 믿고 고백한다: 벨직신앙고백서 강해』, 120-21.

119) Schouls, 『우리는 믿고 고백한다: 벨직신앙고백서 강해』, 124.

120) J. L. Lord, "Pentecost and Trinity Sunday: Preaching and Teaching New Creation," *Interpretation* 66/1 (2012), 40.

제10조 예수 그리스도는 참되고 영원한 하나님

우리는 예수 그리스도께서 그분의 신성을 따라 하나님의 독생자로서 영원 전에 나셨으며, 피조물이 아니시므로 그분은 조성되거나 창조되지 않으셨고, 성부와 동일 본질이시고 동일하게 영원하시며, '하나님의 영광의 광채시요 그 본체의 형상'이시고(히 1:3), 모든 점에서 성부와 동등하심을 믿습니다. 성자는 우리의 본성을 취하셨을 때부터만 아니라 영원부터 하나님의 아드님이십니다.

이것은 구약과 신약의 여러 구절이 다음과 같이 우리에게 증거하는 바와 같습니다. 모세는 하나님께서 세상을 창조하셨다고 말하고(창 1:1), 사도 요한은 모든 것이 말씀, 곧 그가 하나님이라고 부르는 그분에 의하여 지음을 받았다고 말합니다(요 1:1-3). 요한복음 첫 단락은 태초에 하나님께서 세상을 창조하신 바로 그 말씀이 예수님이심을 단도직입적으로 선언합니다.[121] 또한 히브리서에서는 하나님께서 자기 아들을 통하여 만물을 지으셨다고 합니다(히 1:2). 마찬가지로 바울 사도도 하나님께서 예수 그리스도를 통하여 만물을 창조하셨다고 말합니다(골 1:16). 따라서 '하나님, 말씀, 아드님, 예수 그리스도'라고 불리는 그분은 만물이 창조될 때 존재하셨으며, 만물을 창조하신 바로 그분이라는 결론에 이르게 됩니다.

그러므로 그분께서는 "진실로 진실로 너희에게 이르노니 아브라함이 나기 전부터 내가 있느니라"(요 8:58) 하고 말씀하실 수 있었습니다. 또한 그분은 "아버지여, 창세 전에 내가 아버지와 함께 가졌던 영화로써 지금도 아버지와 함께 나를 영화롭게 하옵소서"(요 17:5)라고 기도하셨습니다. 따라서 그분은 전능하신 분이시고 참되시고 영원하

---

121) J. M. Hamilton Jr., 『요한복음』, *John*, 박문재 역 (서울: 국제제자훈련원, 2021), 53.

신 하나님이시며, 우리가 그분의 이름을 부르고 예배를 드리며 섬기는 분이십니다(계 1:17; 2:8).

성경 근거 구절

영원하신 예수님: 이는 하나님의 영광의 광채시요 그 본체의 형상이시라 그의 능력의 말씀으로 만물을 붙드시며 죄를 정결하게 하는 일을 하시고 높은 곳에 계신 지극히 크신 이의 우편에 앉으셨느니라(히 1:3)

서머나교회의 사자에게 편지하라 처음이며 마지막이요 죽었다가 살아나신 이가 이르시되(계 2:8)

해설 ▶ 성도는 주와 구주이신 예수님의 인성과 신성을 고백해야 합니다(요 1:14; 20:28). 예수님의 신성 때문에 그분은 영원 전부터 선재(先在)하셨으므로, 당연히 구약 때도 계셨습니다(요 8:56-58; 10:30; 17:5; 빌 2:5 이하).[122] 그리고 예수님은 구약과 신약교회의 주와 구주이시며(계 4:10; 14:1; 21:12-14),[123] 교회의 예배와 섬김을 받으시기에 합당하십니다(마 16:16; 28:17; 계 5:8).[124] 성부의 명령과 계획을 따라, 예수님은 창조와 구속의 사역을 성취하셨습니다(요 1:3; 고전 1:30).[125] 예수님은 성부께서 맡기신 일을 가장 우선적으로 완수하셨는데, 그 누구도 그리고 그 어떤 것도 그 일을 방해할 수 없었습니다.[126] 요한계시록 4장의 성부를 향한 예배와 이

---

122) 요한복음에는 고기독론(높아지신 예수님)이며 선재 기독론(영원 전부터 계신 예수님)에 해당하는 '아들 기독론'(성부의 아들이신 예수님)이 두드러진다(요 1:49; 8:35-36; 11:4, 27; 19:7). 선재 기독론에는 '로고스 기독론'(요 1:1-3)과 'ἐγὼ εἰμί(에고 에이미) 기독론'을 포함한다(요 6:20; 8:58; 18:5, 6, 8 등). 현경식, "요한복음 8장에 나타난 기독론적 신론," 『신약논단』 21/4 (2014), 969.
123) Du Rand, *God's Conquering Story of Victory*, 199.
124) 허순길, 『벨기에 신앙고백 해설: 개혁교회 신앙고백』, 170.
125) Schouls, 『우리는 믿고 고백한다: 벨직신앙고백서 강해』, 145.
126) Hamilton Jr., 『요한복음』, 530.

어서 나오는 계시록 5장의 어린양을 향한 예배는 성자의 신성을 잘 보여줍니다. 성부와 성자는 서로를 영화롭게 하시며, 구원받아 예수 그리스도와 연합한 교회도 이런 영광에 참여합니다(계 21:22-23).[127)]

예수 그리스도의 삼직(munus triplex)인 선지자, 제사장, 그리고 왕직은 각각 설교자, 집사, 그리고 장로의 직무로 이어진다고 볼 수

---

127) 승천은 공적 복음이다! 다종교 국가 인도네시아는 이른바 성금요일과 예수님의 승천일(2023년은 5월 18일) 그리고 크리스마스를 공휴일로 지정하지만 부활주일은 제외하기에 대체공휴일이 없다. 그런데 가브리엘 천사의 호위를 받으며 날개 달린 준마 부라크(Buraq)를 타고 무함마드가 승천한 날(Lailat al-Mi'raj)도 공휴일이다(2023년은 2월 18일). 무함마드는 자기보다 먼저 죽은 하늘 각 층에 있던 선지자들(아담, 아브라함, 모세, 예수님 등)의 인사를 받으며 맨 위 7층천의 하나님에게로 올라갔다는 전설이 있다. 그러나 부활, 승천하심으로 지옥에 있는 악한 영들에게 승리를 선언하신 분은 예수님이시다(벧전 3:18-19). 누가-행전의 중앙에 예수님의 승천(avna,lhmyij, 아나렘프시스)이 있다(눅 24:50-53; 행 1:9-10; 참고. 눅 9:51). 승천은 예수님께서 지상에서 행하신 공사역의 완결이자, 성령의 강림과 재림의 토대이다. 성령의 강림으로 성도는 십자가에 달리시고 부활하신 예수님은 물론, 승천하신 예수님의 다스리심 아래에 살게 되었다(엡 2:6). 십자가와 부활이 아니라 승천이야말로 하나님의 구원과 승리의 정점이다(행 2:33). 하늘에서 내려오신 예수님 외에는 하늘로 올라간 자가 없다(요 3:13; 참고. 타티안의 사복음서 조화서인 디아테사론의 눅 5:30의 '날아가셨다'). 승천하신 예수님께서는 세상 임금인 사탄을 쫓아내시고 구원으로 예정된 모든 사람을 자신에게로 이끄신다(요 12:31-32). 승천하신 예수님은 하늘의 은사를 교회에게 주셔서 만물을 자신의 다스림으로 충만하게 하신다(요 3:31; 엡 4:7-8, 10). 그래서 예수님의 승천으로 교회는 늘 기쁨으로 찬송한다(눅 24:50-53). 예수님은 승천하셔서 지상의 전투하는 교회를 지휘하시고 보호하신다(막 16:20; 계 12:5-6). 승천하신 예수님은 성부로부터 모든 권세를 받으셔서 교회의 대적을 심판하신다(단 7:13; 계 1:7). 그리고 구원은 하늘 보좌에 앉으신 우리 하나님 아버지와 어린양에게서 나온다(계 7:10). 예수님의 승천은 교회에게 위로와 소망과 승리를 준다. 이런 의미에서 승천은 현재 시제인데, 예수님의 지상 사역은 완료되었으나 주님은 하늘 보좌에서 공적으로 계속 일하고 계신다(딤전 3:16). D. B. Laytham, "Looking at What Cannot Be Seen: Reading 2 Corinthians through the Lens of Ascension," *Journal of Theological Interpretation* 15/2 (2021), 311: C. Zaleski, "Two Ascension Stories: Christ's Donkey, met Muhammad's Steed," *The Christian Century* 132/10 (2015), 33; Z. Klassen, "The (Non)Violent Reign of God: Rethinking Christocentrism in Light of the Ascension," *Conrad Grebel Review* 33/3 (2015), 308.

있습니다. 그런데 그리스도의 삼직은 목사가 회중을 하나님을 향하도록 만들기 위해 수행하는 삼직에 중요한 함의를 제공합니다. 목사는 선지자로서 맘몬주의에 지배당하여 절망으로 빠져드는 세상에 감추어져 있고 대안적인 하나님의 현존을 알리는 '성육신적 소망'을 제시해야 합니다. 또한 목사는 제사장으로서 고난당하는 회중을 위해 기도하며 그들과 동고동락하는 '성육신적 사랑'을 보여야 합니다. 그리고 목사는 왕적 봉사자로서 하나님의 신실한 통치 계획이 회중 안에 이루어질 것을 믿고 희생적으로 섬기려는 '성육신적 믿음'을 갖추어야 합니다.128)

적용 ▶ 요한일서와 요한이서에만 언급된 가현설주의자를 가리키는 명사 '적그리스도'를 정확하게 제한적으로 사용해야 합니다(요일 2:18, 22; 4:3; 요이 7). '자유주의신학'이라는 용어도 개혁주의나 복음주의와 다른 신학을 비판하기 위해 펑퍼짐하게 사용할 수 없습니다. 18세기 계몽주의의 영향을 받은 자유주의신학은 예수님은 다른 사람과 같은 사람인데, 도덕적 삶을 가르치셨고 스스로 가난한 길을 가신 선생이라고 주장했습니다. 결국 자유주의자들은 예수님의 신성(하나님이심)을 부정한 아리우스의 논거를 따릅니다.129)

---

128) P. D. Langerman, "Between Cathedral and Monastery: Creating Balance between a Pastor's Personal Faith and Public Role Part 2- The *Munus Triplex* and the Pastoral Function," *Stellenbosch Theological Journal* 8/1 (2022), 4-9.

129) Bouwman, 『벨직신앙고백해설』, 162. 참고로 칼빈주의 장로교는 하나님의 주권을 강조하지만 루터교는 그리스도 안에 있는 하나님의 은혜를 강조한다는 설명은 컨콜디아대학교 신학교수 T. Park, "Why am I a Lutheran?: Reflections from a Korean Theology Professor," *Logia* 26/4 (2017), 31을 보라. 하지만 칼빈주의는 하나님의 은혜를 기초로 하여 그분의 주권을 강조한다.

제11조 성령님은 참되고 영원한 하나님

또한 우리는 성령께서 영원부터 성부와 성자에게서 나오시고 따라서 그분은 조성되거나 창조되거나 나신 분이 아니고 다만 성부와 성자 두 분에게서 나오시는 분임을 믿고 고백합니다. 그분은 삼위일체의 제3위이시고, 성부와 성자와 함께 하나의 동일한 본질과 존귀와 영광을 지닌 분이시며, 따라서 성경에서 우리에게 가르치는 것처럼 참되고 영원한 하나님이십니다.

성경 근거 구절

참되고 영원하신 성령님: 그 안에서 너희도 진리의 말씀 곧 너희의 구원의 복음을 듣고 그 안에서 또한 믿어 약속의 성령으로 인침을 받았으니 이는 우리 기업의 보증이 되사 그 얻으신 것을 속량하시고 그의 영광을 찬송하게 하려 하심이라(엡 1:13-14)

해설 ▶ 성령님은 성부와 성자와 함께 영원 전부터 계셨고(창 1:2; 시 33:6), 오순절에 성부와 성자부터 나오셔서 교회에 부어지셨습니다(요 15:26; 16:7; 행 1:4; 2:17). 아리우스를 추종한 콘스탄티노플의 목사 마케도니우스(d. ca 364)는 성령을 성자의 첫 피조물로 간주하여 성령의 신성을 부인했습니다.[130] 콘스탄티노플회의(381)는 마케도니우스를 정죄했습니다(참고. 니케아신경의 성령에 관한 고백). 성령은 교회를 성부의 소유로 인치시고 거룩하게 하시는 재창조자이십니다(고후 1:22; 엡 1:13-14; 벧전 1:2). 그런데 성령님을 근심하게 하고(엡 4:30), 성령님을 소멸하며(살전 5:10), 성령을 모독하고 훼방하는 죄가 발생합니다(마 12:31; 요일 5:16). 성령 훼방과

---

130) 허순길, 『벨기에 신앙고백 해설: 개혁교회 신앙고백』, 174.

모독의 죄는 예수 그리스도를 통하여 구원의 복음이 분명하게 증거되었음에도 불구하고 그것을 의도적으로 거부하는 행위입니다.[131]

사람은 하나님이신 성령을 속이면서까지 자신의 위신을 세우려 합니다(행 5:3-4). 그때 인격적인 성령님은 근심하시고 진노하십니다. 성령님은 전능하시며(롬 15:13; 고전 2:9-10) 무소부재하신데(시 139:7), 하나님의 양자가 된 성도에게 진리와 위로를 주셔서 주 예수님을 닮은 열매를 맺게 하십니다(요 15:26; 고후 13:13; 갈 4:6; 5:22-23). 만약 사람이 인격적인 성령님을 부정하면, 성령께서 주시는 믿음과 신앙고백은 물론이거니와 성도와 예수님과의 신비로운 연합도 부정하게 되기에 구원을 받지 못합니다.[132] 환언하면, 성령님을 부인한다면, 구원과 교회와 복음도 존재 가치를 잃어버립니다. 이 사실을 바레트(M. Barrett)가 아래와 같이 잘 설명합니다.

만약 성령의 인격성과 신성이 부정된다면, 우리가 하나님과 교제하는 것은 얼마나 불완전한가! 칼빈을 의존하는 레탐(R. Letham)에 따르면, 우리의 구원이 성부로부터 성자를 통하여 성령 안에서 내려오지만, 교회의 예배에서는 '역방향의 움직임'이 있다. 곧 성령에 의해서 그리스도를 통하여 아버지께로 올라간다. 그러나 성령이 없다면, 우리가 성부와 성자를 예배하고 교제하기는 불가능하다. 성도가 그리스도를 믿도록 하시고 그리스도를 향한 사랑에 불을 붙이시는 분은 성령이시다. 만약 성령의 인격성과 신성을 포기한다면, 우리가 하나님과 맺은 전체 관계의 기초는 사라지게 되고, '성령과 실체'의 예배도 불가능하다(요 4:23-24).[133]

---

131) Stam, 『만유의 그리스도: 세 일치신조와 함께한 벨직신앙고백서 개요』, 65.
132) Schouls, 『우리는 믿고 고백한다: 벨직신앙고백서 강해』, 157.
133) M. Barrett, "We believe in the Holy Spirit: Revisiting the Deity of the Spirit," *SBJT* 16/4 (2012), 47.

AD 2세기 기독교 저자들은 로고스이신 예수님에 집중하다가 성령에 관심을 거의 두지 않았습니다.134) 그 후 니케아신경(325)에서도 '성령을 믿사오며'라고만 고백하고, 성령의 사역과 특성은 생략합니다. 하지만 성령님은 성경의 첫 장과 마지막 장 즉 창세기 1:2와 계시록 22:17에 등장한다는 사실이 주는 의미를 기억해야 합니다.

적용 ▶ 성령세례와 방언, 그리고 신유(神癒)에 집중하는 오순절 운동은 성령의 존재와 사역을 제대로 설명하는지 의문입니다. 그리고 종종 듣는 '성령의 폭발'이라는 표현은 성령의 신성을 모독하는 표현입니다.135)

제12조 세상의 창조와 천사에 대하여

우리는 성부께서 말씀으로, 즉 그분의 아드님을 통하여 아무것도 없는 중에서 하늘과 땅과 모든 피조물을 하나님 보시기에 좋으신 때에 창조하셨으며, 또한 각각의 피조물에 그 존재와 형태와 모양을 주시고 자기의 창조주를 섬기도록 특별한 과업과 기능을 주셨다고 믿습니다. 또한 그분의 영원하신 섭리와 무한하신 능력으로 만물을 계속 보존하고 다스리셔서 만물이 사람을 섬기도록 하시고, 그리하여 궁극적으로 사람이 하나님을 섬길 수 있게 하심을 믿습니다.

하나님께서는 천사들도 선하게 창조하셔서 그들로 그분의 사자들이 되어 택하신 사람들을 위해 봉사하도록 하셨습니다. 그런데 일부 천사들은 원래 하나님께서 창조하셨던 탁월한 상태에서 타락하여 영원히 멸망하게 되었고, 그 외의 천사들은 하나님의 은혜로 계속하여

---

134) Vanhoozer (ed), *Dictionary for Theological Interpretation of the Bible*, 304.
135) 허순길, 『벨기에 신앙고백 해설: 개혁교회 신앙고백』, 173.

원래의 상태를 계속 유지하고 있습니다. 마귀들과 악한 영들은 너무도 타락한 나머지 하나님과 모든 선한 일의 원수가 되었습니다. 그들은 온 힘을 다해 교회와 그 각각의 회원들을 해치고 자신들의 악한 계략으로 모든 것을 파괴하려고 마치 살인자들처럼 숨어 기다리고 있습니다. 따라서 그들은 자신들의 악 때문에 영원한 정죄를 받아 날마다 무서운 고통을 기다리게 되었습니다.

그러므로 우리는 영들과 천사들의 존재를 부인하는 사두개파 사람들의 오류, 또한 마귀들은 창조된 것이 아니라 독자적인 기원을 가진 존재라고 주장하고 또 그들이 타락한 것이 아니라 원래부터 본성이 악하다고 주장하는 마니교의 오류를 배격하며 혐오합니다.

성경 근거 구절

세상의 창조: 여호와의 말씀으로 하늘이 지음이 되었으며 그 만상을 그의 입 기운으로 이루었도다(시 33:6)

천사: 모든 천사들은 섬기는 영으로서 구원 받을 상속자들을 위하여 섬기라고 보내심이 아니냐(히 1:14)

해설 ▶ 창세기 1:4, 10, 18, 21, 25, 31은 하나님께서 창조하신 결과가 좋았다고 밝힙니다. 하나님의 이 창조 사역은 무에서 유를 존재하게 하여 피조물의 존재와 형태와 역할을 부여하는 행위입니다(시 33:6, 9; 히 11:3).[136] 계시록 4:11은 창조와 섭리의 성부 하나님께 영광과 존귀와 권능을 돌립니다(참고. 시 8:4-9; 24:1; 148; 사 43:7). 성도는 하나님의 작품인 피조 세계와 자연을 보호해야 합니

---

136) Stam, 『만유의 그리스도: 세 일치신조와 함께한 벨직신앙고백서 개요』, 74. 참고로 창 1:1-5에서 과학적 합리주의와 이교의 창조 신화의 영향만 인정한다면, 진화론에 문을 열어주고 성경의 무오성은 허물어지고 말 것이다. 참고. J. H. Walton, *Genesis* (Grand Rapids: Zondervan, 2001), 91.

다. 그러나 그리스도인은 환경생태학자가 '지구 어머니'(mother earth)라고 부르는 데 동의할 수 없습니다.137) 피조된 인간은 창조주를 경배해야 하며, 인간 이외의 피조물을 잘 다스리고 이기적으로 이용해 먹으려 해서는 안 됩니다.138)

창세기 3:24의 불 칼을 들고 있는 '그룹들'(cherubim)은 성경에서 천사가 첫 번째로 언급된 경우입니다. 천사는 피조물이기에 경배의 대상이 아닙니다(골 2:18; 계 19:10; 22:8-9).139) 시편 33:6의 하나님께서 창조하신 하늘의 '만상'(all the host)은 천사를 가리킬 수 있습니다(예. 가이사랴의 유세비우스).140) 그러나 천사가 며칠째 창조되었으며, 언제 타락했는지 알 수 없습니다(참고. 욥 38:7; 계 12:4). 하나님께서 이에 대해 알려주시지 않기에 우리는 그것을 굳이 알아야 할 필요가 없는데, 창세기 창조 내러티브의 초점은 하늘과 천사가 아니라 바로 땅입니다.141)

천사를 부정하는 사두개인과 천사의 독자적인 악한 기원을 주장한 마니교의 오류를 지적합니다(마 22:23-30; 행 23:8). 마니교는 마귀

---

137) Schouls, 『우리는 믿고 고백한다: 벨직신앙고백서 강해』, 170.
138) Bouwman, 『벨직신앙고백해설』, 178-79.
139) 구약성경에 천사나 천상의 존재는 63회 나타나며, 신약성경에는 195회 등장한다(총 258회). 유대인들은 천사 숭배를 통해, 성화와 통찰력 그리고 완전함을 얻는다고 보았다. 중세의 동방신학은 천사 숭배를 통하여 사람은 궁극적으로 하나님과 교제한다고 보았다. 칼빈을 비롯한 종교개혁자들은 천사의 신적 특성에 대해 사변적으로 접근하지 않고, 성경에 나타난 그들의 기능에 집중했다(히 1:14). 창 1장은 천사의 창조에 관해 침묵한다. 유대묵시 문헌인 1에녹서는 천사장 미가엘과 가브리엘 두 명이 아니라, 3명 이상의 천사장을 언급한다. F. P. Viljoen & L. Floor, "Goeie en Slegte Engele: 'N Perspektief uit die Bybel," In die Skriflig 40/1 (2006), 39-40, 44.
140) 신호섭, 『벨직 신앙고백서 강해』, 193. 참고로 여러 교부와 루터 등은 시 33:6의 성부의 '말씀'은 예수님으로, 성부의 '입 기운'은 성령으로 이해함으로써, 그 구절에서 삼위일체의 창조 사역을 찾았다. G. Wainwright, "Psalm 33 interpreted of the Triune God," Ex Auditu 16 (2000), 102-116.
141) Bouwman, 『벨직신앙고백해설』, 179-80

를 선한 천사가 타락한 존재라고 보지 않고, 마귀는 하나님과 대등한 대적이기에 싸움의 승부는 아직 모른다고 가르칩니다.[142]

천사는 하나님의 심부름꾼입니다(히 1:14; 계 9:14; 16:5). 타락하지 않은 천사는 교회가 고백하고 누리는 복음을 알기 원하는 지적 능력을 갖추었습니다(벧전 1:12). 천사들은 보좌 위의 하나님을 찬양합니다(시 103:20; 사 6:2; 계 5:11). 그러나 범죄하여 타락한 천사들은 성도를 범죄로 미혹하는 초자연적인 악마적 존재들 즉 악한 사탄의 종들인데, 하나님의 심판을 받습니다(마 25:41; 엡 6:12-13; 벧후 2:4; 유 1:6; 계 12:4).[143]

적용 ▶ 수호천사는 성경적 개념이 맞습니까?(참고. 행 12:15). 칼빈에 따르면, 하나님께서 천사를 통해서 일하시는 이유는 우리 마음을 일으켜 세워 선한 소망과 안전에 관한 확증을 가지도록 만들기 위함입니다(기독교강요 1.14.11).[144] 하지만 비가시적인 천사가 우리의 소망과 안전을 어떻게 더욱 분명하게 만드는지 의문입니다. 그리고 비가시적인 천사가 하나님의 말씀을 어떻게 사람에게 전달하는가도 신비입니다(계 1:1).[145]

---

142) Schouls, 『우리는 믿고 고백한다: 벨직신앙고백서 강해』, 182.
143) Thielman and Merkle, 『갈라디아서·에베소서』, 368.
144) 칼빈은 히브리서 주석에서 하나님께서 천사를 사람에게 보내시므로, 천사를 의지하려는 사람은 예수님에게 순종해야 한다고 주장했다. 참고. Viljoen & Floor, "Goeie en Slegte Engele," 48.
145) "하나님의 창조의 증인 역할을 했던 천사는 하나님을 경배하고, 이스라엘에게 하나님의 계시를 전달하고 설명하며, 곤경 가운데 있는 하나님의 백성을 돕고 보호하고 중보하고, 죄인을 책망하고 심판한다. 그리고 이스라엘을 보호하고, 인도하며, 심판했던 야웨의 사자는 야웨 자신으로 볼 수 있다. …… 천사는 예수님의 출생과 공생애 동안, 그리고 십자가, 부활, 승천에 자주 등장한다. 복음서에는 예수님의 공 사역을 위한 천사의 보조적 역할이 두드러진다. 사도행전에 의하면, 성도를 섬기는 역할을 부여받은 천사는 초대교회 시대에 환상 중에 지시하고, 복음을 전파하는 사도를 구출하고, 악인을 심판한다. 서신서에는 천사 숭배가 금지되고, 천사가 하나님의 최후

제13조 하나님의 섭리에 대하여

우리는 이 선하신 하나님께서 만물을 창조하신 후에 그냥 내버려 두시거나 운명이나 우연에 맡기시지 않고 그분의 거룩하신 뜻에 따라서 다스리시고 통치하셔서 그분의 명령이 없이는 아무 일도 세상에서 일어나지 않게 하셨다고 믿습니다. 그러나 하나님은 죄의 창시자가 아니시며 또 죄의 책임이 그분께 있는 것도 아닙니다. 왜냐하면 그분의 능력과 선하심은 지극히 위대하고 우리의 이해를 뛰어넘는 것이어서, 심지어 마귀와 악인들이 불의하게 행할 때라도 그분은 지극히 뛰어나고 공의로운 방식으로 자기의 일을 정하시고 수행하시기 때문입니다.

이와 같이 인간의 이해를 뛰어넘는 그분의 행사에 관하여, 우리는 우리의 능력이 허용하는 한도를 넘어서까지 호기심 어린 질문을 하려하지 않습니다. 다만 최대한의 겸손과 존경심을 가지고 우리에게는 감추어진 하나님의 공의로운 심판을 찬양하며, 우리가 그리스도의 학생이라는 사실에 만족하여 이 한계들을 넘는 일이 없이 오직 하나님께서 그분의 말씀에서 가르쳐 주신 것들만을 배워야 할 것입니다.

이 교리가 우리에게 말할 수 없는 위로를 주는데, 그 까닭은 어떠한 일도 우리에게 우연히 닥치지 않고 오직 가장 은혜로우신 하늘 아버지의 지시를 따라서 일어난다는 것을 가르쳐 주기 때문입니다. 하나님께서는 아버지와 같은 배려로써 우리를 돌보시고 모든 피조물을

심판에 동행할 것이며, 그때 사탄과 악한 천사의 세력은 완전히 파멸되어 심판받을 것을 언급한다. …… 계시록에서 천사의 임무는 그리스도의 계시를 교회에 전달하고, 하나님의 구원과 심판을 대행하고, 하나님을 예배하고, 하나님을 대신하여 피조계를 다스리고, 성도의 기도를 하나님께 전달하고, 환상 중에 안내자 역할을 하고, 하나님을 경배하라고 권면하면서 스스로 숭배받기를 거절한다." 송영목, "요한계시록에 나타난 천사의 역할," 『신약연구』 11/4 (2012), 966, 974-75, 986.

그분의 권세 아래에 두시기 때문에, 우리의 머리털을 다 세고 계시며 그 한 올도, 또한 참새 한 마리도 우리 아버님의 뜻이 아니면 땅에 떨어지지 않게 하십니다(마 10:29-30). 이러한 사실을 우리는 확신합니다. 왜냐하면 그분이 마귀와 우리의 모든 원수를 제압하고 계셔서 그분의 뜻과 허락 없이는 그들이 우리를 해칠 수 없음을 우리가 알기 때문입니다. 그러므로 우리는 에피쿠로스주의자들의 생각, 곧 하나님께서는 세상 아무것에도 상관하지 않으시고 모든 것을 우연에 맡기신다는 저주받을 오류를 배격합니다.

성경 근거 구절

하나님의 섭리의 손: 참새 두 마리가 한 앗사리온에 팔리지 않느냐 그러나 너희 아버지께서 허락하지 아니하시면 그 하나도 땅에 떨어지지 아니하리라(마 10:29-30)

그의 오른손에 일곱 별이 있고 그의 입에서 좌우에 날선 검이 나오고 그 얼굴은 해가 힘있게 비치는 것 같더라(계 1:16)

해설 ➡ 선하신 하나님은 죄로 타락한 세상을 포기하시고 버리셨습니까? 아닙니다. 하나님의 섭리를 상세하게 설명하는 BC 13조는 천주교의 박해에 직면한 저지대 개혁교회를 위로하는 차원으로 파악하는 게 유익합니다. 자기 자녀를 세심하게 능력으로 돌보시는 선하신 하나님의 뜻이 이루어진다는 섭리 교리와 신앙은 특히 고난 중에 있는 성도에게 위로를 줍니다(욥 1:21). 하나님의 섭리는 만유를 합당한 상태로 보존하시는 일이며(골 1:17), 통치는 만유를 하나님의 영광이라는 목표에까지 도달하도록 인도하시는 일입니다.146) 성도는 하나님의 합당한 섭리와 영광받으심을 찬미합니다. 섭리하시는 하나

---

146) Stam, 『만유의 그리스도: 세 일치신조와 함께한 벨직신앙고백서 개요』, 75.

님은 선하실 뿐 아니라 지혜와 권능으로 다스리십니다. 예수님은 구약에 나타난 성부의 구원 섭리를 확실하게 성취하셨는데, 구속사에 나타난 심판과 회복은 예수님의 죽음과 부활로써 절정에 도달합니다(눅 9:31).[147]

하나님의 섭리를 믿는다면, 운명이나 우연이라는 저주받을 오류는 마땅히 거부되어야 합니다(사 14:24). 하나님은 악이나 범죄의 원인 제공자나 유발자가 아닙니다(약 1:13-14; 요일 2:10).

도르트회의에서 인간의 자율성과 자유의지를 강조하는 알미니안 주의자들은 BC 13조의 섭리 교리를 변경하도록 요구했지만, 원본 그대로 채택되었습니다. 13조는 결론에서 감각과 본능을 진리의 척도로 보면서 쾌락을 추구한 그리스 철학자 에피큐러스(BC 342-270)를 추종한 자들의 이신론을 반대합니다. 하나님의 섭리는 인간의 이성을 초월하기에 성도는 겸손히 섭리의 주님을 경외해야 합니다.

에피큐리안에 따르면, 육체의 본능과 감각이 진리의 척도이므로 (고통, 미신, 두려움이 있는) 인생의 목적은 쾌락을 추구하는 것이며, 신이 존재하더라도 인간의 삶에 관여하지 않기에 섭리가 아니라 우연만 남아있습니다.[148] 그런데 에피큐러스에 관한 기록이 많이 남아 있지 않습니다. BC 13조에 에피큐리안학파가 언급되듯이, 제8조에도 삼위일체를 부정하는 고대 이단을 열거한 바 있습니다. 1559년의 갈리칸신앙고백서 8조와 데오도르 베자(d. 1605)의 신앙고백서 1조와 3조에도 이단을 논박하는데, 귀도는 이들의 영향을 받은 것 같습니다.[149] 그리고 귀도에게 큰 영향을 준 칼빈도 출애굽기 2:4 주석에

---

147) Vanhoozer (ed), *Dictionary for Theological Interpretation of the Bible*, 644.
148) 김성욱, "벨직신앙고백서의 설교적 적용: 하나님의 섭리를 중심으로," 『한국 개혁신학』 26 (2009), 83-86; Hauck and Schwinge, 『신학 전문용어 및 외래어 사전』, 95.

서 창조를 부인한 에피쿠로스를 비판했고, 시편 9:9 주석 등에서는 에피쿠로스학파가 섭리를 부인한 것을 비판했습니다(참고. 칼빈의 출 5:2; 삼상 2:4-8; 시 36:7; 107:43; 115:3; 139; 사 5:19, 26; 단 2:2; 4:17; 습 1:12; 합 1:13; 행 8:3; 고전 15:32; 갈 5:29; 살전 1:9; 딤전 1:19; 6:14; 요일 2:16 주석).150) 성도는 지난날에 임한 하나님의 손길을 회고하고, 주님의 일하심에 관해 기뻐하면서 지속적인 섭리를 확신해야 마땅합니다.151)

적용 ▣ 섭리 신앙이 성도에게 주는 위로는 무엇입니까?(참고. 창 45:5; 욥 42:2-6). 섭리를 가르치는 하나님의 '손' 혹은 '팔'에 집중하며 성경을 읽기를 추천합니다(욥 6:9; 10:3, 7, 8; 12:10; 계 1:16; HC 27).152) 진화의 과정을 하나님의 섭리라고 믿는 기독교 내의 유신진화론의 문제점을 잘 인지해야 합니다.153)

---

149) N. H. Gootjes, "Calvin on Epicurus and the Epicureans: Background to a Remark in Article 13 of the Belgic Confession," *Calvin Theological Journal* 40/1 (2005), 33-34.
150) 참고. Gootjes, "Calvin on Epicurus and the Epicureans: Background to a Remark in Article 13 of the Belgic Confession," 36-45.
151) Schouls, 『우리는 믿고 고백한다: 벨직신앙고백서 강해』, 196.
152) 내러티브 전개에 따르면, 다윗 왕이 밧세바를 범한 사건(삼하 11)은 야웨께서 사랑하시는 여디디야(솔로몬)의 출생과 다윗의 암몬의 랍바 정복(삼하 12:24-31)이라는 복으로 이어진다. 아들의 출생과 전쟁이라는 이 두 주제는 다윗의 장자 암논이 이복누이 다말을 범함, 그리고 압살롬의 반역을 초래했다(삼하 13-15). 하나님의 섭리의 손은 아들과 전쟁과 그것들의 데자뷰(deja vu)에 나타났다.
153) 유신진화론의 정의는 다음과 같다. "하나님은 물질을 창조하셨다. 그 이후에 모든 생명체가 순전히 자연과정을 통해 진화할 때까지, 물질의 자연적 작용을 유도하거나 그것에 개입하거나 직접 행동하여 경험적으로 탐지될 만한 변화를 일으키지 않으셨다. ...... (서울대 우종학이 지지하는) 열린 진화(open evolution)는 창조주가 '진화의 방법을 사용하여 생물을 창조했지만 어떤 구체적인 설계나 진화의 방향을 계획하여 창조한 것이 아니라 자연 세계의 우발성에 따라 자유롭게 진화가 일어나도록 허용했다는 견해다." 이신열, "현대신학자들의 유신진화론(theistic evolution)에 나타난 신학적 한계와 문제점," *Origin Research Journal* 2/1 (2022), 84, 89,

사람에 대하여 (제14조)

제14조 인간의 창조와 타락과 부패에 대하여

우리는 하나님께서 사람을 땅의 티끌에서부터 창조하시되 자기의 형상과 모양에 따라서 선하고 의롭고 거룩하게 지으셨다고 믿습니다. 그렇게 하심은 사람이 모든 면에서 하나님의 뜻에 일치하도록 하시려는 것이었습니다. 그러나 사람은 이렇게 고귀한 위치에 있는 동안에 이것을 깨닫지도 못하고 그 고귀함의 가치를 귀하게 여기지도 않았습니다. 그는 사탄의 말에 귀를 기울였고 의도적으로 자기를 죄에 복종시키고 따라서 사망과 저주에 복속시켰습니다. 왜냐하면 그가 하나님에게서 받은 생명의 계명을 어겼기 때문입니다. 그 결과 그는 자기 죄로 말미암아 그의 참 생명이 되시는 하나님에게서 끊어졌고, 그의 본성이 모두 부패하게 되었습니다. 이 모든 것으로써 그는 자신을 육체적인 죽음과 영적인 죽음에 이르게 하였습니다.

사람이 그의 모든 길에서 이렇게 악하고 패역하고 부패하였기 때문에, 그는 하나님에게서 받았던 고귀한 선물들을 모두 상실하였습니다. 이제 사람에게는 자기를 핑계치 못하게 할 만한 정도의 조그마한 흔적 외에는 아무것도 남지 않게 되었습니다. 왜냐하면 우리 안에 어떤 빛이 남아있든지, 그것은 어둠으로 바뀌어 버렸기 때문입니다. 이것은 "빛이 어둠에 비치되 어두움이 깨닫지 못하더라"(요 1:5)는 성경 말씀이 우리에게 가르쳐 주는 것과 같습니다. 이 구절에서 사도 요한은 사람을 '어둠'이라고 부릅니다.

따라서 우리는 이 사실과 어긋나게 사람의 자유의지에 대하여 가르치는 모든 교훈을 배격합니다. 왜냐하면 사람은 모두 죄의 종에 지나지 않고(요 8:34) '하늘에서 주시지 않으면 사람이 아무것도 받을 수 없기'(요 3:27) 때문입니다. 그리스도께서 "나를 보내신 아버지께서 이끌지 아니하면 아무라도 내게 올 수 없으니 오는 그를 내가 마지막 날에 다시 살리리라"(요 6:44) 하고 말씀하셨는데, 어떤 사람이 스스로 선을 행할 수 있다고 감히 자랑할 수 있겠습니까? "육신의 생각은 하나님과 원수가 되나니"(롬 8:7)라는 말씀을 이해하였다면, 누가 자신의 의지를 자랑할 수 있겠습니까? "육에 속한 사람은 하나님의 성령의 일을 받지 아니하나니"(고전 2:14) 하고 말씀하는데, 누가 자기의 지식에 대하여 말할 수 있겠습니까? "우리가 무슨 일이든지 우리에게서 난 것같이 생각하여 스스로 만족할 것이 아니니 우리의 만족은 오직 하나님께로서 났느니라"(고후 3:5)는 말씀을 깨달을 때 누가 감히 조금이라도 자기의 것으로 주장할 수 있겠습니까?

따라서 "너희 안에서 행하시는 이는 하나님이시니 자기의 기쁘신 뜻을 위하여 너희로 소원을 두고 행하게 하시나니"(빌 2:13)라고 사도가 가르친 것을 확실하고 굳게 붙들어야 합니다. 그리스도께서 사람 안에서 역사하지 않으신다면, 하나님의 뜻을 이해하는 것도 없고 하나님의 뜻에 일치하게 행하려는 것도 없을 것입니다. 주님께서 우리에게 "나를 떠나서는 아무것도 할 수 없음이라"(요 15:5)라고 가르쳐 주신 것과 같습니다.

성경 근거 구절

사람의 창조: 하나님이 자기 형상 곧 하나님의 형상대로 사람을 창조하시되 남자와 여자를 창조하시고(창 1:27)

사람의 타락: 그러면 어떠하냐 우리는 나으냐 결코 아니라 유대인이나 헬라인이나 다 죄 아래에 있다고 우리가 이미 선언하였느니라(롬 3:9)

해설 ▶ 하나님께서 자신의 형상을 따라 사람을 창조하셔서 영화와

존귀라는 고귀한 지위를 주신 것은 생명 관계를 유지하려는 의도 때문이었습니다(창 1:27; 시 8:5; 엡 4:24). 아담 부부는 에덴 낙원에서 동식물을 다스리면서 하나님의 형상을 찬란하게 드러내었습니다(창 2:15). 그러나 아담 부부는 자유의지를 오용하여 타락함으로써 하나님의 형상을 상실했습니다(창 3:6). 타락한 인간은 하나님과 의와 생명을 선택할 자유의지조차 상실했습니다.154) 그리고 그들은 죄와 저주와 영육의 죽음에 자신을 의지적으로 복종시키고 말았습니다(창 2:17; 롬 7:14). 그러나 "피조물이 창조주를 이길 수 없는 것처럼, 어둠은 빛을 이길 수 없습니다"(참고. 요 1:5).155) 마지막 아담이신 예수님은 아버지 하나님의 형상이신데, 죄인을 구원하셔서 그 형상을 닮도록 하셨습니다(고후 4:4; 골 1:15). 이에 맞추어 성령님도 성도를 하나님의 형상으로 새롭게 창조하십니다.156)

사탄의 유혹과 고의적인 불순종으로 인해 죄가 시작되었습니다. 전적 타락의 결과 죄인은 죄와 어둠과 무지의 종이 되어 하나님과 원수가 되었습니다(창 6:5; 욥 9:2; 롬 3:9; 8:7). 그런데 죄인에게 하나님 형상의 흔적이 남아있습니다(눅 6:32). 하지만 사람이 남아있는 하나님의 형상과 이성과 도덕을 최대한 끌어올리고 향상시킨다고 해도, 타락 전에 아담이 어떠했는가를 어렴풋이 상기시킬 따름입니다.157) 타락 후에 인간은 무능하기에 하나님께서 돌이키시는 은혜를 주시지 않는다면, 하나님의 영광과 말씀을 등한히 하고 영적인 선을 행할 수 없게 되었습니다.158)

---

154) Bouwman, 『벨직신앙고백해설』, 221.
155) Hamilton Jr., 『요한복음』, 54.
156) Bouwman, 『벨직신앙고백해설』, 218.
157) Schouls, 『우리는 믿고 고백한다: 벨직신앙고백서 강해』, 206.
158) Schouls, 『우리는 믿고 고백한다: 벨직신앙고백서 강해』, 208.

4세기에 펠라기우스는 원죄를 부정했으며, 17세기에 아르미니우스는 인간의 자유의지를 주장하다가 레이던대학교의 칼빈주의자 호마루스(d. 1641)와 도르트회의의 반대에 직면했습니다.159)

적용 ▶ 성도는 하나님의 성품과 창조 질서를 거스르는 타락과 부패에 어떻게 맞설 수 있습니까? 하나님의 형상을 회복하여 하나님과 이웃을 사랑하도록 만들려면, 그리스도인의 인성교육이 중요합니다. 성호숙에 따르면, 하나님과의 관계 회복을 위한 기독교 인성교육의 내용은 (1) 하나님에 대한 헌신 된 삶, (2) 하나님 중심적인 삶, (3) 하나님의 이름을 높이는 삶, (4) 예배드리는 삶을 살도록 하는 데에 그 목적을 둡니다. 그리고 성호숙은 이웃과의 관계 회복을 위한 기독교 인성교육의 구체적인 몇 가지 목적도 소개합니다. (1) 부모를 공경하는 삶, (2) 배려와 포용의 삶, (3) 도덕적 순결의 삶, (4) 성실하고 감사하는 삶, (5) 진실하고 정직한 삶, (6) 선을 베푸는 삶을 제시합니다.160) 성호숙의 주장대로, 하나님을 사랑하고 그분의 영광을 드러내며 예배적 삶을 산다면 참 사람입니다. 그리고 그런 사람은 성경적효와 배려와 순결과 성실과 정직과 선행의 열매를 맺을 것입니다.

그리스도인은 끊임없는 사탄의 유혹과 자신 안에 남아있는 죄성의위력을 직시해야 합니다. 그리고 성도는 이웃을 향해 하나님의 형상을 비추면서 선함과 사랑과 정의로 행해야 합니다.161)

---

159) 허순길, 『벨기에 신앙고백 해설: 개혁교회 신앙고백』, 220.
160) 성호숙, "한국교회의 회복을 위한 기독교 인성교육에 관한 연구," 『기독교교육논총』 56 (2018), 394-95.
161) Bouwman, 『벨직신앙고백해설』, 211.

죄에 대하여 (제15조)

제15조 죄에 대하여

우리는 아담의 불순종함을 통하여 원죄가 모든 인류에게로 전가된 것을 믿습니다. 이것은 인간의 본성 전체가 타락한 것이고 유전되는 악으로서 심지어 태중에 있는 아이들까지도 전염이 되는 것입니다. 원죄는 뿌리로서 사람 안에서 모든 종류의 죄를 만들어 냅니다. 따라서 원죄는 하나님 보시기에 참으로 더럽고 혐오스러운 것이어서 그분이 인류를 정죄하시기에 충분합니다. 심지어 세례로도 원죄를 말소하거나 제거할 수 없습니다. 왜냐하면 마치 물이 샘에서 솟아나듯이 죄는 이 두려운 원천으로부터 솟아나기 때문입니다. 그러나 이 모든 사실에도 불구하고 원죄는 하나님의 자녀가 정죄에 이르게 되도록 전가되지 않고, 하나님의 은혜와 자비에 의하여 그들은 죄 사함을 받습니다. 그렇다고 해서 신자들이 자기 죄 가운데서 평안하게 살 수 있다는 뜻이 아닙니다. 오히려 이러한 부패함을 깨달아 앎으로써 이 사망의 몸에서 구원받기를 간절히 기다리며 종종 탄식하게 합니다. 이 점에서 우리는 이 죄가 단지 모방의 문제일 뿐이라고 말하는 펠라기우스파의 오류를 배격합니다.

성경 근거 구절

유전되는 죄: 내가 죄악 중에서 출생하였음이여 어머니가 죄 중에서 나를 잉태하였나이다(시 51:5)

만물보다 거짓되고 심히 부패한 것은 마음이라 누가 능히 이를 알리요마는(렘 17:9)

죄에 대하여라 함은 그들이 나를 믿지 아니함이요(요 16:9)

> 그러므로 한 사람으로 말미암아 죄가 세상에 들어오고 죄로 말미암아
> 사망이 들어왔나니 이와 같이 모든 사람이 죄를 지었으므로 사망이 모
> 든 사람에게 이르렀느니라(롬 5:12)

해설 ▶ 인류의 대표자이자 언약의 머리인 아담의 범죄 때문에, 원죄
가 태아와 마리아를 포함하여 전 인류에게 전가되고 확산했습니다
(시 51:5; 렘 17:9; 롬 5:12-21).[162] 원죄는 모든 죄의 뿌리이자 수
원(水源)입니다. 물의 근원과 같은 원죄로 말미암아 모든 인류가 오염
되었기에, 거기서 흘러나오는 물 곧 인간의 지정의와 전체 본성과 행
동도 모두 오염되었습니다. 모든 인류는 첫 조상 아담의 범죄에 인격
적으로 참여하기에, 악한 것을 행하려는 내면의 기질을 가집니다. 이
이유로 각각 칭의와 성화가 필요합니다.[163] 타락의 범위는 온 인류
이고, 타락의 본질은 예수님을 믿지 않음에서 나오는 악과 교만과 불
순종이며, 타락의 내용은 지정의의 부패이고, 타락의 결과는 정죄와
죽음과 심판입니다(요 3:18; 16:9).[164]

원죄를 설명할 때 '죄책'(罪責)과 '오염'(汚染)을 구분할 필요가 있
습니다. 죄책은 인류의 대표인 아담과 후손 사이의 법적 관계와 관련
되고, 오염은 타락한 아담의 영적 부패가 온 인류에게 감염된 것을
가리킵니다.[165]

---

162) 롬 5:18-19의 "의롭다함을 받으리라"와 "의인이 되리라"는 하나님이 의롭
게 하시는 행위의 주체이시므로 신적수동태 동사들이다. Yarbrough, 『로
마서』, 151.
163) Stam, 『만유의 그리스도: 세 일치신조와 함께한 벨직신앙고백서 개요』, 81.
164) Hamilton Jr., 『요한복음』, 508. 참고로 타락 전 선택설은 하나님의 주권
을, 타락 후 선택설은 하나님의 자비와 공의를 강조한다. 신호섭, 『벨직 신
앙고백서 강해』, 235, 248.
165) 헤르만 바빙크의 『개혁교의학. 3권』에 따르면, '죄책'은 가장 무거운 형벌이
다. "범법을 인하여 누군가에게 지워진 의무로서 비례적인 형벌의 고통을

그렇다면 원죄와 유전으로 인한 죄 그리고 오염을 어떻게 해결할 수 있습니까? 마지막 아담이신 예수님의 순종과 구원 사역으로써 죄인이 하나님의 자녀가 되고 원죄와 자범죄를 용서받을 수 있습니다 (고전 15:45). 첫 사람의 범죄와 유전되는 원죄를 해결하시는 분은 마지막 아담뿐입니다. 자비롭고 의로우신 구주 예수 그리스도 안에서만 원죄의 유전과 그 수원에서 흐르는 모든 죄가 해결됩니다. 성도가 그리스도 안에 살더라도 원죄의 영향과 자신이 저지른 죄로 인해 긴장하며 탄식하고 두렵고 떨림으로 구원을 이루어갑니다(롬 7:22-24; 8:21-23; 빌 2:12-13). 그런데 천주교 트랜트회의(1545-1563)는 영세로써 원죄를 용서받는다고 잘못 결정했습니다.

펠라기우스(d. ca 425)는 인간의 전적 부패가 아니라 자유의지와 선행의 능력을 인정하면서, 단지 죄를 나쁜 모범을 따르다가 빚어진 문제로 치부했습니다.166) 그에 따르면 사람은 백지상태로 태어나기에 마음을 먹는 대로 선이나 악을 그릴 수 있습니다. 그리고 원죄를 부정한 펠라기우스주의를 어느 정도 수용하여 반(semi) 펠라기우스주의는 타락 후 자연인이 자신의 의지로 하나님의 은혜와 함께 자신의 구원에 협조할 수 있다고 주장했습니다.

적용 ➡ 썩은 과일이 많이 담긴 광주리에 멀쩡한 과일이 하나 있다면, 그것도 외부의 영향을 받아 같이 썩게 됩니다. 하지만 인간의 부패는 바깥이 아니라 유전적 질병으로 망가진 내면에서 시작합니다.167) 범죄를 나쁜 환경에서 나오는 것으로 간주한다면, 범죄자를

통해 법을 만족시키기 위한 것이다. ...... 죄는 하나님의 공의를 부정한다는 점에서 죄책이며, 하나님의 거룩하심에 반대된다는 점에서 오염이다." 이경직, "헤르만 바빙크의 『개혁교의학』에 나타난 죄 이해," 『조직신학연구』 25 (2016), 107. 그리고 Schouls, 『우리는 믿고 고백한다: 벨직신앙고백서 강해』, 215도 보라.

166) Stam, 『만유의 그리스도: 세 일치신조와 함께한 벨직신앙고백서 개요』, 82.

처벌하기 어렵게 되고, 범죄를 질병으로 이해하여 형벌이라는 치료제만 제시할 뿐입니다.[168] 물론 좋지 않은 환경이 많은 범죄를 촉발합니다. 하지만 에덴이라는 낙원에서 원죄가 발생한 점을 기억해야 합니다. 우리의 범죄는 에덴동산처럼 편안한 상황을 매우 적절한 온실로 삼을 것입니다. 예를 들어, 다윗 왕은 국내외에서 승승장구하던 상황을 맞이하자(삼하 8-10), 우리야의 아내 밧세바와 간음에 빠졌습니다(삼하 11).

---

167) Schouls, 『우리는 믿고 고백한다: 벨직신앙고백서 강해』, 216.
168) 이경직, "헤르만 바빙크의 『개혁교의학』에 나타난 죄 이해," 106.

구원에 대하여 (제16-17조)

제16조 선택에 대하여

우리는 아담의 모든 후손이 이렇게 첫 조상의 죄로 인하여 파멸에 떨어지자 하나님께서 그분의 어떠하심, 곧 그분의 자비하심과 공의로우심을 나타내신 것을 믿습니다. 그분의 자비하심은 그분의 영원하고 변치 않는 뜻에 따라, 우리 주 예수 그리스도 안에서 택하신 사람들을 그들의 행위대로가 아니라 그분의 선하심 가운데서 이러한 멸망에서 구하시고 보존하여 주시는 데서 나타납니다. 또한 그분의 공의로우심은 다른 사람들을 그들 자신이 빠진 타락과 멸망의 상태에 그대로 버려두시는 데서 나타납니다.

성경 근거 구절

예정: 그런즉 하나님께서 하고자 하시는 자를 긍휼히 여기시고 하고자 하시는 자를 완악하게 하시느니라(롬 9:19)

곧 창세 전에 그리스도 안에서 우리를 택하사 우리로 사랑 안에서 그 앞에 거룩하고 흠이 없게 하시려고 그 기쁘신 뜻대로 우리를 예정하사 예수 그리스도로 말미암아 자기의 아들들이 되게 하셨으니(엡 1:4-5)

해설 ➡ 14-15조는 원죄와 타락과 부패를 다루었습니다. 그다음에 선택 곧 예정이 나옵니다. 귀도는 왜 이런 순서로 설명합니까? 선택은 죄인에게 은혜의 문을 열어주기 때문입니다.[169] 다시 말해, 예정은 비참한 자에게 하나님께서 은혜롭게 응답하는 것입니다(마 22:14).[170]

---

169) Schouls, 『우리는 믿고 고백한다: 벨직신앙고백서 강해』, 227.
170) Schouls, 『우리는 믿고 고백한다: 벨직신앙고백서 강해』, 229. 구원의 예정을 개인이 아니라 집단적이라고 주장한 예는 미국 믿음공동체교회 목사 B. J. Abasciano, "Corporate Election in Romans 9: A Reply to Thomas

하나님께서 사람을 구원하시기로 선택하신 것은 인간의 범죄 때문입니다(롬 8:30). 그러나 하나님의 예정과 선택은 아담이 범죄하기전, 영원 전에 있었습니다(엡 1:4-5). 자비와 공의의 하나님은 타락한 인간을 구원하시려는 예정을 자신의 독생자 예수 그리스도 안에서 이루십니다(엡 1:4-5; 벧전 1:2).171) 그런데 택함을 받은 사람은 그렇지 않은 사람보다 더 착하고 가치가 있어서가 아니기에, 선택과 구원은 하나님의 전적 자비와 은혜입니다(롬 9:15-18). 예수님은 자기 백성을 죄에서 구원할 분이십니다(마 1:21). 하나님께서 영생을 주시기로 작정 된 사람은 다 믿습니다(행 13:48). 죄와 사망에서 구원받은 사람은 예수님의 형상을 본받아야 합니다(롬 8:29-30). 선택의 교리는 성도의 견인으로 이어집니다(시 138:8; 롬 8:28).172) 그리고 예정은 성도가 그리스도의 죽음과 부활에 연합된 상태로 하나님의 영광을 위하여, 그리고 주님의 임재 가운데 사는 현재적 영화를 촉진합니다(롬 8:30; 참고. 시 8:5; 요 12:28; 17:22; 롬 5:2; 6:4; 살후 1:12; 벧전 1:8; 5:1).173)

다른 한편, 하나님은 어떤 사람들을 타락과 멸망에 버려두시는 유

Schreiner," *JETS* 49/2 (2006), 351-71을 보라. 하지만 구원의 예정은 근본적으로 개인의 문제이다(참고. 롬 9:15, 18의 남성 단수 관계대명사). 가부장 제도에서 가장의 개종은 온 가족에 영향을 미치는 경우, 결과적으로 가정의 복음화가 이루어지기도 했다(행 16:31, 33-34; 롬 16:11).

171) 갈 1:5-6에서 "하나님께서 예정하신 목적은 선택된 자들이 그리스도의 완수된 사역을 통해 하나님의 가족으로 입양되는 것에 있다."라기 보다는, 예정은 입양을 넘어 하나님의 영광을 드러내는 삶을 목표로 삼는다. Contra Thielman and Merkle, 『갈라디아서·에베소서』, 215.

172) Stam, 『만유의 그리스도: 세 일치신조와 함께한 벨직신앙고백서 개요』, 89.

173) 성화를 생략하는 롬 8:30은 구원의 서정을 설명하는 유일한 성경 본문이 아니다. J. V. Fesko, "Romans 8.29-30 and the Question of the Ordo Salutis," *Journal of Reformed Theology* 8/1 (2014), 56-58; D. C. Ortlund, "Inaugurated Glorification: Revisiting Romans 8:30," *JETS* 57/1 (2014), 121-23; Bouwman, 『벨직신앙고백해설』, 247-28.

기를 통하여 자신의 공의를 드러내십니다(롬 9:18, 21-22; 벧전 2:8; 계 13:8). 유기 때문에 자비롭고 주권적인 하나님을 불의한 분으로 비난할 수 없습니다(겔 33:11; 롬 9:14). 구원을 위한 예정이 하나님의 능동적인 사역이라면, 유기는 하나님의 수동적 사역입니다.174)

예정론에 대한 탐구는 지혜로우신 하나님의 신성한 구역을 침범하기 십상인데, 사람은 이것을 온전히 이해할 수 없기에 하나님의 지혜를 기리고 경찬(敬讚)해야 합니다(기독교강요 3.21.1). 귀도는 바로 이 예정 교리 덕분에 투옥과 순교를 감내할 수 있었습니다.175)

적용 ▶ 아담의 후손으로서 우리는 선택과 유기를 자신의 기쁜 뜻을 따라 행하시는 하나님께 따지기보다 경외감을 가져야 합니다. 우리는 하나님의 선택을 믿고 감사하며, 죄와 싸우고, 하나님의 신성한 성품에 참여하면서 예수님을 닮고 성령의 열매를 맺어야 합니다(벧후 1:4-7). 이처럼 예정과 선택의 복음은 성도의 삶에 겸손과 감사와 인내와 소망과 활력을 줍니다. 그리스도인은 자신의 기복이 강한 감정 상태가 아니라, 하나님의 변하지 않는 사랑 위에 자신을 건축하려면 하나님의 예정을 늘 기억하며 감사해야 합니다.

제17조 타락한 인간의 구원에 대하여

우리는 자비로우신 우리 하나님께서 사람이 그와 같이 육신의 죽음과 영적인 죽음에 떨어지게 된 것을 보시고, 두려움 가운데 그분에게서 도망하던 인간을 그분의 놀라운 지혜와 선하심으로 찾기 시작하신 것을 믿습니다. 하나님께서는 그분의 아드님을 주셔서 여자에게서 나게 하심으로써(갈 4:4) 뱀의 머리를 상하게 하시고(창 3:15) 인간을 복되게 하시겠다는 약속으로 그를 위로하셨습니다.

---

174) Bouwman, 『벨직신앙고백해설』, 239.
175) 허순길, 『벨기에 신앙고백 해설: 개혁교회 신앙고백』, 251.

성경 근거 구절

죄인이 구원받음: 내가 너로 여자와 원수가 되게 하고 네 후손도 여자의 후손과 원수가 되게 하리니 여자의 후손은 네 머리를 상하게 할 것이요 너는 그의 발꿈치를 상하게 할 것이니라 하시고(창 3:15)

때가 차매 하나님이 그 아들을 보내사 여자에게서 나게 하시고 율법 아래에 나게 하신 것은 율법 아래에 있는 자들을 속량하시고 우리로 아들의 명분을 얻게 하려 하심이라(갈 4:4-5)

해설 ▶ 17조는 '하나님의 선교'(Missio Dei) 즉 타락한 인간을 구원하시기 위해서 독생자를 보내신 성부의 선교를 다룹니다(참고. WCF 34장).[176] 하나님은 사랑이시고 기독교는 은혜의 종교입니다. 범죄한 인간은 죽음과 두려움에 빠져서 구원을 위해 아무것도 할 수 없었고 하나님에게서 도망칠 수밖에 없었습니다(창 2:16-17; 시 73:27). 사람이 되신 예수님은 불의한 세상에 사시면서 율법의 저주를 경험하셨으며, 율법에 나타난 하나님의 뜻을 실천하지 못한 유대인은 물론이거니와 불완전한 양심만 가지고 하나님의 저주 아래 살던 이방인도 구원해 내셨다(갈 4:4-5).[177]

성도는 죄책감에 빠져 혹시 구원을 상실하지 않을까 걱정합니다. 그때 자신의 상황이나 믿음 혹은 행실에 집중하지 않고, 대신 구주와 중보자이신 예수님을 통하여 은혜로우신 성부 하나님을 바라보아야 합니다. 19세기 스코틀랜드 자유교회의 지도자 토마스 차머스는 상담을 요청한 성도에게 보낸 서신에서 이 진리를 잘 설명했습니다.[178] 우리의 구원은 우리 안이 아니라 바깥에서 온 것입니다.

---

176) R. Recker, "Analysis of the Belgic Confession as to Its Mission Focus," *Calvin Theological Journal* 7/2 (1972), 163.

177) Thielman and Merkle, 『갈라디아서·에베소서』, 124-25.

178) 참고. Schouls, 『우리는 믿고 고백한다: 벨직신앙고백서 강해』, 240.

예수님의 성육신과 십자가의 구속은 성부의 지혜와 선하심의 표현입니다(눅 1:78). 첫 원시복음에 따르면, 여자의 후손은 발꿈치에 상처를 입었지만, 예수님 때문에 뱀은 머리에 치명타를 입었습니다(창 3:15; 계 12:7-9; 20:2). 구약성경에 '언약'(베리트)은 287회나 반복됩니다. 하나님은 원시복음이 성취되도록 많은 언약을 지키셨습니다.[179] 하나님은 노아, 아브라함, 모세, 다윗, 그리고 선지자들을 통하여 언약을 지키셨습니다. 새 언약은 모든 옛 언약을 성취했습니다.

적용 ➡ 무엇이 성도로 하여금 구원의 확신을 가지지 못하도록 방해하고 있습니까? 과거와 현재의 범죄, 하나님의 성품에 대한 오해(마 25:24), 칭의와 성화를 혼동함, 삶에서 그리스도를 주님으로 고백하지 않음, 불순종과 영적 침체, 구원의 은혜에 대한 열매와 표지에 무지함, 의심과 부정적 기질, 어린 시절에 회심한 후 잊어버림, 잘못된 구원의 경험을 추구함, 사탄의 공격, 신자의 삶에 나타나는 나쁜 표지에만 집중함 등입니다.[180]

마귀가 우리의 구원의 확신을 흔들 때, 우리는 어떻게 해야 합니까? 우리 자신의 믿음이나 상황이 아니라 주 예수님을 더 묵상하고 온전히 믿고, 그 주님을 전파해야 합니다. 그리고 선교적 교회는 죄인을 끊임없이 추적하시는 선교적 하나님의 심정을 가지고 살아야 합니다. 또한 우리를 선택하신 하나님의 불변성, 구원의 은사는 취소되지 않음, 그리스도의 중보 사역의 완전성, 그리고 구원을 신자에게 적용하시는 성령의 주권성을 믿어야 합니다.[181]

---

179) Bouwman, 『벨직신앙고백해설』, 255-59.
180) J. R. Beeke, 『믿음의 확신을 누리는 삶』, *Knowing and Growing in Assurance of Faith*, 김효남 역 (서울: 좋은씨앗, 2023), 40-62.
181) Beeke, 『믿음의 확신을 누리는 삶』, 119.

그리스도에 대하여 (제18-21조)

제18조 하나님의 아드님의 성육신에 대하여

그러므로 우리는 하나님께서 그분의 거룩한 선지자들의 입을 통하여 조상들에게 약속하신 대로 그분이 정하신 때에 자기의 독생하신 영원하신 아드님을 세상에 보내심으로써 그 약속을 이루셨다고 고백합니다. 그 아들은 종의 형체를 취하셔서 사람과 같이 되셨습니다(빌 2:7). 그분은 모든 연약함을 지닌 참된 인성을 실제로 취하셨으나 죄는 없으십니다. 왜냐하면 사람의 행위가 아니라 성령의 능력으로 복된 동정녀 마리아의 태에서 수태되셨기 때문입니다. 그분은 참 인간이 되시기 위하여 육체만이 아니라 참된 인간 영혼에서도 인성을 취하셨습니다. 인간은 육체만이 아니라 영혼도 타락하였기 때문에, 두 가지를 구원하기 위하여 그분은 두 가지를 모두 취하실 필요가 있었습니다.

그러므로 우리는 그리스도께서 그의 어머니에게서 육신을 얻으신 것을 부인하는 재세례파의 이단에 반대하여, 그리스도께서 자녀의 몸과 피에 참여하셨다고 고백합니다(히 2:14). 그분은 다윗의 허리에서 나오신 자손이시고(행 2:30), 육신을 따라서는 다윗의 혈통에서 나셨고(롬 1:3), 동정녀 마리아의 태의 열매이시고(눅 1:42), 여자에게서 나셨고(갈 4:4), 다윗의 가지이시고(렘 33:15), 이새의 줄기에서 나온 가지이시며(사 11:1), 유다 지파에서 나셨고(히 7:14), 육신을 따라서는 유대인에게서 나셨고(롬 9:5), 아브라함의 후손들을 붙들어 주려고 하시기 때문에 아브라함의 씨로 오셨습니다. 그러므로 그분은 모든 면에서 그의 형제들과 같이 되셨으나 죄는 없으십니다(히 2:16-17; 4:15). 이러한 방식으로 그는 참으로 우리의 임마누엘,

곧 우리와 함께 계시는 하나님이십니다(마 1:23).

성경 근거 구절

사람이 되신 예수님: 보라 처녀가 잉태하여 아들을 낳을 것이요 그의 이름은 임마누엘이라 하리라 하셨으니 이를 번역한즉 하나님이 우리와 함께 계시다 함이라(마 1:23)

자녀들은 혈과 육에 속하였으매 그도 또한 같은 모양으로 혈과 육을 함께 지니심은 죽음을 통하여 죽음의 세력을 잡은 자 곧 마귀를 멸하시며 (히 2:14)

해설 ▶ 18조는 '그러므로'로 시작합니다. 18조는 17조의 원시복음 (protoevangelium, mother promise)을 이어받아, 그것이 어떻게 성취되는가를 다룹니다. 사탄은 여자의 후손이 출현하지 못하도록 가인으로 하여금 아벨을 죽이도록 부추겼지만, 하나님은 아담 부부에게 다른 아들 셋을 주셨습니다(창 3:25). 이처럼 하나님께서 언약을 성취하셨기에, 교회는 승전가를 부를 수 있습니다.[182] 원시복음과 구약 선지자들이 오실 메시아에 관해 예언한 바는 예수님의 탄생으로 성취되었습니다(창 49:10; 신 18:15; 시 110:1; 사 7; 미 5:2; 슥 13:1; 갈 4:4; 딤전 3:16). 이런 의미에서 예수님의 성육신은 구약의 주요 주제의 신약적 성취인데, 성령은 마리아의 몸속에서 예수님의 몸과 인성을 준비하셨습니다.[183] 예수님은 죄를 제외한다면, 우리와 똑같이 피곤과 슬픔과 무거운 짐을 지셨고, 온갖 고통과 병약함과 죽음의 영향 아래 계셨습니다.[184]

예수님은 중보자와 구원자로서의 자격을 모두 갖추셨습니다. 예수

---

182) Schouls, 『우리는 믿고 고백한다: 벨직신앙고백서 강해』, 253.
183) 신호섭, 『벨직 신앙고백서 강해』, 270, 275.
184) Schouls, 『우리는 믿고 고백한다: 벨직신앙고백서 강해』, 255.

님은 성령으로 잉태되셔서 참 하나님이시며, 동정녀 마리아에게서 출생하셔서 참 사람이시고, 원죄와 자범죄가 없으시기에 의로우십니다(히 7:26).[185] 예수님은 사람과 똑같이 영유아시기를 거치셨고, 허기를 느끼시고 피곤과 졸음과 목마름과 고난을 겪으셨습니다(마 4:2; 막 4:38; 요 4:6; 19:28; 벧전 2:21, 23).

예수님은 '참된 인간 영혼에서도 인성'을 취하셨습니다. '참된 인간 영혼에서도'라는 표현은 인간이 영과 육을 가진 존재임을 말합니다(히 2:14). 예수님께서 성육하신 순간에 육체와 영을 가지셨습니다. 범죄한 인간은 육체와 영혼의 죽음을 경험할 수밖에 없기에, 예수님은 인간의 육과 영을 모두 취하셔야 했습니다.[186] 물론 예수님의 신성은 성육하신 몸과 결합되어 분리되지 않습니다. 여기서 "우리에게 너무 익숙한 성탄절은 왜 필요합니까?"라는 질문을 해 보아야 합니다. 이에 대해, 캐나다개혁교회(CanRC) 목사 바우만은 유익한 설명을 아래와 같이 제공합니다.

당신의 사랑하는 유일하신 아들을 포기하시고 내어주심 가운데서 당신 자신을 비우시는 아버지를 주목하십시오. 또한 하늘에서 당신의 영광을 포기하시고 땅으로 오신 아들의 자기를 비우시는 사랑을 주목하십시오. 그렇습니다. 우리는 성탄절에 익숙해져 있습니다. 그러나 그 날보다 더 경이로운 날은 없을 것입니다.[187]

성령님은 동정녀 마리아의 몸에 예수님을 잉태케 하셨고, 유대인으로서 유다 지파에 태어나셨습니다(계 5:5). 예수님은 성령께서 잉태케 하셨기에 그분은 유전된 원죄나 자범죄가 없으십니다. 그런데 천주교는 마리아가 흠이 없는 가운데 예수님을 잉태했다고 잘못 주

---

185) Stam, 『만유의 그리스도: 세 일치신조와 함께한 벨직신앙고백서 개요』, 95.
186) 허순길, 『벨기에 신앙고백 해설: 개혁교회 신앙고백』, 271.
187) Bouwman, 『벨직신앙고백해설』, 263.

장합니다.

귀도는 예수님께서 마리아에게서 육신을 입으심의 의미를 오해하는 재세례파의 오류를 비판합니다. 라오디게아의 주교 아폴리나리우스(d. 429)는 예수님께서 완전한 사람임을 부정했는데, 그는 재세례파에게 영향을 주었습니다. 재세례파는 마리아가 죄인이므로, 그녀에게서 태어난 예수님도 죄성을 가지시기에 구주가 될 수 없다고 주장했습니다. 그래서 재세례파는 물이 터널을 통과하듯이, 예수님은 마리아의 몸을 통과한 것뿐이며, 예수님은 참 하나님이시지만 인간의 본성을 취하신 것이 아니라고 주장했습니다.[188] 사탄은 예수님의 성육신을 막지 못했고, 주님의 공사역을 망치려고 시도했지만 실패하자, 이제 승천하신 주님이 다스리시는 교회를 공격하고 있습니다(계 12:13-17).[189]

적용 ➡ 사도 요한 당시에 가현설주의자는 '적그리스도'라 불립니다(요일 2:18, 22; 4:3; 요이 1:7). 예수님의 성육신은 성도가 취할 올바른 윤리와 태도를 가르칩니다. 팀 켈러의 설명을 들어봅시다. "하나님이 인간이 되어 자신의 영광을 비우셨다는 사실은 당신도 권력 있고 호화로운 사람들, 인맥이 넓어 앞길을 터 줄 수 있는 사람들하고만 어울리려 해서는 안 된다는 뜻이다. 오히려 권력과 아름다움과 돈이 없는 사람들에게 기꺼이 다가가야 한다. 그것이 크리스마스 정신이다. 하나님께서 우리 중 하나가 되셨기 때문이다."[190]

---

188) Bouwman, 『벨직신앙고백해설』, 265; 허순길, 『벨기에 신앙고백 해설: 개혁교회 신앙고백』, 273-74.
189) Stam, 『만유의 그리스도: 세 일치신조와 함께한 벨직신앙고백서 개요』, 96.
190) T. Keller, 『팀 켈러의 예수, 예수』, *Hidden Christ*, 윤종석 역 (서울: 두란노, 2017), 84.

제19조 그리스도의 한 위격 안에 있는 두 본성에 대하여

우리는 이 잉태에 의하여 하나님의 아들의 위격이 사람의 본성과 나뉠 수 없게 연합되고 결합되었으며, 따라서 하나님의 아들이 두 분이시거나 혹은 두 위격이 계신 것이 아니라 한 분의 단일한 위격 안에 두 본성이 연합되었다고 믿습니다. 그러나 각 본성은 그 구별되는 속성들을 유지하고 있습니다. 따라서 그분의 신성은 항상 창조된 것이 아닌 자존(自存)의 상태로 있으며, 시작도 없고 끝도 없으며(히 7:3), 하늘과 땅을 채우고 있습니다. 또한 그분의 인성도 그 속성들을 잃지 않아서, 시작된 날이 있고 피조(被造)의 상태로 있습니다. 이러한 그분의 인성은 유한하며 실제 육신의 특성을 모두 갖고 있습니다. 심지어 부활로써 자신의 인성에 불멸성을 부여하셨을 때에도 그분의 인성이 진정한 인성이라는 사실에는 변함이 없었습니다. 왜냐하면 우리의 구원과 부활은 또한 그분의 몸의 실제성에 달려있기 때문입니다.

그러나 이 두 본성은 한 위격 안에 매우 긴밀하게 연합되어 있어서 그분의 죽음에 의해서도 나뉘지 않았습니다. 그러므로 돌아가실 때 그분이 자기 아버지의 손에 부탁하신 것은 자기 육체를 떠난 실제 인간의 영혼이었습니다. 그 후에도 그분의 신성은 항상 그분의 인성과 연합되어 있었으며, 심지어 그분이 무덤에 누워 계실 때도 그러하였습니다. 비록 어렸을 때는 그분의 신성이 얼마 동안 크게 나타나지는 않았지만 그때도 신성이 그분 안에 계시지 않은 때가 없었던 것처럼, 신성은 항상 그분 안에 임재하고 있었습니다.

그러므로 우리는 그분이 참 하나님이시며 참 사람이심을 고백합니다. 즉 그분은 참 하나님으로서 그분의 권능으로 사망을 정복하셨으며, 참 사람으로서 자기 육신의 연약함을 따라 우리를 위하여 돌아가신 분이시라고 우리는 고백하는 것입니다.

성경 근거 구절

예수님의 신성: 아버지도 없고 어머니도 없고 족보도 없고 시작한 날도 없고 생명의 끝도 없어 하나님의 아들과 닮아서 항상 제사장으로 있느니라(히 7:3)

예수님의 인성: 그는 만물을 자기에게 복종하게 하실 수 있는 자의 역사로 우리의 낮은 몸을 자기 영광의 몸의 형체와 같이 변하게 하시리라 (빌 3:21)

그러므로 주께서 세상에 임하실 때 이르시되 하나님이 제사와 예물을 원하지 아니하시고 오직 나를 위하여 한 몸을 예비하셨도다(히 9:5)

해설 ▶ 예수님 한 분(위격) 안에 신성과 인성이라는 두 본성이 어떻게 연합되는가는 신비입니다. 19조는 '칼케돈의 정의'(Definition of Chalcedon, 451)를 따라, 예수님의 신성과 인성이 "혼합되지 않고, 변하지 않고, 분할되지 않고, 분리되지 않는다"는데 동의합니다.[191] 예수님께서 사람이 되셨을 때 그분의 뜨거운 물 같은 신성이 차가운 물 같은 인성을 흡수한 것은 아닙니다. 콘스탄티노플의 주교 유티케스(d. ca 453)는 예수님의 신성만 인정했는데, 이를 추종하는 자들은 '단성론자'라 불립니다. 유티케스는 예수님의 신성과 인성이 결합하여 '제3의 본성'(Tertium Quod)이라 불리는 새로운 본성이 만들어졌다고 주장했습니다.[192] 이 주장은 예수님을 '반(半) 신'과 '반(半) 인간'으로 전락시킵니다. 아폴리나리우스도 예수님의 인성을

---

191) 허순길, 『벨기에 신앙고백 해설: 개혁교회 신앙고백』, 278.
192) 신호섭, 『벨직 신앙고백서 강해』, 286-87. 루터는 유티케스에 동의하면서, 예수님의 신성이 인성에 침투하여 신성의 특성이 인성으로 확장되어 모든 곳에 현존한다고 보았다. 이것은 루터의 성찬론인 공재설로 이어졌고, 칼빈주의 성찬론을 따르는 BC는 이에 동의하지 않는다. Bouwman, 『벨직신앙고백해설』, 270.

부인했습니다. 콘스탄티노플의 감독 네스토리우스(d. ca. 451)는 예수님이 마치 기름과 같은 신격 위격과 물과 같은 인간적 위격이라는 서로 분리된 '두 위격'을 가지고 있다고 주장하다가 에베소공회의(431)에 고발당했습니다. 루터의 말대로, 사탄의 하수인 노릇을 하는 이단들은 원숭이처럼 서로 모방합니다.

예수님의 신성은 창세 전에 성부의 아들로서 영원 전부터 항상 그대로 있으며 하늘과 땅에 충만합니다(미 5:2; 히 7:3). 예수님의 이 신성과 성령님 때문에, 그리스도께서는 승천하신 이후로도 지상의 교회와 함께 하십니다(마 28:20; 계 1:13). 예수님의 신성은 피조된 인성을 초월하면서도 인성 안에 거하십니다(빌 3:21). 아타나시우스 신경 31-33절은 예수님께서 참 사람으로서 합리적인 영혼을 가지셨다고 설명합니다. 예수님께서 죽으셨을 때 그리고 무덤에 계셨을 때조차 몸에서 분리된 것은 주님의 영혼이지 신성은 아니었습니다. 예수님은 신성 때문에 사망을 정복하셨고, 예수님의 인성 덕분에 연약한 죄인인 우리를 위해 십자가에서 죽으셨습니다.

루터파는 예수님께서 승천하실 때 인성이 편재와 같은 신적 특성을 얻으셨다고 주장하지만, 성경은 '신과 같은 인간성'과 '인간화된 신성'을 지지하지 않습니다.193) 허순길은 예수님께서 부활하심으로써 자신의 인성에 불멸성을 주었지만, '창조되고 유한한 자체의 본질적 성격을 유지'하고 있다고 설명합니다.194) 그렇다면 "어떤 의미에서 예수님께서 부활하신 몸이라는 인성은 유한한가?"라는 질문이 제기될 수 있습니다. 이런 의문 제기는 주님의 부활하신 몸은 형체를 가지고 계시지만, 시공간을 초월하시기 때문에 가능합니다.

---

193) Stam, 『만유의 그리스도: 세 일치신조와 함께한 벨직신앙고백서 개요』, 97.
194) 허순길, 『벨기에 신앙고백 해설: 개혁교회 신앙고백』, 283.

자유개혁교회 목사 쇼올스(C. A. Schouls)는 예수님과 성도의 연합을 질투한 마귀의 역사에 관하여, 다음과 같이 흥미로운 방식으로 설명합니다. 예수님은 사람이 되셔서 이 세상에서 성도와 연합하셨습니다. 복음서의 악령 들린 사람에게서 보듯이 마귀도 자신을 인간과 연합하려 했습니다. 마귀는 육신이 되고 싶어했으며, 그는 사람을 지배하고 소유할 수 있지만, 사람과 연합하지 못했습니다. 하지만 하나님의 아들은 인간 예수님으로부터 나갈 수 없으십니다. 한 분 예수님 안에 신성과 인성이 연합되어 있기 때문입니다.195)

적용 ➡ 예수님의 신성과 인성을 부인하는 오늘날 이단은 무엇입니까? 설교자는 예수님의 양성을 설명할 때, 사변적인 철학이나 교리를 극복해야 합니다. 이를 위해, 설교자는 성경 내러티브를 활용하여 야

---

195) Schouls, 『우리는 믿고 고백한다: 벨직신앙고백서 강해』, 268-69. 참고로 류호영은 예수님의 인성에 신성을 구원계시사적 내러티브로 아래와 같이 정립한다. "만약 우리가 예수님의 신성과 인성을 말하고자 한다면, 그것은 성경 이야기의 증언에 따라 이루어져야 하며 …… 아주 많이 축약해 말하자면 하나님의 아들은 인성에 대한 문제이고, 주는 신성에 대한 문제라고 할 수 있다. 이 진술이 단순한 문장으로 이루어져 있지만, 이 진술은 철저하게 구약의 배경 내용 즉 구약 내러티브를 배경으로 예수를 이해할 것을 말한다. 만약 예수님이 신이라면, 그분은 구약 이스라엘의 하나님 여호와와의 성육신이시며, 만약 예수님이 인간이라면, 그분은 구약의 하나님의 아들로서의 인간이다. …… 예수님의 인성과 신성은 철저히 하나님의 원래 이야기에 따른 문제요, 그러기에 하나님의 창조와 창조 세계에 대한 하나님의 사랑과 신실하심의 이야기라는 배경의 내용을 전제로 이해되어야 할 문제이다. 하나님은 창조의 목적을 갖고 인간을 창조하여 소명을 주셨으며, 예수는 이 창조 목적을 직접 이루시고자 이 땅에 오신 구약 이스라엘의 하나님 여호와/주이시며 동시에 하나님의 형상으로 창조된 인간의 전형이라는 뜻이다. 다른 말로 표현하자면, 예수님의 신성은 자기 사랑/은혜에 죽기까지 신실하신('은혜와 신실함', 출 34:6; 요 1:14) 구약 이스라엘의 하나님 여호와/주의 구현과 성육신으로서 신 예수님을 가리키며, 예수님의 인성은 하나님의 아들로서 아버지 하나님을 이 땅과 세상에 반영하도록 창조된 인간 예수님을 가리킨다(참고. 창 1:6-28; 시 8:4-8; 단 7:13-14; 마 28:18-20)." 류호준 교수의 무지개성서교실에 실린 류호영, "예수의 인성(humanity)과 신성(divinity)"(http://rbc2020.kr/board/bbs/board.php?bo_table=sb1004&wr_id=1063, 2023년 5월 14일 접속).

웨를 잘 보여주신 예수님의 신성과 인성을 설명할 수 있어야 합니다. 바로 그때 회중은 성경의 이야기를 통해 쉽게 예수님을 배우게 될 것입니다.

제20조 그리스도 안에 나타난 하나님의 공의와 자비에 대하여

우리는 온전히 자비롭고 의로우신 하나님께서 자기 아들을 보내셔서 전에 불순종이 자행되었던 그 본성을 취하게 하신 것을 믿습니다. 그렇게 하심은 아드님으로 하여금 그 동일한 본성 안에서 속상(贖償)하시고 그 분의 가장 고통스러운 고난과 죽음으로써 죄에 대한 형벌을 짊어지도록 하시려는 것이었습니다. 하나님께서는 우리의 죄악을 아드님에게 담당시키셨을 때 그 분의 공의를 아드님에게 나타내셨고, 또한 죄를 범하여 지옥 형벌을 받아 마땅한 우리에게 그 분의 선하심과 자비를 쏟으셨습니다. 가장 완전한 사랑으로 하나님께서는 그 분의 아드님을 우리를 위하여 죽음에 내어주셨고, 우리의 의롭다 하심을 위하여 그 분을 다시 살리셨습니다. 그렇게 하심은 그 분을 통하여 우리가 썩지 아니함과 영원한 생명을 얻도록 하시려는 것이었습니다.

성경 근거 구절

예수님 안에 나타난 하나님 아버지의 공의: 하나님이 세상을 이처럼 사랑하사 독생자를 주셨으니 이는 그를 믿는 자마다 멸망하지 않고 영생을 얻게 하려 하심이라(요 3:16)

예수님 안에 나타난 하나님 아버지의 자비: 우리에게 있는 대제사장은 우리의 연약함을 동정하지 못하실 이가 아니요 모든 일에 우리와 똑같이 시험을 받으신 이로되 죄는 없으시니라(히 4:15)

해설 ▶ '하나님'은 완벽하게 공의롭고 자비로우십니다. BC 제20조는 언약의 주 하나님을 가리키는 '야웨'라고 말하며 시작하지 않습니다. 인간이 죄와 사망과 비참에 빠졌다가 구원을 받기 전에라도, 하나님은 원래부터 자비와 공의 가운데 행하십니다(사 1:27). 따라서 예수님께서 사람으로 오셔서 십자가에서 죽으셔야만 성부 하나님께서 사랑과 공의로운 분으로 높임을 받으시는 것이 아닙니다.[196]

하나님의 공의와 자비라는 두 속성은 서로 충돌하지 않습니다. 하나님 아버지는 자비로우시기 때문에 아들을 타락한 세상에 보내셨습니다(요 3:16). 하나님의 100% 자비로움과 100% 공의로움은 우리를 대신하여 예수님께서 십자가에서 겪으신 극심한 고통과 죽음을 통하여 성취된 속량에 나타났습니다.

요한복음 10장은 예수님의 세 가지 직분을 설명합니다. 예수님은 선지자(요 10:3), 제사장(요 10:11), 그리고 왕이십니다(요 10:28).[197] 예수님은 선지자로서 복음을 전파하셨고, 제사장으로서 자신을 속죄 제물로 바치셨으며, 왕으로서 죽으셨습니다. 예수님의 성육신과 십자가의 죽음으로써 원시복음이 결정적으로 성취되었습니다(창 3:15). 구약의 하나님께서 사랑이심은 원시복음에서 봅니다. 하나님은 의로우시므로 죄인을 징계하십니다(창 2:17; 롬 6:23). 죄 없으신 예수님은 우리의 형벌을 대신 짊어지셔서 아버지 하나님의 공의를 충족시켰습니다(사 53:5-6; 요 1:29; 히 4:15). 그 결과 우리는 성부의 선함과 자비를 받습니다. 예수님은 우리를 의롭다하시기 위해 그리고 우리 안에 역사하는 죽음을 생명으로 바꾸시기 위해 다시 살아나셨습니다(롬 4:25).[198] 그 결과 우리는 썩지 않고 영원한 생명을 받습

---

196) Schouls, 『우리는 믿고 고백한다: 벨직신앙고백서 강해』, 276.
197) Stam, 『만유의 그리스도: 세 일치신조와 함께한 벨직신앙고백서 개요』, 107.
198) Yarbrough, 『로마서』, 140.

니다. 예수 그리스도 안에서 하나님 아버지의 인애와 진리가 같이 만나고, 의와 화평이 서로 입 맞춥니다(시 85:10). 예수님 안에서 사랑과 의가 어떻게 조화를 이루는지, 쇼올스의 아래 설명을 들어봅시다.

예수 그리스도의 죽음 이후로 감당할 수 없을 만큼의 자비의 물줄기가 교회에 부어졌습니다. ...... 자비가 오순절에 쏟아져 거기서 수천 명의 사람이 구원을 받았으며, 거기서부터 복음이 당시 알려진 땅 끝까지 전해졌습니다. 참으로 하나님의 자비가 하늘과 땅을 다시 결합시키고, 공의 안에 놓여있는 자비가 모든 것을 끝내 새롭게 만듭니다. ...... 이 자비는 완벽하기에 완벽 가운데 송축되어야 합니다. 이것이 복음입니다.[199]

아버지 하나님의 사랑과 정의가 입을 맞춘 곳은 다름 아니라 갈보리 십자가입니다.

적용 ➡ 사랑과 정의는 '회복적 정의'로 하나가 됩니다. 하나님의 따뜻한 정의라는 혜택을 받은 우리는 이를 어떻게 실천할 수 있습니까?(롬 5:1-11).[200]

제21조 우리의 대제사장 그리스도의 만족케 하심
곧 속상(贖償)에 관하여

우리는 예수 그리스도께서 맹세로써 멜기세덱의 반차를 따르는 영원한 대제사장이 되심을 믿습니다. 그분은 우리를 대신하여 그분의

---

199) Schouls, 『우리는 믿고 고백한다: 벨직신앙고백서 강해』, 283.
200) "기독교적 정의는 응보적 정의와 회복적 정의가 혼재되어 나타나는데, 샬롬 개념의 특이성 때문이다. 히브리어 샬롬은 보통 되갚음과 보답의 상반되는 개념이 공존하는 특이한 단어이다. 다시 말하면 샬롬 개념은 가해자에게 죄의 대가로서 형벌이지만, 가해자를 회복하기 위한 방법이 공존하는 개념으로 이해할 수 있다." 허윤회, "정의 개념에 대한 비판적 검토: 회복적 정의를 중심으로," 『한국도덕윤리과교육학회 학술대회 자료집』(2020), 234.

아버지 앞에 서셔서 완전한 속상으로써 하나님의 진노를 만족시키셨고, 우리의 죄를 씻어 없애시려고 친히 십자가의 나무에 달려 보혈을 쏟으며 자신을 드리셨습니다. 이러한 일은 선지자들이 예언한 것과 같습니다. "그분이 징계를 받음으로 우리가 평화를 누리고 그가 채찍에 맞음으로 우리가 나음을 입었습니다. 그분은 마치 도수장으로 끌려가는 어린양과 같았고, 범죄자 중 하나로 헤아림을 입었습니다"(사 53:5, 7, 12). 그분은 본디오 빌라도에 의하여 범죄자로 정죄되었는데, 사실 처음에는 무죄하다고 선언되었습니다. 그분은 "취하지 않은 것도 물어 주게 되었습니다"(시 69:4). 그분은 '의인으로서 불의한 자를 대신하여' 죽으셨습니다(벧전 3:18). 그분은 우리의 죄로 인한 무서운 형벌을 느끼시면서 몸과 영혼으로 고난을 받으셨고, 그분의 땀은 땅에 떨어지는 커다란 핏방울과 같았습니다(눅 22:44). 마지막으로 그분은 "나의 하나님, 나의 하나님, 어찌하여 나를 버리셨나이까?"라고 외치셨습니다(마 27:46). 그분은 우리의 죄를 용서해 주시려고 이 모든 일을 견디신 것입니다.

따라서 우리는 사도 바울처럼 우리가 "예수 그리스도와 그의 십자가에 못 박히신 것"(고전 2:2) 이외에는 아무것도 알지 않는다고 말하는 것이 옳습니다. 우리는 "예수님, 우리 주를 아는 것이 가장 고상하기 때문에, 다른 모든 것은 잃어버린 것으로 여깁니다"(빌 3:8). 우리는 그분의 상처에서 모든 위로를 얻으며, 단번에 드려진 이 유일한 희생 제사, 곧 신자를 영원히 완전하게 하는 이 제사 외에 하나님과 화해할 수 있는 어떤 다른 방법을 찾거나 고안해낼 필요가 없습니다(히 10:14). "그가 자기 백성을 그들의 죄에서 구원하실 것이기 때문에" 하나님의 천사도 그분의 이름을 예수, 곧 구주라고 가르쳐 주었던 것입니다.

성경 근거 구절

대제사장이신 예수님의 만족케 하심: 그가 찔림은 우리의 허물 때문이요
그가 상함은 우리의 죄악 때문이라 그가 징계를 받으므로 우리는 평화
를 누리고 그가 채찍에 맞으므로 우리는 나음을 받았도다(사 53:5)
그 아들 안에서 우리가 속량 곧 죄 사함을 얻었도다(골 1:14)
증언하기를 네가 영원히 멜기세덱의 반차를 따르는 제사장이라 하였도
다(히 7:17)

해설 ▶ 대제사장이신 예수님의 속죄 사역에 관한 내용인 21조는 매
우 길고 상세합니다. 구약의 예언을 따라 예수님은 죄인처럼 저주와
형벌을 받으셔서 성부의 공의를 만족시킴으로써 성도에게 사죄를 주
셨습니다(사 53:4-6). 살렘의 의로운 왕 멜기세덱의 실체가 되시는
유다 지파 출신 예수님은 십자가 위에 달리셔서 몸과 영혼이 지옥의
고통을 경험하심으로써 영원한 대제사장으로서 영원한 제사를 드리
셨습니다(시 110:4; 마 27:46; 고후 5:21; 히 7:17, 24; 9:12; 10:12;
계 5:5). 아직도 전 세계의 유대인들은 10월 초순 무렵에 대속죄일을
가장 중요하고 거룩한 안식일로 금식 기도하며 지킵니다(레 23:26).
대속죄일에 이스라엘 백성의 죄가 전가된 염소가 아사셀이 있는 광
야로 보내진 것은 성부께서 독생자 예수님을 통하여 죄를 제거하실
것을 미리 보여줍니다(레 16).[201]

　예수님께서 대속하심으로 성부의 공의를 충족시키셨을 뿐 아니라,
신자를 죄에서 구원하여 아버지 하나님과 화해케 하셨고 사랑도 확
증되었습니다(마 1:21; 눅 1:31; 롬 5:6-8, 11; 골 1:14). 예수님께
서 속죄를 위하여 대제사장으로서 겪으신 고난은 유일무이하시고 충
분합니다.[202]

---

201) Bouwman, 『벨직신앙고백해설』, 279.

13세기 옥스퍼드대학교 출신의 두 철학자 존 둔스 스코투스(d. 1308)와 오컴의 윌리엄(d. 1347)이 주장한 '속죄의 수용교리'(the acceptance theory of the atonement)는 배격해야 합니다. 이 두 철학자에 따르면, 성부께서는 예수님의 속죄 제사를 위한 희생을 보시고, "나머지는 신경 쓰지 말아라. 내 아들아. 네가 기꺼이 하고자 하는 마음을 보였으니 그것으로 됐다"라고 말씀하시는 식입니다.203) 이 주장은 예수님께서 십자가에서 죽으심으로써 영원한 속죄의 효력을 발생시킨 제사를 드린 것을 사실상 부인합니다.

예수님의 '능동적 순종'은 지상의 모든 생애와 사역을 통해 율법의 요구를 적극적으로 그리고 충분하게 실천하신 일이며(마 5:17; 롬 8:4), '수동적 순종'은 고난과 십자가의 죽음으로써 율법의 형벌을 감당하신 것입니다(벧전 2:24).204) 그러므로 성도가 십자가의 대속의 은혜를 받기 위해 자기 스스로 율법의 요구를 충족시켜야 하는 것은 아닙니다.

적용 ▶ 범죄자를 환경과 사회의 피해자로 인식하여 보호하려는 현대의 경향은 죄인을 공의로우신 하나님의 진노와 형벌의 대상으로 간주하지 않고, 사랑의 대상으로만 보도록 만듭니다.205)

---

202) Stam, 『만유의 그리스도: 세 일치신조와 함께한 벨직신앙고백서 개요』, 107. "돋보기로 빛을 모으면 그 초점에 불이 붙듯이 예수 그리스도께서도 율법의 초점이 되셔서 그분 위에 떨어진 하나님의 모든 진노와 형벌과 징벌을 다 견디셨습니다." Schouls, 『우리는 믿고 고백한다: 벨직신앙고백서 강해』, 293.
203) Schouls, 『우리는 믿고 고백한다: 벨직신앙고백서 강해』, 294.
204) Stam, 『만유의 그리스도: 세 일치신조와 함께한 벨직신앙고백서 개요』, 109.
205) 허순길, 『벨기에 신앙고백 해설: 개혁교회 신앙고백』, 301.

구원의 유익인 칭의와 성화에 대하여(제22-26조)

제22조 그리스도를 믿음으로 의롭게 됨

우리는 우리로 하여금 이 위대한 신비에 관한 참된 지식을 얻게 하시려고 성령께서 우리 마음속에 참된 믿음을 불러일으키심을 믿습니다. 이 믿음은 예수 그리스도를 그분의 모든 은덕과 함께 껴안고, 그분을 자기의 소유로 삼고, 그분 외에는 아무것도 구하지 않습니다. 왜냐하면 우리의 구원에 필요한 모든 것이 예수 그리스도 안에 있지 않든지, 아니면 모든 것이 그분 안에 있어서 믿음으로 예수 그리스도를 소유한 사람들이 완전한 구원을 얻든지, 둘 중의 하나만 사실이기 때문입니다. 그러므로 그리스도로는 충분하지 않고 그분 외에도 무엇이 더 필요하다고 주장하는 것은 엄청난 신성 모독입니다. 그렇게 되면 결국 그리스도께서 절반의 구주이실 뿐이라는 말이 되기 때문입니다.

그러므로 우리는 사도 바울이 이야기한 것처럼, "우리는 율법의 행위가 아니고 믿음으로 의롭게 된다"라고 정당하게 말할 수 있습니다(롬 3:28; 빌 3:9). '율법의 행위'는 자신의 공로를 내세우고, 예수 그리스도를 온전히 의지하지 않는 것입니다.[206] 그러나 엄격히 말하면, 믿음 자체가 우리를 의롭게 한다는 뜻은 아닙니다. 왜냐하면 믿음은 우리가 우리의 의이신 그리스도를 껴안는 도구일 뿐이기 때문입니다. 그리스도께서는 그분의 모든 은덕을, 그리고 그분이 우리를 위하고 우리를 대신하여 행하신 모든 거룩한 일들을 우리에게 전가해 주십니다. 그러므로 예수 그리스도는 우리의 의이시고, 믿음은 우

---

206) Yarbrough, 『로마서』, 124.

리로 하여금 그분의 모든 은덕에 참여하면서 그분에게 연합시키는 도구입니다. 그러한 은덕들이 우리의 소유가 되면, 그것들은 우리를 우리의 죄로부터 넉넉히 용서하고도 남습니다.

성경 근거 구절

예수 그리스도를 믿어 의롭게 됨: 그러므로 사람이 의롭다 하심을 얻는 것은 율법의 행위에 있지 않고 믿음으로 되는 줄 우리가 인정하노라(롬 3:28)

너희는 그 은혜에 의하여 믿음으로 말미암아 구원을 받았으니 이것은 너희에게서 난 것이 아니요 하나님의 선물이라(엡 2:8)

해설 ▶ 22-26조는 '이중 은혜' 혹은 '이중 은덕'을 다룹니다.[207] 22-23조는 칭의를 다루고, 24-26조는 성화를 폭넓게 설명합니다. 칭의 곧 의롭다 하심은 죄 없음, 죄책감으로부터의 자유, 심판대 앞에서 무죄방면을 선언하는 것입니다.[208]

성부는 구원의 사역을 계획하셔서 그에 따라 선교하십니다. 바로 이 선교적 성부(missional Father)께서 자신의 아들을 보내셨고(20조), 그 아들은 대제사장으로서 신자를 대신하여 죽으셨습니다(21조; 수동적 순종). 그리고 성령님은 구원에 관한 참 지식과 믿음을 신자에게 선물로 주셨습니다(22조). 그러므로 이신칭의는 삼위 하나님께서 협력하여 이루신 신비로운 복음입니다. 성령께서 신자에게 믿음을 주셔서 예수님께서 성취하신 구원의 은덕을 얻게 하십니다(갈 3:2, 5; 참고. 고전 12:3; HC 60). 성령은 그리스도인을 의와 은덕의 원천이신 예수님에게 접붙이십니다(HC 20). 구원을 완전히 이루신

---

207) 허순길, 『벨기에 신앙고백 해설: 개혁교회 신앙고백』, 311.
208) Stam, 『만유의 그리스도: 세 일치신조와 함께한 벨직신앙고백서 개요』, 117.

예수 그리스도 바깥에서 구원을 찾는 짓은 그리스도의 대속을 불충분하게 만들기에 엄청난 신성 모독입니다(갈 2:16).209) 여기서 귀도는 신자가 선행을 통하여 구원에 협력하고 공덕(功德)이 넘치는 성인을 의존해야 한다고 가르친 천주교의 오류를 염두에 둔 것으로 보입니다. 우리를 위한 구원의 모든 것은 예수님의 속죄 사역에 달려있습니다. 우리가 믿음으로 예수님을 구주로 모시고 산다면 완전한 구원을 가지고 있다고 확신해야 합니다. 따라서 예수님의 구원 사역에 무언가를 보태어 구원을 완성하려 한다면 그것은 신성 모독이며, 그런 사람의 믿음은 헛됩니다.210)

하나님께서 주신 선물인 믿음은 신자가 의와 구원을 받는 수단입니다(엡 2:8; HC 65). 믿음은 하나님의 구원과 칭의의 선물을 붙잡는 '영혼의 손'입니다(칼빈). 그런데 이 손 때문에 구원을 받은 것은 아닙니다. 오히려 선물을 주신 하나님 때문에 신자는 칭의의 은혜를 받습니다. 그리고 하나님께서 주시는 선물을 사람이 받는 행위도 믿음이라 부를 수 있습니다.211)

예수님을 통한 구원과 이신칭의는 마치 감추어졌다가 십자가와 부활을 통하여 분명하게 계시된 것과 같은 '비밀'입니다(엡 3:4; 계 10:7). 신자의 의이신 예수님의 의는 신자에게 전가되어 '주님이 행하신 모든 일도 전가되고' 신자는 구원의 은덕을 소유하고 참여합니다. 여기에 이른바 '능동적-적극적 순종'이 나타납니다.212) 예수님이

---

209) 갈 2:16의 율법의 행위와 관련하여, "갈라디아서에서 대조되는 것은 하나님의 신실하심과 인간의 변덕스러움이 아니라, 하나님의 자유로운 주권과 스스로의 구원을 향한 노력이다." T. George, 『갈라디아서』, *Galatians*, 노승환 역 (부산: 깃드는 숲, 2023), 228.

210) Schouls, 『우리는 믿고 고백한다: 벨직신앙고백서 강해』, 307.

211) Bouwman, 『벨직신앙고백해설』, 299.

212) 안토니 후크마(1989)는 적극적 순종을 '율법을 지키는 순종'이라 불렀다. 참고. 허순길, 『벨기에 신앙고백 해설: 개혁교회 신앙고백』, 318. 그리고

속죄를 위하여 십자가에서 신자를 대신하여 죽으신 수동적 순종 그리고 주님께서 공생애 동안 행하신 모든 거룩하고 적극적 순종은 신자에게 무죄를 선언하기에 충분합니다.

제2 스위스 신앙고백서 15:3-4에 따르면, 칭의의 근거는 성도에게 전가된 '그리스도의 의'이며, 하나님은 죄인들을 '그리스도 때문에' 의롭다하시고, 그들은 '오직 그리스도를 믿음으로' 칭의됩니다 (참고. HC 60).[213]

적용 ▶ 물에 빠져 죽어가던 사람이 손으로 구명줄을 붙잡아 구원을 받았습니다. 물 밖으로 나온 후, "나는 내 손과 밧줄에 감사한다"라고 말하지 않습니다. 오히려 밧줄을 던져준 사람에게 감사하는 것이 마땅합니다. 죄인을 구원하는 가장 중요한 원인은 믿음의 밧줄이나 사람의 손과 노력이 아닙니다. 바로 죄인을 구원하시는 하나님 자신입니다.[214] 물론 밧줄과 그것을 붙잡는 믿음의 손도 중요합니다.

제23조 하나님 앞에서 우리의 의로움

우리는 다윗과 바울이 가르친 것처럼, 예수 그리스도로 인하여 우리의 죄가 용서받은 그 사실에 우리의 복이 있으며, 하나님 앞에서 우리의 의가 바로 거기에 있다고 믿습니다. 그들은 "일한 것이 없이

신호섭, 『벨직 신앙고백서 강해』, 301, 337; 이승구, "이신칭의 교리의 현대적 적실성," 『신학정론』 35/1 (2017), 145.

213) 루터는 갈라디아서 주석에서 이신칭의를 다음과 같이 설명한다. "우리의 이름, 우리의 삶, 그리고 우리가 소유한 모든 것이 제거되겠지만, 적어도 우리는 복음, 우리의 믿음, 그리고 예수 그리스도가 우리 때문에 왜곡되는 고통을 겪지는 않을 것이다." 루터 in 이승구, "이신칭의 교리의 현대적 적실성," 190.

214) Schouls, 『우리는 믿고 고백한다: 벨직신앙고백서 강해』, 309. 참고로 최갑종은 수동적-능동적 순종을 교리가 아니라 성경해석으로 풀이한 바 있습니다. 최갑종, "[특별기고] 그리스도의 순종, '능동적'인가, '수동적'인가?" (http://www.kscoramdeo.com/news/articleView.html?idxno=23713; 2022년 12월 22일 접속).

하나님께 의로 여기심을 받는 사람의 행복에 대하여"(롬 4:6; 시 32:1) 말합니다. 바울 사도는 또한 "그리스도 예수님 안에 있는 구속으로 말미암아 하나님의 은혜로 값없이 의롭다 하심을 얻은 자 되었느니라"(롬 3:24)라고 가르칩니다. 구원에 있어 "믿음은 수단이고, 하나님의 은혜가 궁극적 원인입니다."[215]

그러므로 우리는 언제나 이 확실한 기초를 붙잡습니다. 우리는 모든 영광을 하나님께 돌리고, 그분 앞에서 우리 자신을 겸비케 하고, 우리의 있는 모습 그대로를 시인합니다. 우리는 어떤 것도 우리의 것으로 돌리거나 우리의 공로로 주장하지 않으며, 십자가에 못 박히신 예수 그리스도의 유일한 순종만을 의지하고 의뢰합니다. 우리가 그분을 믿을 때 그분의 순종이 우리의 것이 됩니다.

그분의 순종은 우리의 모든 죄악을 덮기에 충분하고, 또한 우리로 하나님께 가까이 나아갈 확신을 얻게 할 만큼 충분합니다. 따라서 그분의 순종은 우리의 양심을 두려움과 무서움 그리고 큰 공포에서 해방시키고, 우리로 우리 첫 시조 아담이 두려워 숨으려 애쓰고 무화과나무 잎으로 자기를 가리려 하였던 것과 같이 하지 않게 합니다. 우리가 하나님 앞에 서야 할 때에 행여 지극히 조금이라도 우리 자신을 의지하거나 혹은 다른 피조물을 의지한다면, (우리에게 화가 있을진저!) 우리는 소멸되고야 말 것입니다. 그러므로 누구든지 다윗처럼 기도해야 합니다. "주의 종에게 심판을 행치 마소서! 주의 목전에는 의로운 인생이 하나도 없나이다"(시 143:2).

---

215) Yarbrough, 『로마서』, 121.

성경 근거 구절

코람데오와 칭의: 여호와께서 자기 앞에 선 자들에게 명령하사 그 더러운 옷을 벗기라 하시고 또 여호수아에게 이르시되 내가 네 죄악을 제거하여 버렸으니 네게 아름다운 옷을 입히리라 하시기로(슥 3:4)

그러므로 율법의 행위로 그의 앞에 의롭다 하심을 얻을 육체가 없나니 율법으로는 죄를 깨달음이니라(롬 3:20)

해설 ▶ 구약과 신약은 공통적으로 값없이 주시는 구원의 복과 은혜를 강조합니다(시 32:1; 롬 4:6). 하나님 앞에 의롭다함은 사죄와 의의 전가로 나타납니다. 믿음과 칭의는 서로를 동반하기에, 믿음을 통하여 의롭게 됩니다(요 3:16; 롬 10:17; 참고. 기독교강요 3.11.2). 칭의는 하나님과 맺은 언약 안에서 정죄에서 벗어나 합법적인 지위를 가지는 법률 개념입니다.[216]

신자는 칭의를 얻기 위해 자신의 공로를 의지하지 말아야 하며(롬 3:20), 주 예수님의 완전한 순종을 믿음으로 의지해야 합니다. 하지만 천주교는 구원을 위해서 통회 자복과 하나님의 은혜를 증명하는 선행을 추가했습니다. 개혁주의는 회심하기 전에 사람 속에 일어나는 마음의 준비 과정을 인정합니다. 그러나 이런 애통과 같은 마음의 준비가 칭의의 원인이거나 무언가 기여하는 것은 아닙니다(빌 3:8).[217]

스가랴 3:1-5는 코람데오와 칭의의 관계를 밝힙니다. 선재하신 예수님을 가리킬 수 있는 야웨의 사자(使者) 앞에 대제사장 여호수아가 더러운 옷을 입고 죄인으로서 서 있습니다. 사탄은 대제사장을 하나님께 고소하지만, 하나님은 여호수아의 더러운 옷을 벗기고 아름다운 옷과 관을 머리에 씌워주십니다.[218] 신자가 예수님의 순종과 의

---

216) Stam, 『만유의 그리스도: 세 일치신조와 함께한 벨직신앙고백서 개요』, 118.
217) Schouls, 『우리는 믿고 고백한다: 벨직신앙고백서 강해』, 319.

를 전가 받으면, 하나님이 무서워서 공포를 느껴 도망치지 않고, 예수님과 함께 성부 앞에 겸손하고 감사함으로 설 수 있습니다. 반대로, 그 누구도 예수님 없이 단독자로 공의로우신 성부 앞에 선다면 심판 때문에 무서워 떨게 됩니다. 따라서 '코람데오'는 정직의 문제이기 전에 구원의 문제입니다.

쇼올스는 의의 전가를 다음과 같이 합법적 거래행위라고 설명합니다. 전가는 내가 지고 있는 죄의 빚이 나의 장부(계좌)에서 예수님의 장부(계좌)로 이전된 합법적인 거래입니다. 내가 태어나기 전에 예수님은 나의 죄를 덮어쓰셨습니다. 십자가에서 나의 모든 빚은 청산되었고, 주님의 영광스러운 의를 내가 받게 되었습니다. 내가 비용을 지불한 것은 전혀 없습니다.[219] 칭의로 인해 우리는 하나님 앞에 담대히 나아갑니다. 그리고 박해나 시련이나 거짓 교리가 칭의와 구원의 복음을 우리에게서 앗아갈 수 없습니다. 예수님께서 주시는 칭의의 은혜는 우리의 신앙을 위한 기초 바윗돌과 같기에 지옥의 파도도 그것을 쓸어버리지 못합니다.

천주교가 가르치는 사죄의 순서는 다음과 같습니다. (1) 죄인이 상한 마음으로 자신의 잘못을 인정하고, (2) 죄를 입으로 고백하며, (3) 선행으로 잘못을 고쳐야 합니다. 그런데 이런 천주교 방식의 사죄에 관한 이해는 죄인에게 위로를 주지 못합니다. 왜냐하면 죄인이 충분히 상한 마음을 가지고 죄를 깊이 뉘우쳤는지, 충분히 죄를 고백하고 선을 행했는지 판단하기 어렵기 때문입니다. 이에 반해, 귀도는 칭의의 은혜가 사람의 죄를 덮고 용서하기에 충분하다고 고백했습니다. 그리스도의 의가 신자의 죄와 불의와 부정을 덮어버렸기 때문입니다.

---

218) Bouwman, 『벨직신앙고백해설』, 287-88.
219) Schouls, 『우리는 믿고 고백한다: 벨직신앙고백서 강해』, 319.

예수님의 십자가의 희생 제사로 말미암아 성도가 거룩함을 얻었으며, 다시 죄를 위하여 제사할 것이 없습니다(히 10:11-12, 18).220)

적용 ▶ 칭의는 성도의 선행과 봉사를 무력화하지 않습니다(요 15:8; 엡 2:10; 빌 2:12-13). 이신칭의 후에 죄책감과 우울감을 극복하는 방법은 무엇입니까? 루터가 말한대로, 우리는 항상 죄인(semper peccator)이지만 동시에 전가된 그리스도의 의(義)로 항상 의인(semper iustus)이며, 항상 회개하는 사람(semper penitens)입니다.221)

제24조 거룩하게 하심과 우리의 선행에 대하여

우리는 하나님의 말씀을 듣는 것과 성령님의 사역을 통하여 사람 안에 일으키는 이 참된 믿음이 사람을 중생시키고 새사람으로 만드는 것을 믿습니다. 이 믿음은 사람을 새 생명 가운데 살게 하고 죄의 노예 상태에서 해방시킵니다. 따라서 죄인을 의롭게 하는 이 믿음이 사람으로 하여금 선하고 거룩한 삶에 무관심하게 만든다는 것은 사실이 아닙니다. 오히려 반대로 이 믿음이 없이는 아무도 하나님에 대한 사랑으로 어떤 일을 하려고 할 자가 없고, 그저 자기에 대한 사랑이나 혹 정죄에 대한 두려움에서 어떤 일을 할 뿐입니다.

따라서 이 거룩한 믿음이 사람 안에서 활동하지 않는 것은 불가능한 일입니다. 우리가 말하는 믿음은 헛된 믿음이 아니라 성경이 '사

---

220) 이 단락은 Bouwman, 『벨직신앙고백해설』, 302-303에서 요약.

221) 루터 in 이승구, "이신칭의 교리의 현대적 적실성," 176. 참고로 "『한국 기독교 분석 리포트 2018 한국인의 종교 생활과 의식조사』에서 목회자 507명을 대상으로 하여 실시했던 설문 조사에서 ...... 오직 믿음으로만 구원을 얻는다는 의견이 76.6%, 믿음에 선행을 수반해야 구원을 얻을 수 있다는 의견이 22.1%로 나타났다. 잘 모르겠다는 의견은 1.3%였다." 참고. 행함에 대한 강조가 약화되는 것을 우려하는 이수식, "올바른 이신칭의 설교의 체계화를 위한 연구," 『신학과 실천』 83 (2023), 99, 108.

랑으로써 역사(役事)하는 믿음'(갈 5:6)이라고 부르는 것입니다. 이 믿음은 사람으로 하여금 하나님께서 그분의 말씀에서 명령하신 일들을 힘써 행하도록 인도합니다. 믿음이라는 좋은 뿌리에서 나온 이러한 행위들은 하나님 보시기에 선하고 받으실 만한 것들입니다. 왜냐하면 그 행위들이 그분의 은혜에 의하여 모두 거룩하게 되었기 때문입니다. 그럼에도 불구하고 그 행위들이 우리를 의롭다하는 데에 기여하는 것은 아닙니다. 왜냐하면 우리는 그 어떤 선행보다도 앞서 그리스도를 믿는 믿음을 통하여 의롭다 하심을 받기 때문입니다. 그렇지 않으면 우리가 하는 일들은 선한 것이 될 수 없습니다. 그것은 나무 자체가 좋지 않으면 그 나무의 열매가 좋을 수 없는 것과 마찬가지입니다.

우리가 선행을 하지만 공적을 쌓기 위하여 하는 것이 아닙니다. 우리가 무슨 공적을 쌓을 수 있겠습니까? 우리가 하는 선행에 관하여서는, 우리가 하나님께 빚진 것이지 그 반대가 아닙니다. 왜냐하면 "너희[우리] 안에서 행하시는 이는 하나님이시니 자기의 기쁘신 뜻을 위하여 너희[우리]로 소원을 두고 행하게"(빌 2:13) 하시기 때문입니다. 따라서 "이와 같이 너희도 명령받은 것을 행한 후에 이르기를 '우리는 무익한 종이라 우리의 하여야 할 일을 한 것뿐이라' 할지니라"(눅 17:10)라고 기록된 말씀을 마음에 새깁시다. 우리는 하나님께서 선행에 대하여 상을 주실 것을 부인하지는 않지만, 그분의 선물들에 관을 씌워주시는 일은 바로 그분의 은혜로 말미암는 것임을 믿습니다.

더 나아가서, 우리는 선행을 하지만 그것을 우리 구원의 근거로 삼지는 않습니다. 왜냐하면 우리로서는 우리의 육신으로 더럽혀지지 않은 일, 따라서 심판을 받아 마땅하지 않은 일을 단 하나도 할 수 없기 때문입니다. 그리고 설령 우리가 한 가지 선행을 보일 수 있다고 해도, 하나님께서 기억하시는 우리의 한 가지 죄악만으로도 그분이 우리의 일을 거부하시기에 충분합니다. 그러므로 만일 우리의 양심이 우리 구주의 죽으심과 고난의 공로와 효력을 의지하지 않는다면, 우리는 항상 아무런 확신도 없이 의심 가운데서 이리저리 흔들릴 것이고, 우리의 가련한 양심은 항상 고통을 당할 것입니다.

성경 근거 구절

우리를 거룩하게 하심: 우리를 양육하시되 경건하지 않은 것과 이 세상 정욕을 다 버리고 신중함과 의로움과 경건함으로 이 세상에 살고(딛 2:12)

우리를 위하여 기도하라 우리가 모든 일에 선하게 행하려 하므로 우리에게 선한 양심이 있는 줄을 확신하노니(히 13:18)

성도의 선행: 선한 양심을 가지라 이는 그리스도 안에 있는 너희의 선행을 욕하는 자들로 그 비방하는 일에 부끄러움을 당하게 하려 함이라 (벧전 3:16)

해설 ➡ 24조는 천주교가 칭의와 구원의 근거로 선행을 내건 것을 반대하면서, 성화와 선행에 관해 자세히 설명합니다. 하나님은 성도가 받은 칭의는 물론 성화의 삶을 통해서 기뻐하시고 영광을 받기 원하십니다. 칭의는 성도의 삶을 냉랭하게 만들지 않고, 경건하고 거룩한 삶을 촉진합니다. 칭의와 믿음은 우리가 선을 행하는 조건과 같습니다(엡 2:10; 딛 2:12-14; 약 2:22). 하지만 천주교는 선행을 칭의의 조건으로 간주합니다. 칭의가 예수 그리스도의 피로써 죄인의 '법적 신분'을 바꾼다면, 성화는 그리스도의 영으로써 죄인의 '본성'을 바꿉니다.[222]

성령님은 사람이 복음을 들을 때 믿도록 일하심으로써, 구원에 이

---

222) Bouwman, 『벨직신앙고백해설』, 308.

르는 믿음을 선물로 주십니다(벧전 1:23). 그래서 중생은 거듭나게 하는 씨와 같은 복음으로 역사하시는 성령에 의해 사람이 다시 살아나게 된 상태입니다.[223] 그런데 재세례파 토마스 뮌쩌(d. 1525)는 말씀 없이 사람의 내면에 성령이 주시는 내적 빛이 있다고 주장했습니다.[224] 이런 구원의 은혜는 신자가 새 생명 가운데 살도록 만들기에, 그리스도로 옷 입고 하나님의 형상과 성품을 닮아가며 사랑의 봉사로 표현될 수밖에 없습니다(롬 6:4; 13:14; 갈 5:6; 골 3:10; 살전 1:3; 벧후 1:4-7; HC 64). 칭의와 참 믿음은 하나님의 말씀을 준행하도록 만들며, 하나님께서 기뻐하시고 받으실만한 사랑과 감사와 봉사를 일으킵니다(마 5:16; 요일 5:3; HC 91). 이런 성화도 하나님께서 위로와 소망을 은혜로 주셔야 가능합니다(살후 2:16-17; 엡 2:10). 그런데 허순길에 따르면, 사람은 중생하자마자 곧바로 단번에 거룩해질 수 없기에, BC 24조는 성도의 지속적인 성화라는 넓은 의미의 중생을 가리킵니다.[225] 허순길의 설명은 중생과 성화를 혼동하도록 만들기 쉽습니다. 일반적으로 중생은 마귀의 자녀가 하나님의 자녀로 태어나는 순간적 사건이며, 성화는 지속적 과정이라고 이해한다면 '넓은 의미의 중생'과 같은 용어가 초래하는 혼란을 방지할 수 있습니다.

스탐(K. Stam)은 성도의 선행을 '감사의 몸짓'이라 부릅니다.[226] 믿음으로 거듭난 사람이 사랑으로 선을 행한다면 하나님은 은혜로 상을 주십니다(눅 17:9; 계 22:12).[227] 칭의를 받은 성도는 주님 앞

---

223) Stam, 『만유의 그리스도: 세 일치신조와 함께한 벨직신앙고백서 개요』, 128-29.
224) 허순길, 『벨기에 신앙고백 해설: 개혁교회 신앙고백』, 336.
225) 허순길, 『벨기에 신앙고백 해설: 개혁교회 신앙고백』, 338. "회심은 단 한 번도 아니고, 그리스도인의 생활에서 반복해서 일어나는 일도 아니고, 진행 과정입니다."(참고. HC 88). Bouwman, 『벨직신앙고백해설』, 312.
226) Stam, 『만유의 그리스도: 세 일치신조와 함께한 벨직신앙고백서 개요』, 130.

에서 성결과 의로운 행실로 두려움 없이 섬길 수 있습니다(욥 31:16-23; 눅 1:75). 그러나 성도가 최선을 다하여 선을 행하더라도 그것은 불완전하기에, 구원의 조건이 될 수 없습니다. 사랑으로 선을 행하는 그때도 신자의 양심은 구주 예수님을 향해야 합니다. 칭의와 성화는 분리되지 않은 이중 은덕이기 때문입니다(참고. 갈 5:6; 6:7-9).[228] 선한 양심에서 선한 행실이 나옵니다(히 13:18; 벧전 3:16).

적용 ➡ 설교자는 거듭남의 씨인 복음을 성령의 능력으로 전해야 합니다. 그리고 그 복음은 성화와 선행을 격려합니다. 성도의 선행은 불완전하나, 하나님은 그것을 기억하셔서 상을 주십니다. 따라서 은혜 위의 은혜입니다. 우리가 성화의 속도와 강도를 높이는 방안은 무엇입니까? 그리고 선교적 교회는 휴머니즘을 능가하는 성화를 어떻게 이룰 수 있습니까?[229]

한국과 중국, 대만을 비롯하여, (중국의 지배를 천 년간 받은) 베트남 등은 음력 설을 지킵니다. 베트남의 구정인 뗏(Tết)은 춘분이 시작될 무렵인데, 그들에게 옛 것은 지나고 새 것이 임하는 때입니다.

---

227) 민장배, "The Belgic Confession을 통한 그리스도인의 삶의 방안," 『신학과 실천』 53 (2017), 65-66. 성도의 선행에 대한 보상은 차이가 날 것이지만, 천국에서는 시기와 질투가 없다. 신호섭, 『벨직 신앙고백서 강해』, 352.

228) 칭의에서 공로주의를 배격하면서도 행함을 내포하는 믿음을 강조하는 경우는 유승원, "믿음은 곧 행함이 있어야 한다: 이신칭의 논쟁의 역사적 기원," 『민중과신학』 6 (2001), 44를 보라.

229) 암브로시우스(b. 333)에 따르면, 그리스도인이 온전하게 되려면 가난한 자를 긍휼히 여겨야 하고, 가난한 사람이 구원의 빚을 졌다면(즉 구원의 복음을 필요로 한다면) 의의 옷을 입혀주어야 한다. 조병하, "가난한 자에 대한 암브로시우스의 교훈: 습관적 선행과 유용함," 『성경과 신학』 58 (2011), 203. 헤센 교회개혁안(1526)은 장례에 부조가 많이 들어온 경우, 가난한 사람을 위해 사용할 것을 권했다. 그리고 집사는 주일과 공휴일에 가난한 사람을 구제하고, 헌금함은 세 개의 자물쇠로 잠가두었는데 목사가 자물쇠 하나를 관리하고 집사들이 자물쇠 둘을 관리했다. 장대선 편역, 『개혁교회의 질서들』 (서울: 고백과 문답, 2023), 67, 111.

뗏 연휴 3일 동안 베트남인들은 집을 청소하고, 거실을 노랑 살구꽃이나 핑크빛 벚꽃으로 장식하며, 붉은 종이에 소원을 적어 벽에 부착합니다. 흩어진 가족이 함께 모여, 한 살 더 먹는 생일을 함께 맞이하고, 돼지고기와 녹두 등으로 만든 전통 음식(bánh chưng)을 먹으며, 가장이 주도하여 구정 자정에 음식과 과일로 조상에게 제사합니다. 연장자는 연소자에게 빨간 봉투에 세뱃돈을 담아 주며, 서로 복을 빕니다. 이처럼 연장자를 공경하는 관습은 유교의 조상 숭배의 영향에서 기인합니다. 천주교는 17세기 이래로 뗏 기간에 조상 제사를 금지했기에 제사를 책임진 종손은 천주교로 개종하기 어려웠습니다. 1965년 6월 14일 이래로 베트남 천주교는 뗏 동안 조상 제사를 허용했고, 1992년에는 송구영신과 조상 숭배, 그리고 인간 노동을 신성시하는 기회로 삼기 위해 3일간의 뗏 예전을 규정화했습니다. 이렇게 토착화된 예전에 따르면, 하나님은 '모든 부모의 부모이며, 모든 조상의 조상'입니다. 1964년 12월에 베트남의 천주교 대주교 웬 판 빈(Nguyễn Văn Bình)은 목회서간에서 뗏은 "서로를 더 사랑하는 기회이며, 특히 우리와 우리 조상을 낳으시고 모든 번영의 주인이신 최고의 첫 조상을 더 사랑해야 합니다. 그분은 바로 하나님이시며 공동의 아버지이신데, 모든 시대의 인류는 함께 모여 '하늘에 계신 우리 아버지'라고 말해야 합니다."라고 설명했습니다. 베트남 천주교회는 뗏이 십계명 중 제1-2계명이 아니라, 제4계명과 성도의 교제와 어떤 신학적 연관이 있는지 추가 연구가 필요하다고 봅니다. 한국 천주교주교회의도 설날을 위한 미사예식서를 발표한 바 있습니다.[230]

230) A. Minh and R. Zaragoza, "Vietnamese Lunar New Year: Ancestor Worship and Liturgical Inculturation within a Cultural Holiday," *NTR* 27/2 (2015), 105-108. 한국의 경우, 12월 31일 자정 무렵에 '송구영신예배'를 드린 직후, "새해 복 많이 받으세요"라고 서로 인사한다. 그 후 몇 주 지나지 않아 구정에 다시 "새해 복 많이 받으세요"라고 말한다. 이것은 양력과

2017년부터 한국 천주교의 고유 전례력에 따르면, "한국 교구들에서는 전통적으로 새해를 시작하는 때(음력 1월 1일), 기원 미사 예식 규정에 따라 '설' 명절 전례를 거행한다. …… 설 명절이 사순 시기 주일이나 재의 수요일과 겹치면 보편 전례력에 따른 미사 전례문으로 미사를 드린다. 설 명절 미사는 흰색 제의를 입고 드린다."[231] 구정을 유교식 조상 숭배와 기복주의, 그리고 송구영신의 기회로 삼는 행위는 비평적 상황화나 토착화를 넘어선 혼합주의적 우상숭배입니다. 이런 성향이 여전히 천주교에 적지 않게 나타납니다.

제25조 율법의 완성이신 그리스도

우리는 그리스도께서 오심으로써 율법의 의식과 상징들이 폐기되고 그림자들이 모두 성취되었음을 믿습니다. 따라서 그리스도인들은

음력이라는 시간 중심의 송구영신이며, 기복신앙일 뿐이다. 달(月)은 죄가 없고, 교회는 달을 밟고 있다(계 12:1). 2023년은 신정과 구정 모두 주일이었는데, 주일 오후 예배를 취소함으로써 설 연휴가 기독교의 최대 명절이자 작은 부활절인 주일을 잠식해 버렸다. 오직 예수 그리스도 안에서 성령님의 역사로 송구영신과 성화가 매일 가능하다(고후 5:17; 계 21:5). 가정의 화목과 참된 번영도 하나님 안에서만 가능하다(시 112:1-2; 참고. 21세기 찬송가 558장 '미더워라 주의 가정'). 선교적 교회는 설 연휴에 문화명령과 지상명령에 충실해야 한다. 한국교회는 설 연휴를 어떻게 비평적으로 상황화할 수 있는가? 불신 가족과 친척을 만나는 상황에서, 혼합주의, 우상숭배, 그리고 시간 중심의 송구영신을 극복하는 선교적 지혜를 발휘할 수 있는가? 가정의 화목과 복음화, 그리고 여성을 포함한 식구의 쉼을 도모하는 섬김의 기회여야 한다. 그리고 몸과 마음이 차가워지기 쉬운 이웃이나 외국인 나그네도 돌봐야 한다.

231) 한국 천주교는 2017년에 '전례헌장' 제37항을 적용하여 구정과 추석 등에 고유 전례력을 만들었다. "민족들의 풍습에서 미신이나 오류와 끊을 수 없는 관계를 맺고 있는 것이 아니면 무엇이든 호의로 존중하고, 또 할 수 있다면 고스란히 보존하며, 더욱이 참되고 올바른 전례 정신에 부합하기만 하면 때때로 전례 자체에 받아들인다." 그런데 천주교는 고유 전례력의 부상으로 인해 주일이 경시되는 문제에 봉착했다. 참고. 백상렬, "한국 교회의 고유 전례력의 형성·변천 과정과 그 의미," (석사논문, 가톨릭대학교, 2019), 39, 47, 51-53.

그러한 것을 더 이상 사용하지 말아야 합니다. 다만 그 실질과 내용은 율법을 성취하신 그리스도 안에서 여전히 우리를 위한 것으로 남아있습니다. 다른 한편으로 우리는 여전히 율법과 선지자들에게서 얻은 증언들을 가지고서, 복음의 교훈을 우리에게 확증하고 하나님의 뜻에 따라 그분의 영광을 위하여 우리의 삶을 모든 단정함 가운데 정돈하기 위하여 사용합니다.

성경 근거 구절

율법을 완성하신 예수 그리스도: 내가 율법이나 선지자를 폐하러 온 줄로 생각하지 말라 폐하러 온 것이 아니요 완전하게 하려 함이라(마 5:17)
그리스도는 모든 믿는 자에게 의를 이루기 위하여 율법의 마침이 되시니라(롬 10:4)

해설 ▶ 25조에서 구약 율법 의식의 성취와 폐지를 다룬 후, 26조에서 예수님의 중보사역을 다룹니다. 왜 이런 순서를 따릅니까? 천주교와 재세례파의 오류를 염두에 두기 때문입니다. 천주교는 미사라는 구약의 율법 의식을 방불케 하는 제사를 계속 진행했습니다. 이것은 중보자 예수님께서 영 단번에 성취하신 구원 사역을 부정하고 무시한 것입니다(히 9:28; 10:10, 12, 14). 그리고 재세례파는 신약교회를 위해 쓸모없는 구약을 폐지할 것을 주장한 데 반해, 귀도는 구약의 진리와 본질은 신약교회에게 유용하다고 설명합니다.[232] 귀도는 구약 율법의 의식들을 통해서 예수님께서 구원을 어떻게 이루셨는가를 찾을 수 있다고 보았고, 율법은 그리스도인은 순종의 삶의 원리를 가르친다는 '율법의 제3의 용례'를 지지합니다.[233]

---

[232] 허순길, 『벨기에 신앙고백 해설: 개혁교회 신앙고백』, 347.
[233] Bouwman, 『벨직신앙고백해설』, 327-28.

AD 70년에 예루살렘 성전이 파괴된 후로 구약 제사는 완전히 폐지되었습니다(마 24:1-3; 히 8:13). 그런데 미국의 근본주의 기독교인들은 예루살렘에 제3의 성전을 건축하려고 노력 중입니다. 이런 근본주의자들이 주로 지지하는 전천년설은 이 세상에 신천신지가 완성되기 전에, 예수님께서 예루살렘에서 실제 1,000년 동안 다스릴 것이라고 해석하기에 제3의 성전 건축에 호의적 자세를 취합니다.234) 이것은 신약 성도가 옛 언약의 그림자로 회귀하려는 헛된 시도이자 예수님께서 성취하신 구원을 모독하는 행위입니다. 천주교의 화려하고 복잡한 의식도 구약 제의로 회귀하려는 경향과 다를 바 없습니다.235) 그리고 루터교와 성공회는 성경이 금하지 않은 것을 허용하기에 천주교와 유사한 점이 있습니다. 반면 개혁교회는 성경이 명하는 것만 예전에 반영하기에, 개혁교회의 예전은 경건의 모양과 인본주의를 멀리하고 하나님의 말씀 중심으로 단순합니다.

율법은 장차 올 일의 그림자이지 참 형상은 아닙니다(골 2:16-17; 히 8:5; 10:1). 칼빈의 설명대로, 율법은 화가가 연필로 윤곽을 묘사하는 예비적 차원이지, 색을 넣어 완성한 것과 다릅니다. 성도가 성화를 추구할 때 구약의 그림자가 아니라 그리스도께서 성취하신 실체를 따라야 합니다(히 10:1). 구약의 진리와 본질과 정신은 율법의 마침(목표점)이신 그리스도께서 세상에 오신 이후에도 유지되기에, 신약교회는 그것을 교훈으로 삼아야 합니다(마 5:17-18; 롬 10:4).236) 예를 들어, 신약 성도는 구약의 흠 없는 제물처럼 자신을 거룩하고 온전히 주님께 드려야 합니다(롬 12:1). 이동수는 산상설교에 나타난

---

234) Schouls, 『우리는 믿고 고백한다: 벨직신앙고백서 강해』, 337-38, 341.

235) Schouls, 『우리는 믿고 고백한다: 벨직신앙고백서 강해』, 339.

236) 롬 10:4와 관련하여, 예수님은 새 시대를 여셨기에 구약 율법의 '종결자'이시며, 율법이 그리스도를 가리키므로 주님은 율법의 '목표'라는 설명은 Yarbrough, 『로마서』, 278을 보라.

율법의 종말론적 성취와 신천신지의 도래, 그리고 성도의 율법의 의를 준수함에 관해 구속사의 진전을 고려하여 아래와 같이 해설합니다.

산상수훈에서 주어진 율법에 대한 새로운 해석은 옛 언약 하에 주어진 율법의 종말론적 심판을 전제한다. 그런데 이러한 심판을 "그 하늘과 그 땅이 없어지기 전에, 그 율법의 일점일획이라도 없어지지 않을 것이다"(마 5:18)라고 천지의 없어짐의 이미지로 가르치신다. 이는 율법이 예수님의 십자가를 통하여 완성되고, 이어서 옛 언약의 그 하늘과 그 땅, 즉 성전으로 대표되는 옛 언약의 질서들이 사라진다는 것인데, 이러한 사라짐은 새 하늘과 새 땅의 도래를 촉발하게 된다. 옛 하늘과 땅의 사라짐과 새 하늘과 땅의 도래는 새로운 윤리를 요구하게 된다. 이 윤리는 옛 것과 연속성을 갖는 동시에 불연속성을 갖는다. 동일한 율법이지만 구속사적 진전이 나타난다. 요구되는 윤리적인 '의'가 비록 동일한 율법, 즉 인간에 대한 하나님의 요구일지라도, 타락한 옛 언약 백성들인 바리새인과 서기관들과는 달리 새 언약 하에서는 더욱 철저하고 엄격하게 이러한 의를 지켜야 하고 지킬 수 있게 되었는데, 이는 그리스도께서 율법을 성취하러 오신 분이기 때문이다.237)

적용 ➡ 십계명이 '도덕법'이라면 신약 예배 중에 낭독되어야 마땅합니다.238) 왜냐하면 도덕법은 구약은 물론 신약 시대에도 유효한

---

237) 이동수, "율법의 심판과 '천지가 없어짐' 이미지에 나타난 종말론: 마태복음 5:17-20을 중심으로,"『대학과 선교』17 (2009), 222. "마태복음에서 예수는 다른 공관복음서와는 달리 한 번도 율법을 어기거나 적대자들로부터 직접적으로 그에 관한 비판을 받지 않는다. 그런 비판과 시비는 모두 그의 제자들과 관련된 것이고, 예수는 그들의 대표자로서만 책임을 진다. 그리고 예수는 한편으로는 그들을 변호하며 다른 한편으로는 적대자들의 위선과 잘못을 지적한다. 율법은 여전히 가치가 있는 것이며, 그리고 그것은 예수 안에서 완성되어진다." 김충연, "율법의 종말인가 율법의 완성인가?: 마태복음의 율법이해를 중심으로,"『대학과 선교』42 (2019), 113.

법이기 때문입니다. 백 투 예루살렘 운동과 율법주의는 서로 맥을 같이하는데, 둘 다 열심을 내는 것처럼 보이지만 실제로는 그림자를 붙잡는 어린아이의 행위입니다.

제26조 그리스도의 중보에 대하여

우리는 유일한 중보자이시고 대언자이신 의로운 예수 그리스도를 통하지 않고서는 하나님께 나아갈 수 없음을 믿습니다. 이 목적을 위하여서 그분은 신성과 인성이 결합하여서 사람이 되셨고, 그리하여 우리 사람들이 하나님의 위엄에 막힘없이 나아갈 수 있도록 하여 주셨습니다. 그런데 성부께서 그분과 우리 사이에 세우신 이 중보자께서는 그분의 위대하심으로 인해 우리가 겁을 먹은 나머지 다른 중보자를 상상하고 찾도록 두지 않으십니다. 왜냐하면 하늘과 땅의 어떤 피조물 가운데서도 예수 그리스도만큼 우리를 사랑하는 이는 없기 때문입니다. 그분은 근본 하나님의 본체이시나 자기를 비워 종의 형체를 입으시고 우리를 위하여 종이 되셨고(빌 2:6-7), "모든 점에서 자기 형제들과 같이 되셨습니다"(히 2:17).

따라서 만일 우리가 다른 중보자를 찾아야 한다고 하더라도, 우리가 아직 그분의 원수 되었을 때에(롬 5:8, 10) 우리를 위하여 자기 목숨을 버리신 그분보다 우리를 더 사랑하는 이를 찾을 수 있겠습니까? 만일 우리가 권위와 능력을 가진 이를 찾는다 해도, 성부의 오른편에 좌정하여 계시고 하늘과 땅의 권세를 가지신 그분보다 더 크신 이가 어디에 있겠습니까? 또한 하나님께서 '나의 사랑하는 이'라고 친히 밝히신 그분보다 더 빨리 하나님의 응답을 받을 수 있는 분이 어디 있겠습니까?

---

238) 허순길, 『벨기에 신앙고백 해설: 개혁교회 신앙고백』, 353.

그러므로 성인(聖人)들 운운하며 그들이 한 번도 행하거나 요구한 적이 없는 일들을 행하면서 성인들을 영예롭게 하려는 관행들은 사실 그들을 불명예스럽게 만드는 일이고, 순전히 믿음이 없기 때문이었습니다. 오히려 그들의 글을 보면 알 수 있듯이, 그들은 자신들의 직무를 행할 뿐 그러한 영예 받기를 항상 거부하였습니다. 여기에서 우리는 우리 자신의 무가치함을 이야기해서도 안 됩니다. 왜냐하면 우리 자신의 가치를 근거로 기도를 드린다는 말이 아니기 때문입니다. 오직 우리는 예수 그리스도, 곧 믿음을 통하여 그분의 의로움이 우리의 것이 되는, 그리스도의 탁월하심과 공효에 근거하여 기도하는 것입니다.

따라서 히브리서 기자는 우리에게서 이 어리석은 두려움 혹은 불신앙을 제거하기 위하여 다음과 같이 바로잡아 이야기합니다. 예수 그리스도께서는 "범사에 형제들과 같이 되심이 마땅하도다. 이는 하나님의 일에 자비하고 충성된 대제사장이 되어 백성의 죄를 구속하려 하심이라. 자기가 시험을 받아 고난을 당하셨은즉 시험받는 자들을 능히 도우시느니라"(히 2:17-18). 더 나아가서 우리가 그분께로 더 나아가도록 다음과 같이 격려합니다. "그러므로 우리에게 큰 대제사장이 있으니 승천하신 자 곧 하나님 아들 예수시라. 우리가 믿는 도리를 굳게 잡을지어다. 우리에게 있는 대제사장은 우리 연약함을 체휼하지 아니하는 자가 아니요, 모든 일에 우리와 한결같이 시험을 받은 자로되 죄는 없으시니라. 그러므로 우리가 긍휼하심을 받고 때를 따라 돕는 은혜를 얻기 위하여 은혜의 보좌 앞에 담대히 나아갈 것이니라"(히 4:14 -16).

동일한 서신에서 이렇게도 말합니다. "그러므로 형제들아 우리가 예수의 피를 힘입어 성소에 들어갈 담력을 얻었나니……참마음과 온전한 믿음으로 하나님께 나아가자"(히 10:19, 22). 또한 "예수님은 영원히 계신고로 그 제사 직분도 갈리지 아니하나니 그러므로 자기를 힘입어 하나님께 나아가는 자들을 온전히 구원하실 수 있으니 이는 그가 항상 살아서 저희를 위하여 간구하심이니라"(히 7:24-25).

이것 이외에 무엇이 더 필요하겠습니까? 그리스도께서도 친히 말씀하셨습니다. "내가 곧 길이요 진리요 생명이니 나로 말미암지 않고는 아버지께로 올 자가 없느니라"(요 14:6). 우리가 다른 대언자를 찾을 이유가 있겠습니까? 하나님께서는 자기 아드님을 우리의 대언자로 주기를 기뻐하셨습니다. 우리는 다른 이를 찾으려고 그분을 떠나지 않아야 하고, 달리 표현하면 결코 찾을 수도 없는 다른 대언자를 기대해서도 안 됩니다. 왜냐하면 하나님께서는 우리의 죄인 됨을 매우 잘 아시고서 그분을 우리에게 주셨기 때문입니다.

결론으로 말하면, 우리가 주님께서 가르쳐 주신 기도에서 배운 것처럼, 그리스도의 명령을 따라서 우리는 우리의 유일한 중보자이신 그리스도를 통하여 하늘의 아버님을 부릅니다. 우리는 그분의 이름으로 성부께 구한 것은 모두 얻을 것을 분명히 확신합니다.

성경 근거 구절

중보자이신 예수 그리스도: 하나님은 한 분이시요 또 하나님과 사람 사이에 중보자도 한 분이시니 곧 사람이신 그리스도 예수님이라(딤전 2:5)
그 길은 우리를 위하여 휘장 가운데로 열어 놓으신 새로운 살 길이요 휘장은 곧 그의 육체니라(히 10:20)

해설 ▣ BC 각 조의 평균 분량을 감안하면, 26조는 예수님의 중보(intercession) 사역을 매우 길고 자세하게 설명합니다. 예수님은 하

나님과 불화 관계에 빠졌던 우리 사이를 유일하게 중재하십니다 (intercede). 예수님께서 유일하고 완전한 중보자이심은 성도의 실제 생활에 중요하기 때문입니다(딤전 2:5). 예수님은 지상에서 화해를 성취하신 후, 승천하셔서 대언자와 보혜사로서 기도하십니다(롬 8:34; 히 7:25; 요일 2:1). 구약시대 모세나 에스더의 중보 사역은 목숨을 걸었던 중차대한 일이었지만(출 32:32; 에 4:16; 참고. 롬 9:3), 예수님의 영원하고 완전한 중보 사역의 그림자에 지나지 않습니다 (기독교강요 2.15.6).[239] 유일한 중보자이신 예수님은 신성과 인성을 가지시고, 엄위하신 성부 앞에 우리가 감사하게 설 수 있도록 우리가 죄인이었을 때 자신의 목숨을 버리실 정도로 가장 사랑하시는 분입니다. 성부는 예수님을 사랑하셨고, 독생자에게 하늘과 땅의 권세를 주셨습니다. 예수님은 우리의 대제사장이시며 유일한 중보자이시며, 성도가 성부에게 기도하고 나아가는 유일한 길과 통로입니다 (요 15:16; 히 10:20). 예수님은 자신에게 도움과 구원을 바라는 모든 사람을 외면하지 않으시고 사랑하십니다. 이것은 26조가 우리에게 가르치는 풍성한 위로의 복음입니다.

BC가 작성될 무렵 종교개혁이 진행 중이었기에, 개신교회는 천주교의 병폐를 직시하고 벗어나야 했습니다. 천주교가 하나님의 은혜의 중계자로 간주하는 마리아 그리고 중보자로 격상된 성인을 숭배하는 것은 유일한 중보자이신 예수님의 역할을 무시하는 미신이자 우상숭배이며 사탄의 책략입니다(참고. 반종교개혁을 위한 트렌트공

---

239) P. Enns, *Exodus* (Grand Rapids: Zondervan, 2000), 590; P. Byrne, "Exodus 32 and the Figure of Moses in Twelfth-Century Theology," *Journal of Theological Studies* 68/2 (2017), 674, 684; A-M. Wetter, "In Unexpected Places: Ritual and Religious Belonging in the Book of Esther," *JSOT* 36/3 (2012), 331; K. H. Jobes, *Esther* (Grand Rapids: Zondervan, 1999), 140.

의회).240) 천주교 학자 카를 아담(Karl Adam, d. 1966)은 '잠벌' (temporal punishment)을 주장했습니다. 이것은 사람이 영벌을 용서받고도 자신의 죄에 대해 충분한 배상을 하지 못한 죄입니다. 잠벌은 공덕이 넘치는 다른 사람의 도움으로 해결되기에, 마리아와 성인이 대신 값을 지불할 수 있습니다.241) 하지만 천주교가 첫 교황으로 간주한 베드로는 백부장 고넬료의 절을 받지 않았습니다(행 10:26).

예수님을 통해 아버지 하나님과 화해한 성도는 계속 유일한 중보자와 구주이신 주님과 동행하고 기도로 대화를 나누며 교제해야 합니다.242) 예수님은 사람으로 낮아지셔서 고난을 감내하셨으므로, 고난당하는 연약한 성도를 능히 도우십니다(히 2:17-18). 신약 성도는 예수님을 중보자로 모시기에 하나님의 은혜의 보좌로 담대히 나아가는 제사장 나라입니다(벧전 2:5; 히 4:16; 계 5:10). 하나님의 말씀이 가르치는 방식을 따라 하나님께서 구하라고 명하신 올바른 내용으로, 예수님의 이름으로 드리는 기도는 성도가 하나님의 도움을 요청하는 동시에 감사와 찬양을 드리는 표시입니다(요 14:13; 16:23; 히 11:6; HC 116).243)

주기도문은 성도가 하나님께 나아가 무엇을 구해야 하는가를 보여주는 완벽한 모델입니다(마 6:9-13). 그리고 성도는 쉬지 말고 부지런히 기도할 때, 하나님의 은혜와 성령 충만을 받을 수 있습니다(살전 5:17-18).

---

240) Stam, 『만유의 그리스도: 세 일치신조와 함께한 벨직신앙고백서 개요』, 137.
241) Schouls, 『우리는 믿고 고백한다: 벨직신앙고백서 강해』, 353. 귀도 당시에 천주교는 구원자 예수님을 무서운 분으로 가르쳤으므로, 죄인은 자신과 그리스도 사이에 마리아와 같은 중보자가 필요했다. Bouwman, 『벨직신앙고백해설』, 330-31.
242) 민장배, "The Belgic Confession을 통한 그리스도인의 삶의 방안," 68.
243) Stam, 『만유의 그리스도: 세 일치신조와 함께한 벨직신앙고백서 개요』, 139.

적용 ➡ 1949년에 교황 비오 12세는 김대건 신부를 '한국 성직자들의 수호자'로 공인했습니다. 그런데 과연 김대건 신부는 이것을 원했을까요?

은혜의 방편을 받은 교회에 대하여(제27-35조)

BC는 기독론을 이어 교회론을 다룬다. 그런데 갈리칸(프랑스)신앙고백서와 기독교강요와 달리, BC는 교회에 관한 신앙고백을 최후 심판 앞에 위치합니다. 이를 통해 귀도는 교회를 우리가 믿고 고백하는 구원의 완전한 부분으로 간주하려는 인상을 줍니다.[244]

제27조 보편적 교회에 대하여

우리는 하나의 보편적 혹은 우주적 교회를 믿고 고백하니, 이 교회는 참된 기독교 신자들, 곧 그들의 모든 구원을 예수 그리스도 안에서 기대하며 그분의 피로 씻음을 받고 성령에 의해 거룩하게 되고 인침을 받은 자들의 거룩한 회중이고 모임입니다.

이 교회는 세상의 처음부터 존재했고 마지막 날까지 있을 것인데, 그리스도께서 영원한 왕이시고 백성이 없을 수 없는 왕이시기 때문에 그렇습니다. 비록 잠시 사람의 눈에는 매우 작게 보이고 거의 사라진 것처럼 보일 때도 있지만, 하나님께서는 온 세상의 분노에 맞서 이 거룩한 교회를 보존하십니다. 따라서 아합의 폭정 동안에도 여호와께서는 바알에게 무릎 꿇지 아니한 칠천 명을 자신을 위해 보존하셨습니다(왕상 19:18).

또한 이 거룩한 교회는 어떤 특정한 장소나 어떤 사람들에게 국한되거나 제한되지 않고 전 세계에 뻗어 있고 흩어져 있습니다. 그러나 한 분 동일한 성령 안에서 믿음의 힘에 의하여 마음과 뜻이 연결되고 연합되어 있습니다.

---

244) Strauss, "John Calvin and the Belgic Confession," 511.

성경 근거 구절

보편적 교회: 고린도에 있는 하나님의 교회 곧 그리스도 예수님 안에서 거룩하여지고 성도라 부르심을 받은 자들과 또 각처에서 우리의 주 곧 그들과 우리의 주 되신 예수 그리스도의 이름을 부르는 모든 자들에게 (고전 1:2)

그의 안에서 건물마다 서로 연결하여 주 안에서 성전이 되어 가고 너희도 성령 안에서 하나님이 거하실 처소가 되기 위하여 그리스도 예수님 안에서 함께 지어져 가느니라(엡 2:21-22)

해설 ▶ BC에서 교회는 총 9조에 걸쳐 가장 길고 상세하게 논의되는 주제입니다. BC의 4분의 1 분량인데, 프랑스신앙고백서만큼 학적이지 않지만 교회의 신앙고백서로 안성맞춤입니다. 교회는 성부의 예정과 성자의 불러 모으심, 그리고 성령의 중생과 성화와 보존의 대상입니다.[245] 다시 말해, 아버지 하나님께서 영원 전에 자기 자녀를 예정하셨고, 예수님께서 그들을 십자가와 부활로 구원하여 모으셨으며, 성령님은 그들을 거룩하게 하시고 죄와 악으로부터 보호하십니다.

27조는 예수님의 피로 씻어지고 성령으로 성화되고 인침을 받아, 예수님 안에서 온전한 구원을 기다리는 하나의 거룩하고 단일한 보편교회를 고백합니다(고전 1:2, 13). 여기서 성화와 구원의 '이미 그러나 아직 아니'라는 종말론적 구도를 봅니다. 그런데 여기서 사도성을 언급하지 않지만, 뒤따르는 29조의 참 교회의 표지 중 하나인 설교는 사도적 가르침을 전제합니다(계 21:14). 천주교는 '가르치는 교회'인 사제와 '듣는 교회'인 일반 신자를 구분합니다.[246]

교회의 주인이신 예수님은 목자로서 양에게 생명을 풍성히 제공하

---

245) Bouwman, 『벨직신앙고백해설』, 348-49.
246) 허순길, 『벨기에 신앙고백 해설: 개혁교회 신앙고백』, 376.

시고(요 10:11; 계 7:17), 포도나무로서 생명과 영양을 가지들에게 공급하시며(요 15:5), 머릿돌과 모퉁이 돌로서 교회를 다스리고 지탱하시며(고전 3:11; 엡 2:20; 벧전 2:4), 신랑으로서 신부를 돌보시고 사랑하십니다(계 19:9; 21:2, 9-10).247) '에클레시아'는 원래 정치적 민회(assembly)를 가리켰지만(행 19:39), 하나님의 부름을 받고 신앙을 고백하여 구원을 받아 주님에게 속한(Kyriakos) 그리스도인의 공동체를 가리킵니다(마 16:18). 바울은 세속적 민회(民會)나 시민 단체를 대상으로 하지 않고, '하나님 아버지와 주 예수 그리스도 안에'(살전 1:1) 하나로 연합한 에클레시아에게 편지를 보냈습니다.248) '회중'에 해당하는 라틴어 'Congregatio'는 한 무리로 모은다는 뜻입니다(행 15:30; HC 54).249) 전 세계에 퍼진 교회는 줄어들지언정 사라지지 않고 보존되며, 지역과 인종의 한계를 넘어섭니다(엡 2:12; 계 7:9). 그리스도의 영께서 보편교회에게 믿음을 주시고 교회들을 진리 안에서 연결하여 일치되게 만드십니다(요 17:11).250)

적용 ➡ 교회가 보편적이므로, 그리스도인 개인은 선교적 교회로서 거룩하게 살면서 주변인들에게 하나님의 형상을 비추어 그들이 교회에 연합하도록 도와야 합니다.251) 창세기 4:26에서 하나님의 이름을 부른 이후로 지상의 교회는 어머니처럼 언제나 성도를 가르치고 양

---

247) Stam, 『만유의 그리스도: 세 일치신조와 함께한 벨직신앙고백서 개요』, 150.
248) Bouwman, 『벨직신앙고백해설』, 352.
249) 허순길, 『벨기에 신앙고백 해설: 개혁교회 신앙고백』, 375.
250) "보편교회는 시공간을 초월하는 비가시적 교회까지 포괄하는 개념이지만, 공교회는 주로 가시적 교회의 보편성을 강조하는 교회 개념으로 사용한다. ...... 지교회는 나무 기둥에서 나누어져 있는 지교회(枝敎會)의 의미가 아니라, 예배의 편의 등을 위해 공교회에서 나누어져 있는 지교회(支敎會)의 의미이다." 안은찬, "장로교회에서 보편교회와 지교회와의 관계: 동질성과 차별성," 『복음과 실천신학』 60 (2021), 131.
251) Bouwman, 『벨직신앙고백해설』, 361.

육하고 보호해 왔습니다.252) 선교적 교회는 교회를 친목 단체가 아니라, 하나님의 선교에 동참하는 공동체로 규정합니다. 하나의 선교적 교회는 다른 선교적 교회와 연대하기 위해 교회의 거룩성과 보편성을 어떻게 가르치고 구현할 수 있습니까? 지역교회와 노회와 총회와 같은 광회는 소위 '가나안 성도'와 탈 교회주의와 무교회주의 경향이 왜 계속 힘을 얻는지 연구하고 반성해야 합니다.253)

제28조 교회에 가입할 의무

이 거룩한 모임과 회중은 구속(救贖)받은 자의 모임이며 여기를 떠나서는 구원이 없기 때문에 우리는 어떠한 사람도 그의 지위나 신분을 막론하고 여기에서 물러나 혼자 있는 것에 만족해서는 안 된다고 믿습니다. 모든 사람은 각각 교회에 가입하고 연합되어야 할 의무가 있으며, 교회의 하나 됨을 유지하며 교회의 가르침과 권징에 복종해야 하고, 그 목에 예수 그리스도의 멍에를 메며 동일한 몸의 지체로서 하나님께서 그들에게 주신 은사를 따라서 형제들을 세우기 위해 봉사해야 할 것입니다.

이것을 좀 더 효과적으로 유지하기 위하여 하나님의 말씀을 따라 모든 신자는 교회에 속하지 않은 자들에게서 떠나 어느 곳에든지 하나님께서 세우신 이 모임에 가입할 의무가 있습니다. 그들은 심지어 통치자들이 반대하고 군주의 칙령들이 금할지라도, 그리고 죽음이나 육체적인 형벌이 따른다고 할지라도 그렇게 해야 합니다. 그러므로

---

252) Schouls, 『우리는 믿고 고백한다: 벨직신앙고백서 강해』, 364.
253) 남아공 개혁교회(GKSA)는 헌법으로 도르트헌법(1619)을 수용하기에, 교회 개척 설립에 관한 설명이 잘 나타나지 않는다. 다만 한 교회(어머니교회)가 다른 교회(아들교회)를 개척 설립하려면, 시찰회의 승인을 받아야 한다. 시찰회는 오랫동안 어머니교회가 제출한 제안서를 검토하는데, 개척 멤버에 장로(들)와 집사(들)가 포함되어 지속 가능한 조직교회로서 기능을 할 수 있는지를 중요하게 살핀다. 이는 보편교회를 유지하려는 노력의 일환이다.

교회에서 물러나는 자나 가입하지 않는 자는 모두 하나님의 규례를 거슬러 행하는 것입니다.

해설 ▶ 제28조는 교회 지체들의 의무를 설명합니다. 교회가 성도의 어머니이자 하나님의 가족이라면, 신자는 마땅히 다시 말해, 의무적으로 거기에 속해야 합니다. 구원받은 사람의 모임인 참 교회에 참여하기 위해 거기에 속하지 않은 사람들과 자신을 구분해야 하며, 교회를 떠나서는 안 됩니다(참고. 소위 '가나안 교인'). 여기서 귀도는 반(反) 천주교적 연대를 강조합니다. 교회의 통일성을 유지하기 위해 가르침과 치리에 복종하고 예수님의 멍에 아래 머리를 숙이고, 은사를 활용하여 몸의 지체를 섬겨야 합니다.

귀도는 28조에서 AD 3세기 카르타고의 신학자 키프리안의 논쟁의 여지가 있는 진술을 인용합니다. "이 거룩한 회집은 구원받은 사람들의 회집인데, 우리가 믿기로 이것 바깥에는 구원이 없다"(extra eam nulla salus). 이 진술은 기독교강요 4.1.4에도 나타납니다. 칼빈은 이 진술을 개혁주의 내용 안에 다음과 같이 담아냅니다. "교회는 말씀이 있는 곳에 있기 때문이며, 우리는 오직 말씀으로만 중생할 수 있기 때문이고, 우리는 교회 안에서만 구원을 공유할 수 있기 때문이다." 칼빈의 설명대로, 구원과 중생의 복음이 선포되는 교회는 구원의 공동체입니다.

우리는 BC 27, 29조와 마찬가지로 28조를 하나의 특정 교회나 교파가 아니라, 하나의 거룩하고 보편적인 교회를 가르치는 내용으로 수용해야 합니다. 그리스도를 참되게 믿고 그리스도 안에서 완전한 구원을 기대하는 모든 사람의 거룩한 회집인 이 교회 바깥에는 구원이 없습니다(마 16:18-19; 행 2:47; 갈 4:26; 계 21:2, 26).[254] 따라서 키프리안의 주장은 배교자들이 회개하더라도 교회로 받아들일 수 없다는 극단적인 노바투스 종파가 참 교회가 아니라는 맥락에서 나온 설명이므로, 천주교의 교권 체제를 지지하는 것이 아니었습니다.[255]

BC 28-29조는 참되고 거짓된 교회의 표지들을 소개하는데, 정적이고 휴지 상태가 아니라, 그리스도께서 모으시고 보존하시며 계속 일하시는 상태입니다(참고. HC 21주일). 이것은 교회의 지속적인 순종과 진지하게 최선을 다하는 능동적 행위에 적용됩니다(고전 12:25; 엡 4:3).[256] 성도는 교회를 하나의 몸처럼 다른 성도를 귀하게 여기고 연합해야 합니다(고전 12:27). 그리고 성도는 말씀의 사역자를 귀하게 여겨야 합니다(딤전 5:17; 히 13:17). 거짓 교회는 사탄의 모임입니다(계 2:9; 3:9). 하지만 말씀과 성례가 부패하지 않고 순전하게 보존된다면, 교회에 갖가지 상처와 도덕적 결점이 있더라도 '교회'라는 이름을 지니지 못할 이유는 없습니다(기독교강요 4.2.1). 교회를 사랑했던 귀도는 결국 교수형으로 순교했습니다. 그러므로 그는 28조 마지막에서 박해에도 불구하고 교회에 가입하고 떠나지 말라고 힘주어 말할 자격이 충분합니다.

---

254) Strauss, "John Calvin and the Belgic Confession," 512.
255) Stam, 『만유의 그리스도: 세 일치신조와 함께한 벨직신앙고백서 개요』, 154; 허순길, 『벨기에 신앙고백 해설: 개혁교회 신앙고백』, 390.
256) Thielman and Merkle, 『갈라디아서·에베소서』, 284-85; V. E. D'Assonville, 'Die Ware en Valse Kerk volgens Artikels 28 en 29 van die NGB," *HTS Teologiese Studies* 48/3-4 (1992), 740.

적용 ➡️ 교회는 성도의 어머니이자 울타리입니다(갈 4:26; 기독교 강요 4.1.1). 그런데 어머니도 불완전하고, 울타리가 비바람에 무너지기도 합니다. 쇼올스는 교회가 성경의 기준에서 볼 때 부패했고, 스스로 개혁할 의지가 없다고 판단되지 않는 한 교회를 떠나서는 안 된다고 주장합니다.257) 오늘날 박해가 아니라. 주 5일 근무제가 주는 레저의 유혹과 주 7일 근무제가 주는 맘몬 숭배, 이 둘은 주일 예배를 소홀하게 만들 수 있습니다. 성도는 종교의 자유가 없는 상황에서 지하교회로 모이는 형제자매를 위해 협력하고 기도해야 합니다.

한국에서 약 100만 명에 달하는(2013년 기준, 2017년 기준으로 최대 230만 명) 소위 '가나안 교인'은 하나님께서 어떻게 예배하라고 가르치신 제2 계명을 어깁니다.258) 왜냐하면 교회에 소속되지 않고 그리스도인이라고 자부하는 사람은 자신이 선택한 방식을 따라 하나님을 예배하면서 하나님께서 예배의 방식을 양보하실 것이라고 착각하기 때문입니다.259)

신앙생활을 하며 교회 출석을 몇 년 동안 경험한 사람이 대다수인 '가나안 교인'을 지역 신앙공동체로 돌아오게 하여 구원의 복을 누리도록 하려면 어떤 노력을 기울여야 할까요? 기독교 신앙에 대해 회의를 느끼는 비율이 높은 그들에게 구원의 복음을 제시하여 회심을 경험하도록 하며, 더 나아가 신앙의 성장을 도와야 합니다. 그리고 20-30대에서 높은 비율을 보이는 '가나안 교인'은 자유로운 신앙생활을 추구하면서 교회 내부의 문제(목회자에 대한 실망, 시스템이나

---

257) Schouls, 『우리는 믿고 고백한다: 벨직신앙고백서 강해』, 372.
258) '가나안 교인'의 절반 이상은 구원의 확신이 없고, 그들 중 70%는 타 종교에도 구원이 있다고 본다. 이경선·하도균, "가나안 성도의 교회 이탈 특징에 따른 효율적인 전도전략 연구," 『영산신학저널』 48 (2019), 370-73.
259) Bouwman, 『벨직신앙고백해설』, 376.

프로그램 불만족, 갈등)에 실망한 사람들입니다. 그러므로 교회는 일방적 소통이 아니라 경청하는 자세로 이들을 계속 접촉하며 섬겨야 하고, 분열과 탐욕을 회개하며 사랑과 공공성을 회복해야 합니다.[260]

제29조 참된 교회와 거짓 교회의 표지(標識)에 대하여

오늘날 세상에 있는 모든 분파가 스스로 교회라고 자처하기 때문에 우리는 무엇이 참된 교회인지를 하나님의 말씀에서 부지런히 그리고 매우 조심스럽게 분별해야 함을 믿습니다. 우리는 여기에서, 선한 자들과 함께 교회에 섞여 있으나 교회의 한 부분으로서가 아니라 단지 외적으로만 그 안에 있는 외식하는 자들의 무리에 대해 말하는 것이 아닙니다. 우리는 교회로 자처하는 모든 분파와 구별되어야 할 참된 교회의 몸과 그 교제에 관하여 이야기하고 있는 것입니다.

참된 교회는 다음과 같은 표지들로써 알 수 있습니다. 그 교회는 복음을 순수하게 전합니다. 그 교회는 그리스도께서 제정하신 대로 성례를 순수하게 집행합니다. 또한 죄를 교정하고 벌하기 위하여 교회의 권징을 시행합니다. 요약하면, 교회는 하나님의 순수한 말씀을 따라서 스스로를 다스리며 거기에 거스르는 것은 모두 거부하고 예수 그리스도를 유일하신 머리로 인정합니다. 이러한 표지로써 참된 교회는 분명하게 알려지며 아무도 거기에서 분리할 권리를 갖고 있지 않습니다.

교회에 속한 사람들은 그리스도인의 표지로써 알려지게 됩니다. 즉 그들은 믿음이 있어 예수 그리스도를 유일하신 구주로 믿고, 죄를 멀리하여 의를 추구하고, 참 하나님과 이웃을 사랑하며, 좌로나 우로

---

260) 정성진, "가나안 교인을 돌아오게 하려면?" 『기독교사상』 1월 호 (2016), 55-57; 이경선·하도균, "가나안 성도의 교회 이탈 특징에 따른 효율적인 전도전략 연구," 373, 390-93.

치우침이 없고, 그들의 육신을 그 행위와 더불어 십자가에 못 박습니다. 비록 그들 안에 큰 연약함이 남아있지만, 그들은 평생 성령을 힘입어 그 연약함에 맞서 싸웁니다. 예수 그리스도 안에서 그분을 믿는 믿음으로 죄 사함을 얻은 그들은, 끊임없이 그분의 보혈과 고난과 죽음과 순종에 호소하여 나아갑니다.

거짓 교회는 하나님의 말씀보다도 교회 자체와 교회의 규례들에 더 많은 권위를 부여합니다. 그리고 그리스도의 멍에에 자신을 굴복시키려 하지 않습니다. 그러한 교회는 그리스도께서 그분의 말씀에서 명하신 대로 성례를 집행하지 않고, 자기들에게 좋게 생각되는 대로 더하기도 하고 빼기도 합니다. 그들은 교회의 기초를 예수 그리스도보다 사람에게 둡니다. 그 교회는 하나님의 말씀을 따라서 거룩한 삶을 사는, 그리고 거짓 교회에 대하여 그 죄와 탐욕과 우상 숭배를 책망하는 자들을 핍박합니다. 이 두 교회는 쉽게 식별되며 구분할 수 있습니다.

성경 근거 구절

참된 교회의 표지: 내가 천국 열쇠를 네게 주리니 네가 땅에서 무엇이든지 매면 하늘에서도 매일 것이요 네가 땅에서 무엇이든지 풀면 하늘에서도 풀리리라 하시고(마 16:19)

네 형제가 죄를 범하거든 가서 너와 그 사람과만 상대하여 권고하라 만일 들으면 네가 네 형제를 얻은 것이요(마 18:15)

너희가 이 떡을 먹으며 이 잔을 마실 때마다 주의 죽으심을 그가 오실 때까지 전하는 것이니라(고전 11:26)

거짓 교회의 표지: 보라 사탄의 회당 곧 자칭 유대인이라 하나 그렇지 아니하고 거짓말 하는 자들 중에서 몇을 네게 주어 그들로 와서 네 발 앞에 절하게 하고 내가 너를 사랑하는 줄을 알게 하리라(계 3:9)

그러나 두려워하는 자들과 믿지 아니하는 자들과 흉악한 자들과 살인자들과 음행하는 자들과 점술가들과 우상 숭배자들과 거짓말하는 모든 자들은 불과 유황으로 타는 못에 던져지리니 이것이 둘째 사망이라(계 21:8)

해설 ▶ 28조에서 교회에 가입해야 할 의무를 다루었다면, 29조는 가입할 때 참 교회를 제대로 분별할 것을 가르칩니다. 29조처럼 제2 스위스신앙고백서(1566) 제17장과 스코틀랜드신앙고백서(1560) 제 18장도 참 교회의 표지를 '설교, 성례, 그리고 권징(勸懲)'이라 보았습니다(마 16:19; 18:15-22; 고전 11:17-34; 고전 5:5; 11:17-33; 갈 1:8; 딤후 3:10-17; 딛 3:10).261) 성경이 가르치는 이 세 표지는 교회의 머리이신 예수님을 잘 붙잡는 길입니다. 따라서 귀도는 이 세 표지를 통해 교황을 그리스도의 대리자로 믿고, 성경보다 자체의 규 례를 강조하며, 7성례를 주장하는 천주교를 비판합니다.262) 재세례 파는 교회의 세 표지를 중생, 세례, 그리고 권징이라 보았습니다.

29조 교회의 표지가 30조 치리 앞에 위치하여 이 둘의 상호관련 성이 나타납니다.263) 교회의 거룩성을 보호하는 표지인 권징과 관련 하여, 죄 용서를 일곱 번을 일흔 번까지라도 해야 한다는 주님의 말 씀을 잘 새겨야 합니다(마 18:21-22).

사탄은 하나님의 교회와 유사하게 보이지만, 실제로는 가짜교회를 모읍니다(계 2:9; 3:9; 21:8). 두 가지 예를 들면, 민수기 16장의 고 라 중심으로 모여 하나님과 모세를 반역하다 땅속으로 파묻혀버린 모임입니다. 그리고 열왕기상 12장의 북이스라엘의 초대 왕 여로보 암 1세가 북쪽 경계선의 단과 남쪽 경계선의 벧엘에 세운 성소에서 예배하러 모인 무리입니다.264)

참 교회는 죄와 싸우고, 자신의 연약함과 예수님의 구속의 은혜와

---

261) 이승구, "벨직 신앙고백서의 교회론," 179.
262) 이승구, "벨직 신앙고백서의 교회론," 187.
263) A. D. Pont, "Wat Hoort Tuis in 'n Kerkwet of Kerkorde in die Lig van die Skrif en die Belydenis?" *HTS Teologiese Studies* 38/1 (1982), 29.
264) 이 단락은 Bouwman, 『벨직신앙고백해설』, 392를 요약함.

성령을 의지하여 일평생 동안 싸워야 합니다.[265] 참 그리스도인의 삶의 표지는 칭의 즉 예수님을 유일한 구주로 믿으며 살고(행 4:12), 성화 즉 죄와 싸워 정의를 추구하며(마 6:33), 또한 성화 즉 좌우로 치우침 없이 하나님과 이웃을 사랑하고(신 5:32-33), 견인 즉 죄성과 정욕을 십자가에 못 박고 영적으로 견고하게 싸우는 삶입니다(롬 7:15).[266] 이처럼 참 교회의 표지를 이어 참 그리스도인의 표지를 밝히는 이유는 무엇일까요? 한 가지 이유는 천주교와 재세례파를 비판하기 위함입니다. 모든 시대와 모든 지역의 교회에는 그리스도인과 가라지가 혼합되어 있습니다. 그런데 천주교는 교황에게 복종하는 사람을 참 회원으로 간주했고, 재세례파는 가라지가 포함된 불완전한 공동체를 떠나 자신들만의 완전한 공동체를 추구했습니다.[267] 귀도는 천주교와 재세례파의 이런 교회론에 동의할 수 없었습니다. 성도는 완전하지 않지만, 연약함이나 불완전함을 핑계로 삼거나 방치해서는 안 됩니다. 성도는 자신의 연약함을 깨닫고 주님 안에서 자라가야 합니다.

우리 삶에 실존적 의미가 중요하지만, 규범적 힘은 무시할 수 없고 항상 있습니다. "성경에 기록되어 있다!" 역동적 힘을 가지고 있는 하나님의 말씀(롬 1:16)은 성령님의 사역과 결코 분리될 수 없습니다. 성경은 진리와 거짓 교회를 판가름 하는 최종 규범이자 진술입니다. 그래서 말씀은 참 교회와 거짓 교회의 최종 분리를 가져옵니다. 참

---

265) 민장배, "The Belgic Confession을 통한 그리스도인의 삶의 방안," 73.
266) 그리스도인의 표지는 예수님의 이름을 고백하는 선지자로서, 자신을 제물로 드리는 제사장으로서, 죄와 마귀와 싸우는 왕으로서 살아야 한다고 가르친다. Stam, 『만유의 그리스도: 세 일치신조와 함께한 벨직신앙고백서 개요』, 157-58.
267) 개혁교회에서 장로나 집사의 수가 3명 이하일 경우, 집사도 목사 및 장로와 당회를 구성할 수 있다. 허순길, 『벨기에 신앙고백 해설: 개혁교회 신앙고백』, 410, 425-26.

교회의 표지는 천국의 열쇠인 말씀 선포에 적극적으로 주의를 기울여 순종하는 데 있지만, 거짓 교회의 표지는 말씀에 적극적으로 불순종하는 것입니다.[268]

적용 ▶ 인간적인 정이나 친분은 교회의 회원이 되는 정당한 근거가 될 수 없습니다. 교회의 머리이신 예수님의 복음이 강단에서 들린다면, 자신이 소속한 교회는 합법적이고 참 교회라고 판단해야 합니다.[269] 그렇다면 참 교회와 거짓 교회의 경계선에 있는 것과 같은 교회는 어떻게 이해해야 합니까? 이런 경계선을 어떻게 그을 수 있습니까? 그 교회가 타락한 분량으로 결정할 수 있습니까? 바우만은 하나님의 말씀에 순종하는 것을 참 교회를 판가름하는 기준으로 다음과 같이 설명합니다. "교회가 하나님의 말씀에 복종하지 않을 때, 그 교회는 하나님 앞에서 거짓이고 위법입니다. 그 최종적 형태에서, 그런 교회는 명백하게 '사탄의 회'라고 할 수 있습니다."[270] 천주교는 '오직 성경'이 아니라 "교황이 이렇게 말했다"(Dixit Papa)라고 말합니다. 사이비 집단이나 이단도 교주의 주장을 신봉합니다. 미쳐 성난 개를 만나면 어슬렁거리며 도망가지 않듯이, 개별 그리스도인은 죄와 싸울 때 필사적인 노력을 기울여야 합니다.[271]

---

268) D'Assonville, 'Die Ware en Valse Kerk volgens Artikels 28 en 29 van die NGB," 741. 참고로 설교 시 참고할 "교회력의 보편성은 교회 공동체가 하나님 말씀 속에 나타난 과거의 하나님 사건에 대한 신앙 역사의 내용을 회상하고 수용하여, 현재의 삶에 안정적으로 적용하기에 적합한 성서 본문을 제공한다. ...... 설교자는 설교 본문 선정에 있어서 교회력을 통한 신앙의 기억에 관한 믿음의 유산을 현재의 삶에 적실성 있게 재현시키는 과제가 있다." 김병석, "교회력에 따른 설교 본문 선정의 적실성 연구," 『신학과 실천』 52 (2016), 157-58, 160-61. 김병석은 신앙의 민족적 삶의 자리를 고려하여 탈 서구의 '한국식 상황화와 교회력'을 주장한다. 그러나 삼일절과 광복절 등에 예전을 접목한다면 한국식이 되기보다, 오히려 보편교회를 약화하는 민족주의나 혼합주의에 빠질 수 있다.
269) Bouwman, 『벨직신앙고백해설』, 398.
270) Bouwman, 『벨직신앙고백해설』, 395.

제30조 교회의 치리에 대하여

우리는 이 참된 교회가 우리 주께서 그분의 말씀에서 가르치신 영적인 질서에 따라서 통치되어야 함을 믿습니다. 하나님의 말씀을 전파하고 성례를 집행할 목사가 있어야 하며, 또한 목사와 함께 교회의 치리회를 구성할 장로와 집사가 있어야 합니다. 이렇게 해서 그들은 참된 종교를 보존하되, 참된 교훈이 전파되고 악한 자들이 영적인 방식으로 징계를 받고 억제되며, 가난하고 고난당하는 모든 사람이 그들의 필요에 따라서 도움과 위로를 얻도록 보살피게 됩니다. 바울 사도가 디모데에게 명한 규칙에 따라서 충성된 자들이 선출되면, 이러한 방법으로 교회 안에서는 모든 일이 적합하고 질서 있게 이루어집니다(딤전 3:1-13).

성경 근거 구절

교회를 다스리시는 예수 그리스도: 또 만물을 그의 발 아래에 복종하게 하시고 그를 만물 위에 교회의 머리로 삼으셨느니라(엡 1:22)

그가 어떤 사람은 사도로, 어떤 사람은 선지자로, 어떤 사람은 복음 전하는 자로, 어떤 사람은 목사와 교사로 삼으셨으니, 이는 성도를 온전하게 하여 봉사의 일을 하게 하며 그리스도의 몸을 세우려 하심이라(엡 4:11-12)

해설 ➡ 30-32조는 교회가 실제로 어떻게 기능해야 하는가를 다룹니다. 국가가 정당한 체제를 갖추듯이, 교회도 성경적 정치 형태를 합당하게 구비해야 합니다. 교회가 채택한 신앙고백서에 기초한 교회의 치리와 정치 형태는 무엇보다 머리이신 예수님의 말씀을 따라

---

271) Bouwman, 『벨직신앙고백해설』, 389-90. 참고로 독일의 헤센 교회개혁안(1526)은 천주교 성직자의 가운(Dalmaticas) 착용을 성경에 의해 확립되지 않은 것으로 여겨 거부했다. 장대선 편역, 『개혁교회의 질서들』, 40.

영적 질서를 유지하기 위해 시행되어야 합니다. 그리스도의 몸은 민주주의 결의가 아니라 '그리스도의 통치'(Christocracy)를 받아야 합니다.[272] 교회의 머리이신 예수님을 직분자들인 목사와 장로와 집사를 세워 다스리십니다(엡 4:11-12; 기독교강요 4.3.1). 직분자는 승천하신 그리스도께서 자신의 몸을 세우도록 주신 선물입니다(엡 4:7-8, 11-12). 그리고 직분자는 하나님의 동역자들입니다(고전 3:9; 고후 6:1).

목사는 설교와 성례를 담당합니다. 치리회는 목사와 장로로 구성됩니다. 그런데 개혁교회에서 종종 장로는 물론 집사도 목사와 더불어 치리회를 구성합니다.[273] 장로는 교회를 감독하여 다스리는데, 초대교회 때부터 가르치는 장로인 목사가 필요했습니다(참고. 행 15:6; 20:28; 벧전 5:2-3). 집사는 구제와 자비의 사역을 담당합니다(행 6:1-6). 세 직분자는 교회의 영적 질서와 예배와 교리와 거룩성을 보호하기 위해 협력해야 합니다. 교회운영위원회를 위해 목사와 장로와 집사가 필요합니다. 직분자들을 통해 참된 종교와 교리가 보존되고, 악한 자가 교정받고, 빈자를 구제합니다.

구약 이스라엘에서 왕, 제사장, 선지자에게 기름을 부어 그들이 임직했습니다. 신약교회는 이 세 직분을 선지자와 같은 목사, 왕과 같은 장로, 제사장과 같은 집사를 통해 수행한다고 볼 수 있습니다.[274]

칼빈의 제네바 교회법규서(1541)를 대체로 따르는 프랑스 개혁교회의 치리서(1559)가 밝힌 대로, BC 30조도 목사와 장로와 집사로 구성

---

272) Schouls, 『우리는 믿고 고백한다: 벨직신앙고백서 강해』, 396.
273) 도르트 교회질서(1619) 제12조는 "일단 위의 조항에 따라 부름을 받은 말씀 사역자의 전 생애는 교회를 봉사하는데 묶이기 때문에, 시찰회가 인지하고 판단해야 할 중대하고 무거운 원인들이 없이는 그가 삶의 다른 상태로 움직이는 것은 허용되지 않습니다."라고 목사의 이중직에 관해 규정한다.
274) 허순길, 『벨기에 신앙고백 해설: 개혁교회 신앙고백』, 424.

된 '교회운영위원회'(the Council of the Church)를 둘 것을 설명합니다. 이것은 목사와 장로로만 구성된 치리회인 당회(Consistory)와 다릅니다.275)

교회당 바깥의 선교는 선교적 교회를 통해 활발하게 논의 중입니다.276) 30조의 교회의 통치를 개혁교회가 구현해 갈 때, 지역교회의 상황에 따라 방식은 약간 다릅니다.277) 치리에 하나님의 정의와 사람의 정의가 혼합되어 나타나지만, 분명하게 성경적 지침을 따라야 합니다.278)

오늘날 교회의 조직은 다양합니다. 천주교의 교황체제, 루터교의 국가통치체제, 독립주의 회중체제, 콜로키움에 연합한 사람들의 자유로운 모임을 지지하는 체제, 그리고 BC가 지지하는 장로회 중심의 개혁교회체제 등입니다.279) 개혁교회와 장로교 체제를 따르더라도,

---

275) 프랑스 개혁교회의 치리서는 "각 지역교회들의 신학적/교리적 일치와 더불어 교회조직과 질서의 통일성을 보다 강력하게 유지하기 위하여 연합회의 체로서 '콜로키'(Colloquy, 시찰회/노회)와 더 큰 지역 규모의 '지역적 노회'(혹은 '대회', Provincial Synods), 및 '전국적 총회'(National Synods/the General Council) 모임을 제시함으로써 한 개별교회 및 한 도시나 지역을 넘어서는 체계적인 광역 교회회의들의 모범을 처음으로 제시하였다는 것에 그 중요한 역사적인 의의가 있다." 김은수, "개혁교회의 직분제도와 정치질서 발전에 대한 역사적 고찰: 칼빈의 '제네바 교회법규서'(1541)로 부터 '도르트 개혁교회 질서'(1619)까지," 『갱신과 부흥』 24 (2019), 181-82, 190-91.

276) Recker, "Analysis of the Belgic Confession as to Its Mission Focus," 170.

277) K. J. Dieleman, "Elders and Deacons in Kampen and Wemeldinge: Dutch Reformed Approaches to Consistory Elections," *Church History* 89/1 (2020), 24-42.

278) Pont, "Wat Hoort Tuis in 'n Kerkwet of Kerkorde in die Lig van die Skrif en die Belydenis?" 30.

279) 회중교회는 성경에 당회나 총회에 대한 언급이 없다고 보면서 지역교회의 권한만 인정하고, 교회의 권력은 직분자가 아니라 회중 구성원에게 있다고 주장한다. 회중교회의 정반대 편에 감독체제(episcopalianism)가 있다. Schouls, 『우리는 믿고 고백한다: 벨직신앙고백서 강해』, 397-98; Stam, 『만유의 그리스도: 세 일치신조와 함께한 벨직신앙고백서 개요』, 188-89.

늘 교권주의를 경계해야 합니다. 안은찬은 교권주의를 다음과 같이 비판합니다.

오늘날 한국 장로교회가 교단과 지교회의 분쟁이 많아지고 있는 이유는 교단 총회가 점점 교권주의화 되고 무소불위의 권세를 행사하는 초법적 기관으로 전락한다는 우려 때문이기도 하다. 특히 오늘날 한국 장로교회는 교단 '총회 결의'를 거의 교회법적 수준에서 상대의 교권 정치의 적수를 공격하는 도구로 사용하고 있다. 이런 교권주의를 방지하는 예방적 헌법 개정이 요구된다.280)

물론 성경에 일치하는 총회 결의는 존중받아 마땅합니다. 그러나 교권주의는 오직 예수 그리스도께서 지역교회와 노회와 총회와 같은 광회(廣會)를 다스리시지 않는다고 선언하는 악행일 뿐입니다.

적용 ➡ 교회는 소수의 경험자의 소견을 따라 교회법을 해석할 수 없습니다. 총회와 교단 차원에서 교회법(교회정치, 교회질서)을 전공하는 학자를 양성해야 합니다. 교회법을 연구하려면 성경, 신앙고백서, 교회사, 그리고 교리를 알아야 합니다. 당회는 필요시 여성 사역자를 임명하여 비공식적으로 봉사를 허락할 수 있습니다.281)

제31조 교회의 직분자들에 대하여

우리는 하나님 말씀의 사역자와 장로와 집사의 직분이 하나님의 말씀에 규정된 대로, 기도하는 가운데 선한 질서를 따라서 교회의 합법적인 선거에 의하여 선출되어야 함을 믿습니다. 그러므로 누구든지 부정당한 방법으로 살짝 들어가지 않도록 주의해야 하며, 그의 소명이 주님께로부터 왔다는 분명한 증거를 갖게 되고 그럼으로써 소

---

280) 안은찬, "장로교회에서 보편교회와 지교회와의 관계," 154.
281) 허순길, 『벨기에 신앙고백 해설: 개혁교회 신앙고백』, 427.

명의 확신을 갖기 위하여, 그는 하나님의 부르심을 받을 때까지 기다려야 합니다.

말씀의 사역자들은 그들이 어느 자리에 있든지 그 권위와 권한이 서로 동등한데, 왜냐하면 그들 모두가 유일하신 보편적 감독이시며 교회의 유일한 머리이신 예수 그리스도의 종들이기 때문입니다. 하나님께서 세우신 이 거룩한 규례가 훼손되거나 배척되는 일이 없도록, 모든 사람은 교회의 말씀 사역자들과 장로들을 그들의 직무로 인해 특별히 존경하여야 하며, 가능한 한 그들과 화평하고 원망과 다툼이 없어야 합니다.

성경 근거 구절

목사와 장로: 미쁘다 이 말이여, 곧 사람이 감독의 직분을 얻으려 함은 선한 일을 사모하는 것이라 함이라(딤전 3:1)

내가 너를 그레데에 남겨 둔 이유는 남은 일을 정리하고 내가 명한 대로 각 성에 장로들을 세우게 하려 함이니(딛 1:5)

집사: 이와 같이 집사들도 정중하고 일구이언을 하지 아니하고 술에 인박히지 아니하고 더러운 이를 탐하지 아니하고(딤전 3:8)

해설 ➡ 31조에 나타난 교회의 직원, 다시 말해 새 언약의 직분자인 목사, 장로, 집사는 합법적 선거로 선출되어야 합니다(행 6:3-5; 14:23; 딤전 3:1; 딛 1:5). 교회 질서를 유지하는 직분자에게 내적 소명이 있어야 하지만, 신앙의 공동체인 지역교회의 부름이라는 외적 소명도 중요하기에, 내외적 소명은 일치해야 합니다(히 5:4; 기독교 강요 4.3.10). 직분자는 교회에 최소로 일정 기간 소속하여 교회를 사랑하고, 회중으로부터 좋은 평판을 받는 신자여야 합니다(딤전 3:6-7).[282] '목사'는 '목자'에서 유래합니다(창 4:2; 시 23:2; 겔

34:8). 말씀 사역자인 목사는 유일하고 보편적 감독이신 예수 그리스도의 종들로서 평등한 지위를 가집니다(참고. 롬 1:1의 '예수 그리스도의 종 바울'; 히 13:20; 벧전 5:4). 그러므로 설교로써 천국 열쇠를 활용하여 교회 질서를 유지하는 목사 위에 목사는 없습니다. 교회법학자 바우만(H. Bouwman)에 따르면, 목사의 내적 소명을 확인하는 다섯 가지 방법은 다음과 같다. (1) 하나님을 섬기고자 하는 소원, (2) 가르침의 은사, (3) 주님의 뜻을 따르면서 자기를 부인함, (4) 자신의 유익이 아니라 하나님의 영광을 열망함, (5) 자신이 소원한 목적에 이르는 길이 열림.283) 개혁교회는 목사의 임직식에 안수를 1568년에 결의했는데, 회중 앞에 하나님의 말씀의 종으로 엄숙하게 공적으로 선언하는 행위입니다.284)

장로가 머리이신 예수 그리스도와 회중의 관계를 살피는 수직적인 면에 초점을 둔다면, 집사는 구제라는 수평적 면에 중점을 둡니다.285)

회중은 교회의 영적 질서를 유지하기 위해 목사와 장로를 존귀하게 여기고 불평하지 말아야 합니다. 직분이 다른 사람들 간에도 높고 낮음은 없습니다. 적어도 AD 2세기까지 목사와 장로는 동일한 권위를 가졌습니다.286)

하나님의 말씀을 규범으로 삼는 직분자와 직분자의 모임은 교회의 유일한 머리이신 예수님의 권세에 의해 부차적인 자리를 차지합니다.287) 개혁교회는 일반적으로 장로의 임기는 대략 2년 주기로 로테

---

282) Stam, 『만유의 그리스도: 세 일치신조와 함께한 벨직신앙고백서 개요』, 195.
283) H. Bouwman(1934) in 허순길, 『개혁교회 질서 해설: 도르트 교회 질서』, 129.
284) 허순길, 『벨기에 신앙고백 해설: 개혁교회 신앙고백』, 141.
285) Bouwman, 『벨직신앙고백해설』, 409.
286) 허순길, 『벨기에 신앙고백 해설: 개혁교회 신앙고백』, 437.
287) Pont, "Wat Hoort Tuis in 'n Kerkwet of Kerkorde in die Lig van

이션 됩니다.288) 이는 천주교의 탑-다운 방식의 교권 체제와 대비됩니다. 그리고 누구든지 소명이 있다면 설교할 수 있다고 직분을 신비주의로 이해한 재세례파와도 다릅니다. 16세기에 유럽 대륙에서 런던으로 피난한 개혁교회는 직분자를 선출하기 전 하루 동안 금식하며 기도했습니다.289) 회중은 직분자 선출에 분별력과 통찰력을 가지고 동참해야 합니다. 성도는 목사를 비롯하여 모든 직분자를 존경하고, 그들과 화목해야 합니다(살전 5:12-13). 그래야만 직분자는 성도의 어머니와 같은 교회를 즐거이 섬길 수 있습니다(히 13:17).

츠빙글리(1524)는 자신의 글 "목자"(The Shepherd)에서, 목사의 적절한 자격을 제시했습니다. 그것은 그리스도를 닮아감과 자신을 비우고 하나님으로 채우는 것 그리고 분별력인데, 목사가 하나님의 능력과 구원과 위로를 확신하면서 위로를 받음으로써 일반 성도에게 본을 보이기 위해서입니다.290)

---

die Skrif en die Belydenis?" 24.

288) Pont, "Wat Hoort Tuis in 'n Kerkwet of Kerkorde in die Lig van die Skrif en die Belydenis?" 25. 남아공 개혁교회(GKSA) 등이 따르는 도르트 교회질서 제23조 '장로와 집사의 은퇴'는 "장로와 집사는 2년 이상 교회에서 봉사한다. 일반적으로 적절한 수가 매년 은퇴 되어야 한다. 은퇴하는 직분자의 자리는, 만약 회중이 그 사람을 그 직분에 다시 부르는 것이 유익하지 않다고 생각하면, 그 자리는 다른 사람들이 맡게 된다."라고 설명한다.

289) 허순길, 『벨기에 신앙고백 해설: 개혁교회 신앙고백』, 435. 참고로 19세기 네덜란드 개혁교회의 경우, 지역교회로부터 청빙을 받은 목사는 4주 동안 기도하며 숙고할 수 있었다. 그리고 신학사(B.Th.) 과정의 졸업을 앞둔 신학생은 지역교회의 오후 예배에 설교할 수 있었으며, 복의 선포는 그 교회의 목사가 담당했다. 목사가 청빙을 받아 목회한다면, 최소 2년 이상 그 교회에서 사역해야 했다. K-W. de Jong, "De Toezegging van Beroep: De Ontwikkeling van Een Buitenkerkordelijk Middel in de Beroepingspraktijk van de Nederlandse Hervormde Kerk in de Negentiende Eeuw," *Documentatieblad voor de Nederlandse Kerkgeschiedenis na 1800* 86 (2017), 16-18, 29.

290) 참고. G. Duncan, "Church Discipline: *Semper Reformanda* in Reformation Perspective," *HTS Teologiese Studies* 66/1 (2010), 2-3.

적용 ▣ 목사는 회중이 고용하여 월급을 받는 회중의 하인이 아닙니다. 목회자는 주 예수 그리스도의 종이며, 교회 안에서 주 예수 그리스도를 섬기는 직분자입니다.291) 개혁교회는 연말에 1년 예산을 미리 책정하여, 목사의 급료와 선교비 등을 위한 가정의 분담액을 장로가 심방을 하면서 파악합니다.292) 목사는 정치나 시사 전문가가 아니기에, 설교에서 자신의 경험이나 주장을 회중에게 주입하지 않도록 주의해야 합니다.293) 천국의 새로운 서기관과 같은 설교자는 예수 그리스도 안에 있는 하나님 나라의 보물을 꺼내와서 회중에게 나누어야 합니다(마 13:51-52).294)

목사가 당회의 의장인 것은 그가 치리 장로보다 높기 때문이 아닙니다. 당회장은 장로들 위에서 다스리는 것이 아니라, 그들이 마땅히 해야 할 일 즉 장로의 상세한 직무가 무엇인지 설명해야 합니다.295)

장로는 회중을 경건한 길로 인도하기 위해 한 가족이 모두 모여있을 시간에 심방하고, 목사를 돕는 차원에서 설교와 설교자의 일반 행실을 덕스럽게 감독해야 합니다.296) 장로가 교인을 심방할 때, 교인

---

291) Schouls, 『우리는 믿고 고백한다: 벨직신앙고백서 강해』, 400.
292) 허순길, 『개혁교회 질서 해설: 도르트 교회 질서』, 177.
293) Schouls, 『우리는 믿고 고백한다: 벨직신앙고백서 강해』, 401.
294) 회중의 영적 안녕을 위해 주제 설교가 아니라 강해 설교를 해야 한다는 주장은 허순길, 『개혁교회 질서 해설: 도르트 교회 질서』, 192를 보라.
295) 목사와 장로는 남자인데, 그들에게 곁에서 도와줄 여성 아내가 필요하다. Bouwman, 『벨직신앙고백해설』, 416-17. 캐나다 개혁교회의 경우, 경험이 없는 젊은 목사가 당회장직을 맡기 어려울 경우, 장로가 당회장으로 잠시 봉사하기도 한다. 일반적으로 개혁교회에서 당회는 회중에게 시간과 장소를 알린 후 2주에 1회, 혹은 한 달에 1회 모인다(CD 36). 허순길, 『벨기에 신앙고백 해설: 개혁교회 신앙고백』, 298.
296) Schouls, 『우리는 믿고 고백한다: 벨직신앙고백서 강해』, 402. 참고로 개혁교회가 직분자의 동등한 권위를 표방하는 이유는 직분자가 권력을 남용하는 것을 예방하기 위함이다(참고. 갈리칸신앙고백서 제30조; 네덜란드 개신교회 교회질서 VI-1[PKN Kerkorde, 2004]). 프로테스탄트신학대학교(PTU) 교회법 교수 K-W. de Jong, "Een Verkennend Onderzoek naar de Receptie van Een Anti-Hiërarchisch Beginsel in Nederlandse Kerkorden van

은 그 장로의 성품이나 경건이 아니라 그를 세워 말씀을 주셔서 보내시는 예수 그리스도 때문에 받아들여야 합니다.[297]

비직분자들이 할 수 있는 큰일 중 하나는 직분자들이 성령과 사랑과 성경적 통찰력으로 충만하도록 기도하는 것입니다.[298] 이런 기도가 있다면 교회는 활력을 얻게 될 것입니다. 그런데 한국교회처럼 직분자의 임기제가 시행되지 않는 상황에서는 당회원 간의 갈등을 어떻게 예방하며 해결할 수 있을까요?

제32조 교회의 질서와 권징에 대하여

우리는 교회의 치리를 맡은 자들이 몸 된 교회를 유지하기 위해서 어떤 질서를 세우는 것이 유익하고 좋지만, 그럴 때에 그들이 항상 우리의 유일한 주인이신 그리스도께서 명령하신 것에서 벗어나지 않도록 주의해야 한다고 믿습니다.

따라서 우리는 하나님께 드리는 예배에 어떤 방식으로든 양심을 속박하고 강제하는 모든 인간적인 고안이나 규범들이 도입되는 것을 배격합니다. 우리는 오직 조화와 일치를 보존하고 증진시키며 모든 사람이 하나님께 순종하고 나가도록 하는 일에 적합한 것만을 받아들입니다.

그러한 목적을 위해서 권징과 출교가 하나님의 말씀에 따라 시행되어야 합니다.

---

het Gereformeerde Type," *In die Skriflig* 52/2 (2018), 1, 6.
297) Bouwman, 『벨직신앙고백해설』, 404-405. 참고로 베젤 교회규정(1568)은 신학 교수인 박사를 목사와 함께 포괄하면서, 역할을 수행하는 방식에 차이가 있다고 규정했다.
298) Schouls, 『우리는 믿고 고백한다: 벨직신앙고백서 강해』, 405.

성경 근거 구절

교회의 질서: 모든 것을 품위 있게 하고 질서 있게 하라(고전 14:40)

교회의 권징: 밖에 있는 사람들은 하나님이 심판하시려니와 이 악한 사람은 너희 중에서 내쫓으라(고전 5:13)

형제들아 사람이 만일 무슨 범죄한 일이 드러나거든 신령한 너희는 온유한 심령으로 그러한 자를 바로잡고 너 자신을 살펴보아 너도 시험을 받을까 두려워하라(갈 6:1)

해설 ➡ 교회들은 협의에 의해 그리스도의 몸을 유지하고 질서와 화합을 증진하기 위해, 특정한 질서와 법을 가질 수밖에 없습니다(행 15:28-29; 고전 11:16; 14:40). 하지만 재세례파는 교회의 규정과 법을 무시하고, 성령의 자유로운 인도를 강조합니다.[299]

화평의 하나님은 교회에 질서를 부여하십니다(고전 14:40). 이를 위해 예수님과 바울은 교회를 지키기 위해 파수꾼과 같은 직분자와 전체 회중의 참여를 통하여 시행하는 권징을 강조했습니다(마 18:18; 고전 5:13; 히 12:10; 계 3:19).[300] 32조는 예배에 있어 사람의 양심을 구속하고 강요하는 모든 인간적인 창작물과 법을 금합니다(참고. HC 96). 예를 들어, 고해성사나 미사가 이에 해당합니다. 출교는 형제를 일시적으로 사탄에 내주어 영원한 생명을 얻도록 하며, 암세포가 몸에 퍼지지 않도록 조치를 취하는 것이고, 하나님을 모욕하지 않게 하는 방안입니다.[301] 교회는 범죄자를 온유하게 바로 잡아야 합니다(갈 6:1). 김은수는 하나님의 주권적 통치가 직분자에게 위임

---

299) Stam, 『만유의 그리스도: 세 일치신조와 함께한 벨직신앙고백서 개요』, 197.
300) Bouwman, 『벨직신앙고백해설』, 422-26. 권징은 몸의 신경(神經)처럼 그리스도의 몸의 지체들을 연결합니다. 허순길, 『개혁교회 질서 해설: 도르트 교회 질서』, 23.
301) 민장배, "The Belgic Confession을 통한 그리스도인의 삶의 방안," 75.

되었음을 아래와 같이 설명합니다.

개혁교회의 정치질서에 있어 제일의 대원칙은 교회에 대한 하나님의 주권과 교회의 유일한 머리이신 예수 그리스도의 통치원리이다. 그러나 그리스도께서는 그의 몸된 교회를 다스리시는 권세를 그의 몸된 온 교회 공동체에 위임하시고, 동시에 그가 세우신 직분자들을 통하여 다스리시며 모든 일을 수행하게 하신다. 이것을 우리는 교회 직제와 정치질서에 있어 그리스도에 의한 '위임정치의 원리'라고 할 수 있을 것이다.302)

에밀 부룬너는 성경과 교회질서 사이에 관련성이 없다고 보지만, 교회질서는 성경의 원칙에 일치해야 합니다. 칼빈은 장로와 집사의 후보자를 알리고 투표로 선출하는 것에 동의했지만, 투표하는 성도에게 분별력이 없는 것을 우려했습니다.303) 1571년에 네덜란드 개혁교회는 BC의 장로와 집사직에 관한 규정을 수용했고, 도르트회의가 이를 다시 확인했습니다.304) 도르트 교회질서 제80조 직분자의 권징에서, "거짓 교리 추종, 분파적인 행위, 신성모독, 성직 매매, 직분을 저버리거나 혹은 다른 사람의 직분을 방해함, 편견, 간음, 음란, 도적, 폭력, 습관적인 술취함, 부당하게 자신의 부를 쌓는 것, 그리고 교회의 다른 지체들과 관계하여 출교의 근거가 되는 심각한 비행들이나 그 같은 범죄들이 포함된다."라고 설명합니다.

---

302) 김은수, "개혁교회의 직분제도와 정치질서 발전에 대한 역사적 고찰," 203.

303) K. J. Dieleman, "Elders and Deacons in Kampen and Wemeldinge: Dutch Reformed Approaches to Consistory Elections," *Church History* 89/1 (2020), 29.

304) 17세기 캄펀에서 장로와 집사는 약 2배수로 선정하여 그들의 이름과 약력을 1주일 전에 회중에게 알려 추천한 후, 투표로 선출했다. 그리고 비상 상태를 대비하여 예비 후보자를 밝혔다. 캄펀에서 장로로 피택 되지 않은 사람은 집사로 섬기기도 했고, 집사는 나중에 장로가 되기도 했다. 캄펀에서 시장(burgomaster)이 장로로 피택되기도 했다. Dieleman, "Elders and Deacons in Kampen and Wemeldinge," 31-34, 40.

캐나다 개혁교회의 권징의 절차는 수찬 정지, 첫 번째 공적 광고 (이름을 밝히지 않고, 회중은 관계자의 회개를 위해 기도함), 둘째 공적 광고(이름과 주소를 밝히고, 회중은 죄인을 깨우치는 일에 협력해야 함). 그리고 출교를 위한 마지막 광고입니다.305)

적용 ▶ 1536년경 제네바시는 무질서했지만, 제네바교회의 권징 덕분에 1550년대에는 사도 시대 이후로 가장 완벽한 배움의 전당으로 자리 잡았습니다.306) 교회의 힘줄과 근육과 같은 권징을 반대하면 교회를 와해하는 일에 동조하게 됩니다(기독교강요 4.12.1). 대체로 도르트 교회질서에 기반한 개혁교회의 법은 직분, 회집(회의), 예배, 그리고 권징을 담습니다.307)

제33조 성례에 대하여

우리는 은혜로우신 우리 하나님께서 우리의 무례함과 결함들을308) 돌아보셔서 그분의 약속들을 우리에게 인 치시고 우리를 향한 그분의 선하신 뜻과 은혜의 징표들로 삼으시려고 성례를 제정하셨음

---

305) Stam, 『만유의 그리스도: 세 일치신조와 함께한 벨직신앙고백서 개요』, 201.

306) 칼빈은 1541년에 제네바교회를 위해 교회질서를 작성했고, 이것은 나중에 프랑스와 화란 개혁교회에 수용되었다. 허순길, 『벨기에 신앙고백 해설: 개혁교회 신앙고백』, 443-45.

307) 개혁교회는 일반적으로 교인이 400명이 넘으면, 교회 분립을 약 3년간 준비한다. 이것은 지역교회 간의 공교회적 협력과 질서를 잘 보여준다. 허순길, 『개혁교회 질서 해설: 도르트 교회 질서』, 199. 참고로 프랑스개혁교회 치리서(1559) 제14장 27조와 스코틀랜드 제2치리서(1578) 제7장 16조는 춤을 금지한다. 프랑스개혁교회 치리서 제13장 22조는 남편이 사망한지 7개월 반 이후에 아내는 재혼을 논할 수 있다고 설명한다. 장대선 편역, 『장로교회의 치리서들』(서울: 고백과 문답, 2020), 254, 264.

308) 여러 번역이 선호하는 '연약함과 결함들'이 아니라, BC 33조의 원문의 의미는 '무례함'(rudeness)과 '결함들'(infirmities)이다. 개혁신앙을 지키기 위해 순교를 각오했던 신실한 그리스도인을 여전히 무례하고 결함이 많다고 소개한다면, 오늘날 세속화되고 나태한 교회는 어떤 말로 묘사해야 하는가! Schouls, 『우리는 믿고 고백한다: 벨직신앙고백서 강해』, 425.

을 믿습니다. 그렇게 하신 것은 우리의 믿음이 지속되고 양육을 받게 하시기 위함이었습니다. 하나님께서는 이 성례를 복음의 말씀에 덧붙여 주셨는데, 그렇게 하심으로써 그분의 말씀으로 우리에게 선포하시고, 우리 마음 가운데서 내적으로 행하신 일들을 우리의 외적 감각에 더 잘 나타내려 하신 것입니다.

이렇게 하여 그분은 우리에게 베푸신 구원을 우리에게 확증하십니다. 성례는 보이지 않는 내면적인 어떤 것에 대한 보이는 표와 인이며, 이 수단을 통하여 하나님께서는 성령의 능력으로 우리 안에서 역사하십니다. 그러므로 표들은 공허하거나 무의미한 것이 아니며, 따라서 우리를 속이는 것도 아닙니다. 왜냐하면 성례가 나타내는 진리는 바로 예수 그리스도이시고, 그분을 떠나서는 성례가 아무것도 아니기 때문입니다. 이와 더불어 우리는 우리 주 그리스도께서 우리를 위해 제정하신 성례가 두 가지라는 사실에 만족합니다. 이 두 가지 성례는 세례와 성찬입니다.

성경 근거 구절

세례: 그러므로 너희는 가서 모든 민족을 제자로 삼아 아버지와 아들과 성령의 이름으로 세례를 베풀고(마 28:19)

성찬: 너희가 이 떡을 먹으며 이 잔을 마실 때마다 주의 죽으심을 그가 오실 때까지 전하는 것이니라(고전 11:26)

해설 ➡ 33-35조는 교회의 표지 중 하나인 성례를 다룹니다(참고. HC 65-82). 사실상 이 조항들은 천주교의 성례전 지상주의와 재세례파의 유아세례 거부를 비판합니다.[309] 명사 '성례'(Sacramentum)는 '거룩한' 혹은 '헌신된'이라는 뜻인데, 오늘날 튀니지에 해당하는 카

---

309) Stam, 『만유의 그리스도: 세 일치신조와 함께한 벨직신앙고백서 개요』, 213, 219.

르타고의 라틴 교부 터툴리안(b. ca 160)의 저술에 처음 나타납니다.[310] 쇼올스에 따르면, 원래 '사크라멘툼'은 분쟁이 발생할 때 신전(神殿)에 맡긴 돈을 가리켰습니다. 분쟁에서 진 사람의 돈은 신전을 섬기는 데 활용된 거룩한 돈이 됩니다. 그리고 '사크라멘툼'은 병사가 군기에 충성을 맹세하는 의미로도 사용되었습니다. 이 둘을 요약하면, 사크라멘툼을 통해 성도는 하나님을 섬기는 그리스도의 거룩한 용사라는 표지를 얻습니다.[311]

말씀과 성례라는 두 은혜의 수단과 인침을 통해 성도는 자신의 무례함과 결점을 극복하고 구원의 은혜를 유지하며 믿음을 성장시켜야 합니다. 성례는 떡과 포도주를 보는 시각과 먹는 미각, 만지는 촉각, 그리고 머리에 부어지는 물이라는 촉각을 사용하여, 구주 예수 그리스도를 통하여 성도의 마음 안에 이루어진 구원과 복음의 일을 교훈합니다(참고. 기독교강요 4.14.1). 성례는 성령께서 성도에게 역사하신다는 외적인 표와 인입니다(마 26:17-30; 28:19-20; 행 8:38; 10:48; 19:5). 남녀 신자가 모두 받는 세례는 구약시대 언약의 표이자 성례인 할례를 능가합니다(창 17:11). 성찬과 세례는 그리스도인이 새 언약의 백성이자 구원을 받은 성도임을 공적으로 인정하고 보증합니다(롬 4:11). 가시적인 설교와 같은 성례는 들리는 복음의 말씀을 설명합니다. 성례가 보이는 설교이기에, 세례 교인이 아닌 신자들도 봄으로써 유익을 얻습니다. 천주교는 하나님의 은혜를 전달해 주는 방편인 사제가 집례하는 성례가 없다면 말씀만으로는 은혜를 받을 수 없다고 주장합니다.[312] 그러나 은혜는 집례자, 물, 포도주, 떡이 아니라, 성령께서 두 성례에 참여한 신자 안에 불러일으키십니

---

310) Schouls, 『우리는 믿고 고백한다: 벨직신앙고백서 강해』, 422.
311) Schouls, 『우리는 믿고 고백한다: 벨직신앙고백서 강해』, 422.
312) 허순길, 『벨기에 신앙고백 해설: 개혁교회 신앙고백』, 462.

다. 세례를 받으면 하나님을 위해 살아야 하고(벧전 3:21), 성찬에 참여하면 예수 그리스도의 십자가와 부활의 복음을 전해야 합니다(고전 11:26).

적용 ▶ 천주교의 7성례는 세례, 견진, 성찬, 신품, 혼인,313) 고해, 그리고 병자성사입니다. 모든 천주교 신자가 7가지 성사에 다 참여하는 것은 아닙니다. 예를 들어, 신품으로 신부(神父)가 된 사람은 혼인할 수 없습니다. 사람이 성례를 많이 고안한다고 해서 하나님보다 더 지혜로울 수 없으며, 하나님은 적절하게 성례의 수를 결정하셨습니다.314) 영국 왕실은 성공회 소속인데, 세례를 베풀 때 요단강의 물을 공수합니다. 그러나 성례는 보통 물과 보통 떡과 포도주를 사용하기에, 영국 왕실의 행위는 미신적입니다.315)

제34조 세례의 성례에 대하여

우리는 율법의 마침이 되신(롬 10:4) 예수 그리스도께서 그의 흘리신 피로써, 그때까지 속죄와 속상(贖償)을 위하여 행하여지도록 하시고 실제로 행하여지던 다른 모든 피 흘림을 종식시켰음을 믿고 고백합니다. 그분은 피 흘림이 따랐던 할례를 폐지하시고, 그 대신에 세례의 성례를 제정하셨습니다.

---

313) 천주교가 혼인을 성례로 본 것은 어거스틴의 『혼인의 유익에 관하여』(De Bono Conjugali)의 영향이다. "중세교회법은 혼인을 성례로 규정하여 이혼을 금하고 대신 '식탁과 침실에서의 별거'를 허용하였다. 반면, 제네바 혼인조례(1546)는 부부의 공동생활을 의무로 규정하고 이를 위반할 경우 장로법원이 책망하여 가정의 공동생활에 복귀시키게 하였다(제24조)." 칼빈에 따르면, 혼인제도는 공공질서와 시민적 정의를 유지하는 데 도움을 줄 뿐 아니라, (그리스도인은) 하나님의 영원한 의를 반영하여 영적 도덕성에 이르도록 노력해야 한다. 윤형철, "칼빈의 제네바 혼인개혁: 세 가지 국면과 공공신학적 의의," 『성경과 신학』 82 (2017), 365, 373, 386.
314) Stam, 『만유의 그리스도: 세 일치신조와 함께한 벨직신앙고백서 개요』, 214.
315) Schouls, 『우리는 믿고 고백한다: 벨직신앙고백서 강해』, 424.

세례를 통하여 우리는 하나님의 교회에 들어오게 되고, 다른 모든 사람과 거짓 종교들로부터 구별되어 전적으로 그분께만 속하게 되며, 그분의 표와 인장(印章)을 지니게 됩니다. 이러한 세례는 그분이 영원히 우리의 하나님이시고 은혜로우신 아버지가 되심을 우리에게 증거합니다.

그러므로 그분은 자기에게 속한 모든 사람이 일상적인 물을 가지고서 "아버지와 아들과 성신의 이름 안으로"(마 28:19) 세례를 받도록 명하셨습니다. 이것으로써 그분은 우리에게, 마치 물을 부을 때 물이 우리 몸의 더러운 것을 씻어내듯이, 또한 물을 세례받는 사람에게 뿌릴 때 우리가 그 물을 볼 수 있듯이, 그리스도의 피가 성령의 사역을 통하여 영혼에 동일한 일을 내적으로 행한다는 것을 나타내어 주십니다. 즉 그 피는 우리의 영혼을 죄로부터 씻어 깨끗하게 하며 진노의 자녀였던 우리를 하나님의 자녀로 거듭나게 합니다.

이러한 일은 물 자체로 인해 생기는 것이 아니라 하나님 아들의 보혈을 뿌림으로써 되는 것이며, 그분은 우리의 홍해가 되시므로 우리가 바로의 폭정 곧 사탄의 지배에서 피하여 영적인 가나안 땅으로 들어가려면 반드시 그 바다를 통과하여야 하는 것입니다.

따라서 목사들로서는 우리 눈에 보이는 성례를 베풀지만, 우리 주님께서는 그 성례가 표시하는 보이지 않는 선물들과 은혜를 주십니다. 그분은 우리 영혼에서 모든 불결하고 불의한 것들을 씻으시고 정결케 하시고 깨끗하게 하시며, 우리의 마음을 새롭게 하시고 모든 위로로 채우시며, 그분이 우리의 선한 아버지가 되신다는 참된 확신을 주시고, 새로운 성품으로 우리에게 입혀 주시며 옛 성품을 그 모든 행위와 함께 벗겨 주십니다.

그러므로 영생을 간절히 바라는 사람은 오직 한 번만 세례를 받아야 한다고 우리는 믿습니다. 우리가 두 번씩 중생할 수 없기 때문에 세례는 결코 반복되어서는 안 됩니다. 더구나 세례는 물이 우리에게 뿌려지고 우리가 그것을 받는 순간만이 아니라 우리의 전 생애를 통하여 유익을 줍니다.

그러므로 우리는 재세례파 사람들이 세례를 오직 한 번만 받는 것에 만족하지 않고 또한 신자의 어린 자녀에게 세례 주는 일을 정죄하는 것에 대하여, 그러한 오류를 배격합니다. 우리는 과거 이스라엘의 어린아이들이 우리의 자녀가 받은 약속과 동일한 약속에 근거하여 할례를 받았던 것처럼 오늘날 신자의 자녀도 세례를 받음으로써 언약의 표로 인 침을 받아야 한다고 믿습니다. 참으로 그리스도의 피 흘리심은 어른들만을 씻기시기 위한 것이 아니라 신자의 자녀들을 위한 것이기도 합니다.

그러므로 여호와께서 율법에서 어린아이가 태어나면 곧바로 어린 양을 제물로 드리도록 명하셨듯이, 우리 아이들도 그리스도께서 그들을 위하여 행하신 일들을 나타내는 표인 성례를 받아야 합니다. 이러한 성례는 예수 그리스도의 고난과 죽음을 나타내는 성례입니다. 이전에 할례가 이스라엘 백성에게 지녔던 의미와 지금 세례가 우리 자녀에 대하여 갖는 의미가 동일하기 때문에, 바울은 세례를 가리켜 '그리스도의 할례'라고 부릅니다(골 2:11).

성경 근거 구절

세례: 그와 그 집이 다 세례를 받고 우리에게 청하여 이르되 만일 나를 주 믿는 자로 알거든 내 집에 들어와 유하라 하고 우리를 강권하여 머물게 하니라(행 16:15)

너희가 세례로 그리스도와 함께 장사되고 또 죽은 자들 가운데서 그를 일으키신 하나님의 역사를 믿음으로 말미암아 그 안에서 함께 일으키심을 받았느니라(골 2:12)

해설 ▶ 34조는 세례를 자세히 설명합니다. 구약의 짐승 제사와 할례는 피를 흘렸는데, 율법의 마침이신 예수님의 십자가 보혈을 위한 그림자였습니다. 율법이 가리키는 궁극적 목표점이신 예수 그리스도는 할례를 폐하시고 세례를 제정하셨습니다. 세례는 '그리스도의 할례' 즉 예수님께서 신자의 마음과 영혼과 정신을 새롭게 만드신 것을 증명하는 성례입니다(골 2:11). 골로새서 2:6-4:6은 세례에 관하여 성경에서 가장 길게 논의하는 내용입니다.[316] 신자는 신적으로 수행된 할례의 대상인데, 세례를 통하여 죄와 악에 대한 죽음을 고백하고 서약합니다.[317] 예수님은 십자가의 대속과 부활로써 신자가 죄에 대해 죽도록 만드셨습니다. 세례는 신자가 예수님의 속상을 통하여 마귀의 권세와 죄와 더러움과 사망의 법에서 해방되어 참 마음과 온전한 믿음으로 선하신 하나님 아버지와 교제하게 되었다는 신분증입니다(히 10:22).[318]

세례는 삼위일체 하나님과의 새로운 생명의 관계 안으로 들어가게 만듭니다. 이 사실을 마태복음 28:19의 '그 이름 안으로'(εἰς τὸ ὄνομα, 에이스 토 오노마)에서 확인합니다.[319] 삼위일체 하나님 안으로 들어가는 교제가 없다면 교회도 없을 것입니다.[320]

천주교는 세례가 없다면 은혜가 없다고 주장하기에, 죽기 전과 같은 비상시에 세례를 줍니다. 반면, 재세례파는 세례를 '개인적인 믿음의 증거'라고 간주하여 유아세례를 거부하고 성인(成人)에게 다시

---

316) J. Peterson, "The Circumcision of the Christ: The Significance of Baptism in Colossians and the Churches of the Restoration," *Restoration Quarterly* 43/2 (2001), 68.

317) Peterson, "The Circumcision of the Christ," 74-75.

318) 허순길, 『벨기에 신앙고백 해설: 개혁교회 신앙고백』, 471.

319) Schouls, 『우리는 믿고 고백한다: 벨직신앙고백서 강해』, 439.

320) Schouls, 『우리는 믿고 고백한다: 벨직신앙고백서 강해』, 439.

세례를 주었습니다. 재세례파는 천주교 사제가 시행한 세례를 무효하다고 간주했기에, 다시 세례를 받을 것을 주장했습니다. 하지만 신약성경은 유아세례를 금하지 않습니다. 세례는 언약이 자녀와 맺은 죄 사함의 표와 인이므로(창 17:7; 행 2:39; 16:15, 33), 어린이를 영접하신 주님께서도 유아에게 언약의 표와 인을 주는 것을 미루시지 않으셨을 것입니다(마 19:14).[321] 신자는 참 교회에 반드시 가입해야 하기에, 교회의 구성원인 유아도 반드시 세례를 받아야 합니다. 이 이유로 남아공개혁교회(GKSA)는 주보에 유아세례 교인의 숫자를 밝힙니다. 이방인 개종자가 늘어난 AD 2세기부터 죄와 이단과 배교에서 벗어나도록 무려 2-3년에 걸친 세례자 교육이 본격화되었고, 유아세례도 그 무렵에 일반화되었습니다.[322] 교리교육의 역사를 전공한 정두성이 유아세례에 대해 제공하는 아래 정보는 유익합니다.

초대교회가 이렇게 유아세례에 관심을 가진 것은 세례를 통한 교인등록 그 이상의 신학적 의미가 있었는데, 그 첫 번째 근거가 '원죄의식'이고 나머지 하나는 '종말론적 신앙'이었다. 여기서 전자는 어린이들도 어른들과 같이 원죄에서 자유할 수 없다는 것을 말한다. 이에 대해 알렉산드리아의 클레멘트(Clement of Alexandria, c. 150-215)는 '어떠한 사람도 비록 그 인생이 하루밖에 되지 않았다 할지라도 죄로부터 절대 자유할 수 없다'고 말했다. 또한 아테네의 아타나고라스(Athenagoras of Athens, c. 133-190)가 '어린이로 죽은 이들도 예수님의 재림 때에 어른들과 같이 부활하게 되므로, 예수님의 재림 이전에 어린이들도 세례를 통해 정결함을 받아야 한다'

---

321) Stam, 『만유의 그리스도: 세 일치신조와 함께한 벨직신앙고백서 개요』, 219.
322) 세례 교육을 이수한 사람 중에서 세례를 받기 위해 '세례적임자 집중교육'을 받은 세례적임자는 '그리스도의 군사'라 불렸다(참고. 마 5:16). 정두성, "초대교회 세례준비자(Catechumen)교육과 한국교회에의 함의점," 『갱신과 부흥』 21 (2018), 13, 16, 19.

라고 말한 것은 초대교회의 '종말론적 신앙'이 유아세례의 개념 속에 나타난 것을 보여준다고 할 수 있다.323)

AD 4-5세기의 도나투스주의자들은 박해를 견디지 못하여 변절한 자들을 색출했는데, 불경건한 집례자가 베푼 세례를 무효라고 간주했습니다. 이런 의미에서 도나투스파는 재세례파의 조상입니다. 그러나 성례의 주이신 예수 그리스도께서 은혜를 주시므로, 세례의 합법성은 집례자의 경건 유무에 달려있지 않습니다. 재세례파는 세례를 성례로 간주하지 않았고, 십자가와 부활에 대한 상징이자 제자도를 실천하려는 서약으로 여겼습니다.324)

사람의 중생이 한 번이듯이 세례는 일평생 한 번으로 충분합니다. 성도가 죄책감에 사로잡힐 때 세례받은 때를 기억하면서 사죄의 은총을 되새기면 영적 유익이 있습니다(칼빈). 세례는 죄 씻음, 새 생명을 얻음, 그리고 예수님과 연합하여 죄에 대해 죽어 주님의 모든 복과 승리를 받음을 의미합니다(기독교강요 4.15.1, 5, 6).325)

세례를 받은 사람의 이마나 머리에 하나님의 소유라는 표가 있습니다(계 7:3). 따라서 세례받은 성도는 하나님의 승리의 깃발을 들고 승리의 싸움을 싸워야 합니다.326) 이미 세례를 받은 신자는 주일 예배에서 시행되는 세례식에서 증인이 됨으로써, 하나님께서 자신에게 주신 놀라운 구원의 복을 회상해야 합니다.327)

---

323) 정두성, "초대교회 세례준비자(Catechumen)교육과 한국교회에의 함의점," 11.
324) 최강희, "박해의 역사 속에서 형성된 재세례파 신앙의 본질," 48.
325) 신호섭, 『벨직 신앙고백서 강해』, 479.
326) Schouls, 『우리는 믿고 고백한다: 벨직신앙고백서 강해』, 437. 참고로 헤센 교회개혁안(1526)은 재세례를 금하며, 자신이 제대로 세례를 받았는지 알지 못하는 사람에게 "만일 당신이 세례를 받지 않았다면, 나는 아버지의 이름으로 당신에게 세례를 주노라"라는 조건의 말과 더불어 세례를 베풀었다. 장대선 편역, 『개혁교회의 질서들』, 64-65.
327) 개혁교회가 발달한 서유럽은 추위 때문에 침례보다 세례를 시행했고, 특히 유아에게 침례는 적합하지 않았다. Bouwman, 『벨직신앙고백해설』, 437, 446.

적용 ▶ 예배는 언약의 만남이기에, 설교를 비롯하여 성례도 이런 취지를 잘 살려야 합니다. 군대에서 시행하는 세례의 부족한 점을 어떻게 보완할 수 있습니까? 이제 상황이 바뀌어 진중 세례가 줄어듭니다. 군인은 주말과 주일에 휴대 전화기를 사용하고 종교활동의 강요를 받지 않습니다. 어린이와 청소년이 급감하는 시대에, 어린이 전도를 위해, 교회의 체질은 어린이 전도와 양육을 우선순위에 두고, 하나님의 선교를 수행하기에 적합하게 바꾸고, 목사와 회중은 선교적 리더십을 개발해야 할 것입니다.328)

제35조 성찬의 성례에 대하여

우리는 우리 주 예수 그리스도께서 이미 중생하게 하여 그분의 가족으로, 곧 그분의 교회로 연합시키신 자들을 양육하고 보존하시기 위하여 친히 성찬의 성례를 제정하셨음을 믿고 고백합니다.

거듭난 사람에게는 두 가지 생명이 있습니다. 하나는 그들이 처음 태어날 때 받은 물질적이고 현세적인 생명으로서 모든 사람에게 공통됩니다. 또 다른 하나는 그들이 두 번째로 태어날 때 받은 신령하고 천상적인 생명으로서, 그리스도의 몸과의 교제 안에서 복음의 말씀으로 태어난 생명입니다. 이 생명은 모든 사람에게 공통된 것이 아니고 오직 하나님의 택하신 자들만 갖는 것입니다.

이 땅에 속한 물질적인 생명을 유지할 수 있도록 하나님께서는 이 땅에서 물질적인 떡을 정하여 놓으셨습니다. 이 생명이 모든 사람에게 있는 것처럼, 이 떡 또한 모든 사람에게 공통됩니다. 한편 신자들이 소유한 신령하고 천상적인 생명을 위하여서는 하나님께서 '하늘

---

328) I. Isaac, "Missional Leadership in Child Evangelism in Africa," (Ph.D. Thesis, Kosin University, 2023)의 제5장을 보라.

로서 내려온 산 떡'(요 6:51)이신 예수 그리스도를 보내셨는데, 신자들이 그분을 먹을 때에, 다시 말해 신자들이 믿음으로 그분을 받아들이고 영적으로 자신의 소유로 삼을 때에 그리스도께서는 그들의 영적인 생명을 양육하고 유지하십니다.

신령하고 천상적인 그 떡을 우리에게 나타내시기 위하여, 그리스도께서는 지상의 보이는 떡을 그의 몸의 성례로, 포도주를 그의 피의 성례로 제정하셨습니다. 우리가 성례를 우리의 손으로 받아 쥐고 우리의 입으로 먹고 마실 때 우리 육신의 생명이 유지되는 것만큼이나 확실하게, 우리가 믿음을 통하여 우리의 유일한 구주이신 그리스도의 참된 몸과 참된 피를 우리의 손과 입으로 우리 영혼 가운데 받음으로써 우리의 영적 생명이 유지된다는 것을, 그분은 우리에게 확언하십니다.

예수 그리스도께서 그분의 성례를 우리에게 헛되이 명하신 것이 아님은 의심할 여지가 없습니다. 따라서 그분은 이러한 거룩한 표로써 우리에게 나타내신 모든 일들을 우리 안에서 행하십니다. 우리로서는 하나님의 성신의 감추인 활동을 파악할 수 없는 것처럼 이 일이 이루어지는 방식도 이해할 수 없습니다.

그런데 우리가 그리스도의 참된 실제 몸과 피를 먹고 마신다고 표현해도 틀린 말은 아닙니다. 그렇지만 그것을 먹는 방식은 입을 통해서가 아니라 믿음을 통해서 영혼으로 하는 것입니다. 그리하여 예수 그리스도께서는 항상 하늘에서 성부 하나님의 우편에 앉아 계시면서도 동시에 끊임없이 우리로 하여금 믿음으로 그분과 교통하게 하십니다. 이 만찬은 영적인 식탁으로서, 그리스도께서는 이 자리에서 우리로 하여금 그분께 참여하고 또 그분의 모든 은혜에 참여하게 하시며, 우리에게 은혜를 주셔서 우리로 그분을 즐거워하고 또 그분의 고난과 죽음의 공효를 누리게 하십니다. 그분은 우리를 그분의 살로 먹이심으로써 우리의 가난하고 낙담한 영혼을 먹이시고 힘을 주시고 위로하시며, 그분의 피를 마시게 하심으로써 우리 영혼을 소성케 하시고 새롭게 하십니다.

성례는 그것이 상징하는 대상과 연결되어 있지만, 모든 사람이 이 두 가지를 다 받는 것은 아닙니다. 경건치 않은 자는 실로 성례를 받음으로써 자신을 정죄하는 데에 이를 뿐이고, 성례가 표하는 진리는 받지 않습니다. 유다나 마술사 시몬은 성례를 받았으나 그것으로 상징된 그리스도는 받지 않았습니다(행 8:18-24). 오직 믿는 사람들만 그분께 참여할 수 있습니다.[329]

끝으로, 우리는 이 거룩한 성례를 하나님의 백성의 회중 가운데서 겸손함과 경외함으로 받으며, 또한 함께 우리 구주 그리스도의 죽으심을 감사하는 마음으로 기념하고 우리의 믿음과 기독교 신앙을 고백합니다. 그러므로 이 떡을 먹고 이 잔을 마심으로써 자신에 대한 심판을 먹고 마시지 않도록 하려면, 어떤 사람이라도 자신을 조심해서 살피지 않고는 이 상에 나오지 말아야 할 것입니다(고전 10:28-29). 간단히 말해서 우리는 이 성례를 시행함으로써 하나님과 이웃에 대한 뜨거운 사랑을 품게 됩니다.

그러므로 사람들이 성례에 덧붙이거나 새로 고안해 내서 혼합시킨, 저주받아 마땅한 모든 것들을 우리는 신성 모독으로 여기고 배격합니다. 우리는 그리스도와 그의 사도들이 가르친 규례에 만족해야 하며 그들이 전한 대로 말해야 한다고 단언합니다.

---

329) 제네바 교회법(1541)은 성찬상을 설교단 가까이에 두어 가시적 설교와 비가시적 설교를 연결할 것을 권했다. 그리고 신앙고백을 하지 않은 어린이들에게 성찬 참여를 금했다. 프랑스 개혁교회 치리서(1559)는 12세 이하 어린이가 성찬에 참여하는 것을 금했다. 장대선 편역, 『개혁교회의 질서들』, 152-53, 271.

성경 근거 구절

성찬: 이에 잔을 받으사 감사 기도하시고 이르시되 이것을 갖다가 너희 끼리 나누라(눅 22:17)

또 떡을 가져 감사 기도하시고 떼어 그들에게 주시며 이르시되 이것은 너희를 위하여 주는 내 몸이라 너희가 이를 행하여 나를 기념하라 하시고(눅 22:19)

해설 ▶ BC 35조는 성찬을 매우 자세히 설명합니다. 귀도는 목숨을 걸고 천주교의 화체설을 반대하면서, 칼빈주의의 성찬론을 상세히 서술합니다. 예수님도 십자가 처형을 하루 앞둔 급박한 상황 속에서 성찬을 제정하셨습니다(고전 11:23-26). 성찬은 하나님의 가족을 양육하고 보존하는 은혜의 방편입니다. 육신의 생명은 불신자도 가지고 있습니다. 그러나 생명의 떡이신 예수님을 먹는 신자에게는 이미 영생의 능력이 작동합니다(요 6:48-51). 예수님의 살과 피의 성례를 통하여 신자의 영적 생명이 유지되고 강화됩니다.[330] 끼니를 건너뛰면 육신의 건강에 해롭듯이, 영적 궁핍을 겪는 신자가 영적 생명을 유지하려면 성찬이 자주 시행되어야 합니다. 성찬(communion)은 함께(com), 하나가 되는(union) 공동의 식사입니다. 공동의 식사에 참여하려면, 예수님의 대속에 대한 믿음과 감사와 겸손과 경외감을

---

330) 성찬은 신자에게 예수님과의 연합을 통하여 죄를 죽이고 하나님께 복종하도록 힘을 준다. 여기서 더 나아가 성례적 삶은 죽음의 권세를 깨트린다. 성찬은 신자가 실제로 자신의 목숨을 아버지 하나님께 바쳐 예수님께서 완성하신 희생과 헌신을 닮아 순교하는 데까지 은혜를 준다(고후 4:10; 갈 2:20)는 논의는 C. Streza, "The Holy Eucharist: Nourishment for the Eternal Life, and the Power to surrender One's Entire Life to God," *International Journal of Orthodox Theology* 5/3 (2014), 109-110, 130-33을 보라. Streza에 의하면, 루마니아의 그리스도인은 공산 치하에서 순교할 때 그리스도와의 신비로운 연합을 힘입었다. 그는 공산 체제가 종식된 이후에는 그리스도인이 성찬을 통해 금욕적 삶을 살도록 힘을 입는다고 강조한다.

미리 갖추어야 합니다. 이것이 지상과 천상의 최고의 잔칫상에 초대된 사람의 식사 예절입니다.

구약의 언약 식사는 유월절이었다. 신약에서 주님의 식탁 곧 언약의 식사는 성만찬입니다(눅 22:14-15; 고전 10:21). 예수님께서 제자들과 나누신 최후 만찬은 구약 유월절을 성취했습니다(고전 5:7).[331] 그리고 최후 만찬이 구약의 유월절을 회상하면서 동시에 십자가의 대속을 통하여 성취될 구원을 내다본다면, 성찬은 그리스도께서 성취하신 구원을 회상하고 축하합니다.[332] 성도는 믿음으로 그리스도의 살과 피를 먹고 마십니다. 떡과 포도주는 그리스도를 상징하는 표입니다. 성도는 상징적 표가 아니라 하늘에 계신 그리스도를 향하여 마음을 들어올려야 합니다(sursum corda). 그러므로 믿음은 신자의 영혼에게 손과 입과 같습니다.[333] 성찬은 회중이 모인 예배 중에 시행되어야 하지, 사사로운 장소나 방식으로 거행될 수 없습니다. 성찬은 가급적이면 자주 시행하되, 참여하기 전에 자신을 살펴야 합니다. 어린이는 성찬의 깊은 의미를 깨닫기 어렵고, 자신을 살피기 어렵습니다. 하지만 어린이가 성찬을 보는 것은 영적으로 유익합니다.

예수님은 우리 죄를 자신의 것인 양 대신 짊어지셨기에, 주님과 성도 사이에 즐거운 교환이 발생했고, 성찬에서 성도는 구원과 영생을 확실하게 자신의 것으로 확인합니다(기독교강요 4.17.2).[334] 예수님께서 공생애 중에 죄인을 불러 평화롭게 식탁교제를 나누신 것은 장차 죄인을 구원하여 성찬의 식탁으로 초대하실 것을 내다보게 합니

---

331) D. W. Vandiver, "The Lord's Supper as a Proleptic Covenant Ratification Meal and Inaugurated Kingdom Feast," *SBJT* 26/1 (2022), 69.
332) Vandiver, "The Lord's Supper as a Proleptic Covenant Ratification Meal and Inaugurated Kingdom Feast," 79.
333) 허순길, 『벨기에 신앙고백 해설: 개혁교회 신앙고백』, 493.
334) 신호섭, 『벨직 신앙고백서 강해』, 507.

다. 예수님은 한 때 자신의 원수였던 죄인들의 친구이자 구주이십니다.[335]

성찬에 참여하기 전에 성도는 자신의 비참과 죄를 고백하고, 예수님의 영 단번의 속죄제사를 감사함으로 믿으며, 한 떡과 한 포도주를 마신 형제자매와 함께 그리스도의 몸을 세우기를 열망하고, 하나님과 이웃을 사랑하고 주님의 죽으심을 전파하기를 결심하며, 마라나타 대망과 거룩한 일상의 행실을 겸비하여 어린양의 혼인잔치를 통해 누릴 완전한 복을 소망해야 합니다(고전 11:26; 계 19:7-9; 참고. 눅 13:29; 14:15).[336]

불링거는 영적 임재설을 주장한 스승 츠빙글리보다 더 정확하게 영적 임재설을 주장했습니다. 반면, 천주교는 제4차 라테란공의회(1215)에서 화체설을 공식 인정했습니다.

적용 ▶ 성도는 성찬식 때 예수님께서 영적으로 실제 임재하심을 어떻게 누릴 수 있을까요? 설교자는 성찬 후에 그리스도인이 교회 안팎에서 사랑을 실천하는 방안을 구체적으로 제시해야 합니다. 주일 공예배가 아닌 시간에 세례교인이 많이 회집하더라도, 성찬을 거행하는 것은 지양해야 합니다.

---

335) Bouwman, 『벨직신앙고백해설』, 468.
336) Vanhoozer, *Dictionary for Theological Interpretation of the Bible*, 711; Stam, 『만유의 그리스도: 세 일치신조와 함께한 벨직신앙고백서 개요』, 220-21; Vandiver, "The Lord's Supper as a Proleptic Covenant Ratification Meal and Inaugurated Kingdom Feast," 70, 76.

정부에 대하여(제36조)

제36조 정부가 맡은 과업

우리는 사람이 타락하였기 때문에 은혜로우신 하나님께서 왕들과 군주들과 정부 관리들을 임명하셨음을 믿습니다. 그분은 세상이 법과 규범으로 다스려지기를 원하시는데, 그럼으로써 사람의 방종이 억제되고 모든 일이 선한 질서에 따라 행하여지도록 하시려는 것입니다. 이러한 목적을 위해서 하나님께서는 정부의 손에 칼을 주셨고, 그것으로 악한 자를 처벌하고 선을 행하는 자들을 보호하도록 하셨습니다(롬 13:4). 이렇게 억제와 보존이라는 그들의 과업은 공적 질서에만 국한되는 것이 아니라 교회와 교회의 사역이 보호받는 일도 포함합니다. 그럼으로써 그리스도의 나라가 임하고 복음의 말씀이 편만하게 전파되어, 하나님께서 그분의 말씀에서 요구하시는 대로 만민이 그분께 존귀를 드리고 그분을 섬기도록 하시려는 것입니다.

더불어 그들이 처한 형편이나 지위나 신분의 고하를 막론하고 모든 사람은 공직자들의 다스림을 받아야 하며 세금을 납부해야 하고 또한 공직자들을 존중하고 존경해야 하며, 하나님의 말씀에 어긋나지 않는 한 모든 일에서 그들에게 복종하여야 합니다. 우리는 그들을 위하여 간구하되, 하나님께서 그들의 모든 길을 인도하시고 "우리가 모든 경건과 단정한 중에 고요하고 평안한 생활을"(딤전 2:1-2) 할 수 있도록 구하여야 합니다.

이러한 이유에서 우리는 재세례파를 비롯하여 반란을 선동하는 사람들, 또 일반적으로 권위나 공직자들을 인정하지 않고 공의를 무너뜨리려 하는 자들, 재산의 공동 소유(共産) 제도를 도입하는 자들, 하나님께서 사람들 가운데 이룩하신 단정함을 혼잡하게 만드는 자들을 정죄합니다.

해설 ▶ 많은 학자가 BC 36조에 주목해 왔습니다. 정부와 교회의 관계 설정이 쉽지 않지만, 중요하기 때문입니다. 귀도 당시에 천주교와 천주교 정부의 박해 때문에 개신교도가 곤경에 처했습니다. 귀도는 두려움과 분노를 느낀 회중을 심방하면서, 혁명을 일으키려는 유혹을 떨쳐버리라고 가르쳤을 것입니다.[337]

신앙고백은 개인이나 한 교회 차원에 머물지 않고, 국가라는 교회당 바깥의 공적 관계로 확장되어야 합니다(마 22:21; 벧전 2:13-17). 36조는 오직 하나의 참 종교인 기독교만 있음을 가정합니다. 귀도는 이미 참 교회와 거짓 교회 사이의 분명한 구분을 가르쳤습니다. 그러므로 36조는 정부가 거짓 교회를 보호할 여지나 상대주의의 여지를 아예 없앱니다.[338] 천주교는 교황이 국가를 지배하는 체제를 지지하고, 루터교는 교회를 국가의 지배 아래에 두며, 재세례파는 세속 정부가 사악한 자로부터 의로운 사람을 보호해야 한다고 보았지만, 영

---

337) Bouwman, 『벨직신앙고백해설』, 479-80.

338) D. F. Muller, "Die Owerheid se Ingesteldheid ten Opsigte van Godsdiens: Die Geskiktheid van die Aktief-Plurale Opsie vir die Toepassing van Artikel 36 van die Nederlandse Geloofsbelydenis," *In die Skriflig* 46/1 (2012), 5.

적 권위를 가지고 있다고 보지는 않았습니다. 따라서 재세례파는 오직 하나님께만 복종할 것을 가르쳤습니다.[339] 하나님께서 세우신 정부의 권세는 하나님 아래에 있습니다(행 4:19).

정부는 하나님의 권세 아래에 있습니다(롬 13:1). 인간의 부패 때문에 정부를 통하여 사회의 질서가 유지되어야 합니다. 교회가 국가를 다스릴 수 없으므로, 교황이 바티칸 시국의 수장이 되는 것은 어불성설입니다. 정부 권세를 적그리스도로 간주하여 거부했던 재세례파와 달리 교회는 국가에 순종하며 세금을 납부하고 위정자를 위해 기도해야 합니다.

교회와 정부는 동전의 양면과 같은데 하나님의 권위 아래에서 서로 존중해야 하지만, 각각의 영역이 있다는 점을 도르트 교회질서를 대체로 수용하는 남아공의 3개 개혁교회(GKSA, DGK. HK)는 잘 인지하면서 논의해 왔습니다.[340]

정부와 교회의 관계와 관련하여, 16세기에는 정부가 교회를 보호하는 콘스탄틴 방식으로 나타났지만(참고. 기독교강요 4.20. 1, 2), 오늘날은 다종교 사회 속의 교회는 종교의 자유를 정부로부터 보장받고 선지자적 목소리를 정부를 향해 내어야 합니다.[341]

BC가 작성될 무렵, 네덜란드와 벨기에의 저지대에는 기독교라는 하나의 종교만 있었습니다. 귀도는 정부가 천주교의 우상숭배와 거짓 예배를 제거해야 한다고 주장하면서, 국가 차원에서 개신교를 변

---

339) Stam, 『만유의 그리스도: 세 일치신조와 함께한 벨직신앙고백서 개요』, 235.
340) P. J. Strauss, "Kerk en Burgerlike Owerheid: Die Nederlandse Geloofsbelydenis en Drie Kerkordes," *HTS Teologiese Studies* 77/4 (2021), 9.
341) P. Coertzen, "Teokrasie: Beskouings oor Calvyn en die Nederlandse Geloofsbelydenis, Art. 36: 'N Bydrae tot 'n Noodsaaklike Gesprek," *In die Skriflig* 44/2 (2010), 344-46.

호할 것을 촉구했습니다. 이것은 도르트 교회질서와 칼빈의 입장이기도 합니다.342) 하지만 오늘날은 다종교 사회입니다. BC 37조를 '능동-다중(Active-plural)모델'로 적용할 수 있습니다. 이 모델에 따르면, 헌법에 따라 정부의 의무는 교회를 보호하는 차원을 넘어 종교의 자유의 분위기를 조성하고 개발하는 것이며, 모든 사람이 공적 영역에 접근할 수 있도록 도와야 합니다.343)

종교 다원주의 사회에서 종교의 자유는 기독교의 위축을 초래하지 않도록 정부가 교회를 보호해야 합니다. 정부는 종교를 외면하면서 '종교로부터의 자유'를 조장하지 말아야 합니다. 그리고 교회는 그런 종교의 자유를 보장받아 모든 영역에서 복음을 전하는 기회로 삼아야 할 것입니다.344)

BC 36조는 시민이나 교회가 국가에 저항할 권리를 언급하지 않는데도 개혁파는 펠리페 2세에게 저항했습니다. 영적 정부인 교회(BC 27-35조) 이후에 세상 정부(36조)가 언급됩니다. 여기서 국가와 위정자는 하나님의 영광을 위해 성경의 법의 통치를 받고, 교회와 구별되고 독립적이지만, 타락한 인간 사회의 권선징악과 질서 그리고 복음 전파와 예배를 보호하기 위해 협력해야 한다는 칼빈과 베자의 국가관을 반영합니다(참고. 칼빈의 기독교강요 서문 및 4.20.2, 3, 10; 시 2:12 및 롬 13:1 주석).345) 판 니케르크(F. N. van Niekerk)는

---

342) BC를 수용한 개혁교회들은 36조에 대해 각주를 붙여 다른 의견을 제시하기도 했다. 신앙고백은 무오하지 않기에, 성경적으로 수정이 필요하다. Schouls, 『우리는 믿고 고백한다: 벨직신앙고백서 강해』, 464, 466.

343) Muller, "Die Owerheid se Ingesteldheid ten Opsigte van Godsdiens," 8.

344) J. M. Vorster, "Godsdiensvryheid in 'n Toekomstige Suid-Afrika in die Lig van Artikel 36 van die Nederlandse Geloofsbelydenis," *In die Skriflig* 27/3 (1993), 308-320.

345) 안인섭, "벨직신앙고백서의 국가론과 네덜란드 독립과정의 상호관계에 대한 연구," 『성경과 신학』 82 (2017), 194-201.

칼빈의 영향을 받은 귀도가 국가에 대해 취한 성경적 태도를 다음과 같이 설명합니다.

칼빈과 귀도는 기독교의 결과로부터 어중간하게 뒷걸음치지 않았다. ...... 하나님은 어디서나 영광과 섬김을 받으셔야 한다. 그리고 이 사실은 '중립'의 옷 뒤에 자신을 숨긴 한 명의 권세자가 수행할 수 없는데, 그리스도와 불신앙 중에 택일할 수밖에 없다는 사실이 곧 드러나기 때문이다. 지도자들은 어떤 기독교 종파를 인정해야 하는가를 두고 어려움을 겪을 것이지만, 기독교를 향하여 적대적 태도를 보이는 공적인 무신론은 국가 자체를 위하여 사라져야 한다. 이와 더불어 우리는 36조를 긍정적으로 해석하는 데 도달한다.[346]

36조에 따르면, 세상정부는 교회를 보호하고 교회가 수행하는 선교를 도와야 합니다.[347] 그러나 종교다원사회에서 이 입장을 견지하는 것은 거의 불가능합니다. 종교의 자유는 전 세계적으로 인권과 맞물려 있습니다. 하지만 교회는 정부가 기독교의 예배와 가치와 규범을 잘 이해하고, 교회에 협력할 수 있도록 안내하는 노력을 기울여야 합니다.[348] 기독교와 복음의 가치를 사회의 모든 영역에 구현하는

---

346) F. N. van Niekerk, "Die Skriftuurlike Beginsel ten Grondslag van Art. 36 van Ons Nedl. Gel. Belydenis," *Koers* 10/5 (1943), 202-203.

347) Recker, "Analysis of the Belgic Confession as to Its Mission Focus," 174, 178. "부써에게 교회와 국가는 종말까지 지상에서 상호 독립적으로 병존한다. 교회는 영적인 검인 하나님의 말씀을 가지고서 하나님 나라를 죄인들 앞에서 닫을 수도 있고 열 수도 있다. 반면에 세상 정부는 물리적 검을 가지고서 모든 공개적인 죄들을 처벌한다. 세상 정부는 그리스도의 나라를 세우고 확장하고 개혁하기 위해 반드시 교회와 함께 공역해야 한다(강조를 위한 밑줄은 필자의 것). 그러므로 기독교 정부는 이 세상에서 최선의 정부 통치 형태로서 '기독교 공화국'(respublica christiana)이라 불릴 수 있다. 교회와 국가는 각자, 무엇보다도 먼저, 유일한 왕이신 그리스도께 복종해야 하고 그 다음에 서로에게 복종해야 한다는 것이 부써의 주장이다." 황대우, "교회와 정부의 관계에 대한 부써의 견해," 『갱신과 부흥』 21 (2018), 70.

348) 제네바개혁교회는 1848년에 그리고 프랑스 개혁교회는 1849년에 BC 35조

책임은 그리스도인 개인에게 있습니다. 따라서 지역교회는 선교적 교회로 체질을 개혁해야 합니다. 하나님께서 질서의 주님이시므로, 신자가 활동하는 사회도 질서가 자리 잡아야 합니다. 그리고 그리스도인은 광장과 같은 공적 영역에서 무례하지 말아야 하고, 공공의 선과 질서와 평화를 해치지 않도록 주의해야 할 것입니다.

적용 ➡ 야브로(R. W. Yarbrough)에 따르면, "온전한 그리스도인의 덕목 가운데 하나는 시민적 책임이다. 이는 위에 있는 권세들을 존경하는 의무감과 함께 시작한다."[349] 그렇다면 칼빈주의를 표방하는 한국 장로교회는 국가와 어떤 관계를 맺어 왔습니까? 이에 관해 김동춘은 한국장로교가 정의를 적극적으로 추구하지 못하고 약자를 잘 돌보지 못한 약점을 아래와 같이 비판합니다.

대부분 장로교회는 정치적 태도에 있어서 정교분리 원칙을 빌미로 불의한 정권의 부당성에 대해 침묵하면서 암묵적으로는 옹호하고 지지하는 소극적 방식의 정치참여에 관여하였으며, 87년 민주화 체제 이후에는 뉴라이트 세력과 함께 보수정권의 태동을 위해 적극적으로

를 개정했다. 남아공 개혁교회(GKSA)는 1976년 총회에서 BC 36조를 수정했다. 화란 개혁교회(Gereformeerde Kerken in Nederland)은 1905년에 36조의 우상숭배와 거짓 종교와 적그리스도의 나라를 거부해야 하는 정부의 역할을 삭제했다. 하지만 36조의 원래 설명은 그대로 두면서, 오늘의 상황에 맞게 재해석하는 것도 고려할 만하다. 아파르트헤이트를 겪고 세속 정부하에 있는 남아공에서 정부와 교회의 관계 설정은 개혁교회의 중대한 고민거리이다. 참고. C. F. C. Coetzee, "Godsdiensvryheid in die Lig van Artikel 36 NGB-Konferensie Kerk en Staat: Godsdiensvryheid," *NGTT* 47/1-2 (2006), 144-55; P. Fourie, "Godsdiensvryheid in die Ban van NGB Art 36-Seën of Vloek?: Konferensie Kerk en Staat: Godsdiensvryheid," *NGTT* 47/1-2 (2006), 159, 171; F. N. van Niekerk, "Die Skriftuurlike Beginsel ten Grondslag van Art. 36 van Ons Nedl. Gel. Belydenis," *Koers* 10/5 (1943), 195-203; J. L. Helberg, "Openbarings Historiese Aksente: Owerheidstaak en Godsdiens," *Koers* 58/4 (1993), 498.
349) Yarbrough, 『로마서』, 327.

정권 창출에 관여하였으며, 경제체제에 대해서는 평등지향적인 경제구조보다는 경제적 약자 계층의 이익보다 지배층의 이익을 옹호하는 성격의 차별적인 자본주의 경제구조를 지원하였다. 이런 점은 한국 칼빈주의 그룹이 체제옹호적이며, 기득권 수호적이며, 국가신학적 이데올로기에 편향된 집단임을 보여준다고 말할 수 있다.[350]

프랑스혁명의 중요한 기치는 개인의 자유를 드높이기 위해 "하나님도 주인도 없이"(No God, No Master)였습니다. 이런 개인주의는 하나님이 정해두신 질서를 허물지만, 주님은 일반적인 은총으로 어느 정도 질서를 유지하셨습니다.[351] 다종교 사회에서 국가는 교회를 어떻게 보호할 수 있을까요?

---

350) 김동춘, "사회적 칼빈주의와 한국교회의 사회적 공공성," 『기독교사회윤리』 32 (2015), 166-67.
351) Schouls, 『우리는 믿고 고백한다: 벨직신앙고백서 강해』, 463. 참고로 그리스도인은 조용하고 겸손하게 정부에 건의해야 하므로, 정부의 권세를 인정하지 않는 그린 피스(Green Peace)와 같은 단체에 어떤 동정도 보여서는 안 된다는 주장은 Bouwman, 『벨직신앙고백해설』, 484를 보라.

종말에 대하여(제37조)

제37조 종말에 대하여

마지막으로 우리는 하나님의 말씀에 따라 주께서 정하신, 그러나 모든 피조물에게는 알려지지 않은, 그때가 이르고 택함받은 자의 수가 차게 되면, 우리 주 예수 그리스도께서 전에 크신 영광과 위엄 가운데 승천하셨을 때처럼 육신을 가지신 채로 눈에 보이게 하늘로부터 오셔서(행 1:11) 죽은 자와 산 자의 심판을 선언하실 것이고, 불로써 이 낡은 세상을 태워 정결케 하실 것을 믿습니다.

그때에는 세상의 처음부터 마지막까지 살았던 모든 사람이, 남자와 여자와 아이 할 것 없이 모두 천사장의 소리와 하나님의 나팔 소리에 소환되어, 이 위대하신 재판장 앞에 서게 될 것입니다(살전 4:16). 그때에는 전에 죽었던 모든 사람이 땅에서 살아날 것이며, 그들의 영혼은 전에 있었던 자신들의 몸과 다시 연합될 것입니다. 또한 그때까지 살아 있는 사람들은 다른 이들처럼 죽지 않고, 그 순간 변화되어 썩을 몸이 썩지 않을 몸으로 바뀔 것입니다.

그리고 책들이 펼쳐질 것이고(계 20:12), 죽었던 자들은 그들이 세상에 살 때 선악 간에 행하였던 일들에 따라 재판을 받을 것입니다(고후 5:10). 참으로 그때에는 모두가 세상에서는 그저 오락과 농담으로 치부하는 무익한 말들을 했던 것들에 관하여 일일이 해명하여야 할 것입니다(마 12:36). 또한 그때에는 사람들의 비밀과 위선이 만천하에 드러날 것입니다. 그러므로 악하고 불경건한 자들에게는 이러한 재판을 생각한다는 것이 매우 무섭고 두려운 일이 될 것입니다.

하지만 택함받은 경건한 자들에게는 그 생각이 큰 소망과 위로가 됩니다. 왜냐하면 그때 그들의 구원이 완성될 것이며, 그들이 감당하여야 했던 고생과 수고의 열매들을 얻게 될 것이기 때문입니다. 그들의 결백함이 만인에게 알려질 것이며, 이 땅에서 그들을 박해하고 탄압하고 괴롭히던 악인들 위에 하나님의 맹렬한 보복이 임하는 것을 보게 될 것입니다. 악인들은 또한 그들의 양심이 스스로를 죄 있다고 증거할 것입니다. 그들은 불멸할 것이나, 마귀와 그의 사자(使者)들을 위하여 예비 된 영원한 불에서 영영히 고통을 받을 것입니다(마 25:41).

그러나 반대로, 택함받은 신실한 자들은 영광과 영예의 관을 쓰게 될 것입니다. 그리고 하나님의 아드님께서 성부 하나님과 그의 택하신 천사들 앞에서 그들의 이름을 인정해 주실 것입니다(마 10:32). 그때 하나님께서는 그들의 눈에서 모든 눈물을 닦아내실 것입니다(계 21:4). 그리고 세상의 많은 재판장과 통치자들로부터 이단이나 불경건한 자들로 정죄되었던 그들의 대의(大義)가 그때에는 하나님의 아들의 대의인 것이 드러날 것입니다. 그때 주님께서는 사람의 마음이 전에 전혀 생각해 보지 못한 영광을 은혜의 보상으로 그들에게 내리실 것입니다. 그러므로 우리는 장차 우리 주 예수 그리스도 안에 있는 하나님의 약속들을 충만히 누리게 될 이날을 대망합니다. 아멘. 주 예수님, 오시옵소서.

성경 근거 구절

예수님의 초림으로 시작된 종말: 이 모든 날 마지막에는 아들을 통하여 우리에게 말씀하셨으니 이 아들을 만유의 상속자로 세우시고 또 그로 말미암아 모든 세계를 지으셨느니라(히 1:2)

너희는 말세에 나타내기로 예비하신 구원을 얻기 위하여 믿음으로 말미암아 하나님의 능력으로 보호하심을 받았느니라(벧전 1:5)

예수님의 재림으로 완성될 종말: 주께서 호령과 천사장의 소리와 하나님의 나팔 소리로 친히 하늘로부터 강림하시리니 그리스도 안에서 죽은 자들이 먼저 일어나고(살전 4:16-17)

해설 ▶ 말세 곧 종말은 예수님의 성육신으로 시작되었습니다(행 2:17; 고전 10:11; 히 1:2; 9:26; 벧전 2:5). 예수님께서 구름 타고 재림하시면, 개인과 온 세상은 최후 종말을 맞이하게 됩니다(살전 4:16-17). 구원받기로 예정된 모든 사람이 주님을 영접하면, 주님이 재림하십니다(벧후 3:9). 허순길은 이에 관한 증거 구절들로 마태복음 24:14, 30과 계시록 6:9-11을 듭니다.[352] 그러나 이 두 본문은 AD 1세기에 일어날 일들을 가리키므로, 주님의 재림과 무관합니다.[353]

주님의 재림 때 성도는 부활하여 하늘로 들려져서 심판을 받을 것입니다. 예수님의 재림과 몸의 부활로써 성도의 구원은 완성됩니다. 그리고 하나님은 성도에게 은혜로 보상하십니다. 재림 때 더러워진 세상의 놀라운 갱신이 마무리됩니다. 불신자는 부활하여 불멸의 존재로서 영원한 심판을 받습니다(요 5:28-29; 계 20:12). 성도는 재림과 부활을 자주 묵상하고 소망하면서, 새 하늘과 새 땅에서 완성될 위로를 받을 것이므로 마라나타를 외쳐야 합니다(계 21:1; 22:20; 기독교강요 3.25.1).[354]

---

352) 허순길, 『벨기에 신앙고백 해설: 개혁교회 신앙고백』, 520. Stam, 『만유의 그리스도: 세 일치신조와 함께한 벨직신앙고백서 개요』, 241-43과 신호섭, 『벨직 신앙고백서 강해』, 527도 유사한 입장이다.

353) 재림에 대한 증거 구절의 오류는 강대훈에게서도 나타나는데, 그는 마 24:29-31, 계 1:7, 6:12-14 등을 제시한다. 강대훈, "벨직신앙고백서 37조('최후심판')의 증거 본문과 종말론," 『한국개혁신학』 75 (2022), 40, 54, 57.

354) BC 37조는 해석상 논란이 되기 쉬운 감람산강화와 계시록을 비롯하여 바울서신과 일반서신을 자주 사용한다면, WCF 32-33장은 사도행전과 바울서신을 종종 활용한다. HC 57-58, 123문답의 신약 증거 구절은 빈약한데, 바울서신을 주로 활용하지만, 계시록은 단 두 번에 걸쳐 미래적으로 해석한다. HC와 WCF보다 BC는 감람산강화와 요한계시록을 활용하는데 자신감을 보였지만, 그 증거 구절들의 문맥과 AD 1세기의 성취를 간과한 채 미래적 해석으로 일관하는 한계를 보였다. 더불어 이상웅, "벨직신앙고백서의 역사적 배경과 37조에 담긴 종말론," 『개혁논총』 36 (2015), 105-143도 참고하라.

성도가 최후 심판대 앞에 감사함으로 설 수 있는 이유는 성도 자신의 윤리적 노력이 아니라 과거에 예수님께서 죽으심과 부활로 성취해 두신 구원 때문입니다. 이 복음을 티모씨 조지(T. George)가 다음과 같이 잘 설명합니다. "우리가 하나님 앞에 서는 기준이 미래(최후의 심판)와 현재(우리의 도덕적 노력)에서 과거(십자가에서 완성된 그리스도의 사역)로 이동했음을 뜻한다."355)

교회 역사를 보면, 많은 시한부 종말론자가 거듭 출현했습니다. 소아시아와 북아프리카에서 활동한 몬타누스는 AD 172년경에 아나톨리아 중서부의 도시 페푸자에 주님이 재림하실 것이라고 예견했고, 재세례파 멜리호르 호프만은 1533년에 스트라스부르에 주님이 재림하실 것이라고 주장했으며, 안식교에 영향을 준 윌리암 밀러는 1853년에 재림이 있을 것이라고 예고했고, 여호와의 증인인 찰스 러셀(d. 1916)은 왕국회관을 중심으로 계산하여 1914년을 재림 연도로 추정했습니다.356)

미래 종말과 상급의 관련성은 무엇입니까? 계시록 11:18과 22:12의 '상'은 성도가 이미 받은 구원이 아니라, 그들이 주님의 이름을 경외하면서 박해를 이겨낸 후에 받을 상입니다(참고. 마 5:12, 46; 6:1; 막 9:41; 고전 3:8, 14; 9:18; 빌 3:14; 히 10:35; 요이 8; 계 2:10; 3:11).357) 계시록 18:6과 22:12에는 '주다'($\mathring{\alpha}\pi o\delta\acute{\iota}\delta\omega\mu\iota$, 아포디도미)+ '일'($\mathring{\epsilon}\rho\gamma o\nu$, 에르곤)+ 인칭대명사가 결합하여, 예수님께서 음녀 바벨론이건 성도이건 행위에 따라 심판과 상으로 갚아주심을 설명합니다(참고. 마 5:19; 16:27; 18:4; 계 2:23; 18:6; 20:12-

---

355) George, 『갈라디아서』, 225.
356) 참고. 허순길, 『벨기에 신앙고백 해설: 개혁교회 신앙고백』, 517.
357) 윤창민, "신약성서의 상급 사상," (석사논문, 장로회신학대학교, 2017), 53-54. 참고로 윤창민은 상급의 차등을 주장하지만, 그것이 무엇이며 어떤 특성과 효력을 가지는 설명하지 않는다.

13).358) 그런데 소아시아 7교회를 박해한 불신자들이 하나님의 심판을 받는다면, 그들의 박해를 이겨낸 성도는 완성된 구원을 받을 것입니다(참고. 막 10:30). 만약 그리스도인이 신천신지에서 받을 상급에 차등이 있다면, 악한 불신자들이 지옥에서 받을 고통에도 차이가 있어야 할 것입니다. 지옥의 형벌에 차이가 없다고 본다면, 천국에서 누리는 상에도 차이가 난다고 보기 어렵습니다. 그리고 재림 이후의 천국은 완전한 사랑이 충만하므로 성도에게 질투가 없다면, 영원한 고통의 장소인 지옥에서도 질투가 없어야 합니다. 사족을 달면, 성도가 받을 상은 하나님의 은혜이자 선물입니다. 따라서 아르미니안주의와 펠라기우스주의, 그리고 천주교가 사람이 행함으로써 얻는 상급을 신인협력설의 근거로 본 것은 오류입니다.359)

적용 ➡ 일상에서 하나님 나라를 위해 충성하고, 세상의 재미에 빠지지 않으면서도, 재림 소망을 가지고 재림을 준비하는 방법은 무엇일까요? 최후 심판대 앞에 기쁨과 감사함으로 나아가도록 준비합시다. 예수님께서 재림하시기 전에 발생할 징조로 전쟁과 기근과 지진을 꼽는 것은 성경 주해 상 오류입니다(참고. 마 24:6-7; 계 6:12-14).360) 오히려 그런 현상들은 예루살렘 성전이 파괴되기 전에 발생했습니다(참고. 마 24:34).

---

358) 윤창민, "신약성서의 상급 사상," 56.
359) 윤창민, "신약성서의 상급 사상," 78.
360) Contra Bouwman, 『벨직신앙고백해설』, 498.

참고문헌

강대훈. "벨직신앙고백서 37조('최후심판')의 증거 본문과 종말론."『한국 개혁신학』75 (2022): 28-63.

강병훈. "귀도 드 브레(Guido de Brès, 1522-1567)의 재세례파 반대의 이유:『재세례파의 뿌리와 기원 및 기초』(La Racine)를 중심으로." 『한국개혁신학』75 (2022): 64-99.

김동춘. "사회적 칼빈주의와 한국교회의 사회적 공공성."『기독교사회윤리』 32 (2015): 147-85.

김병석. "교회력에 따른 설교 본문 선정의 적실성 연구."『신학과 실천』52 (2016): 151-83.

김선권. "내재적 삼위일체와 경륜적 삼위일체에서 본 칼뱅의 삼위일체론." 『한국조직신학논 총』59 (2020): 35-78.

김성욱. "벨직신앙고백서의 설교적 적용: 하나님의 섭리를 중심으로."『한 국개혁신학』26(2009): 64-86.

김은수. "개혁교회의 직분제도와 정치질서 발전에 대한 역사적 고찰: 칼빈 의 '제네바 교회법규서'(1541)로 부터 '도르트 개혁교회 질 서'(1619)까지."『갱신과 부흥』24 (2019): 159-216.

김충연. "율법의 종말인가 율법의 완성인가?: 마태복음의 율법이해를 중심 으로."『대학과 선교』42 (2019): 85-116.

라은성. "벨지카 고백서의 저자 귀도 드 브레."『신학지남』82/1 (2015): 151-81.

류길선. "성경의 신적 권위에 관한 개혁주의 해석: 헤르만 바빙크와 벤자민 워필드의 관점 비교."『한국개혁신학』71 (2021): 138-73.

류호영. "예수의 인성(humanity)과 신성(divinity)."

http://rbc2020.kr/board/bbs/board.php?bo_table=sb1004 &wr_id=1063. 2023년 5월 14일 접속.

민장배. "The Belgic Confession을 통한 그리스도인의 삶의 방안." 『신학 과 실천』 53 (2017): 61-88.

박찬호. "일반 계시에 대한 소론: 바르트와 고재수 그리고 바빙크를 중심으 로." 『한국개혁신학』 75 (2022): 213-45.

박형용. "신약정경에 관한 역사적 고찰." 『신학정론』 10/2 (1992): 255-99.

배재욱. "성령의 능력 안에서 이루어지는 희망: 로마서 15:13을 중심으로." 『신약연구』 13/2(2014): 335-59.

배종렬. "신약성경 목록순서." 『성경과 신학』 80 (2016): 187-213.

백상렬. "한국 교회의 고유 전례력의 형성·변천 과정과 그 의미." 석사논문. 가톨릭대학교, 2019.

성호숙. "한국교회의 회복을 위한 기독교 인성교육에 관한 연구." 『기독교 교육논총』 56 (2018): 369-402.

송영목. "요한계시록에 나타난 천사의 역할." 『신약연구』 11/4 (2012): 961-88

_____. 『하이델베르크 교리문답서의 다차원적 읽기』. 부산: 도서출판 향기, 2022.

_____. "하이델베르크 교리문답의 공공선교신학." 『갱신과 부흥』 30 (2022): 157-88.

송혜경. "신약 외경에 나타난 마리아 막달레나." 『Catholic Theology and Thought』 70 (2012): 47-93.

신호섭. 『벨직 신앙고백서 강해』. 서울: 좋은씨앗, 2019.

안은찬. "장로교회에서 보편교회와 지교회와의 관계: 동질성과 차별성." 『복음과 실천신학』 60 (2021): 131-63.

안인섭. "벨직신앙고백서의 국가론과 네덜란드 독립과정의 상호관계에 대한 연구." 『성경과신학』 82 (2017): 179-214.

우병훈. "개혁신학의 관점으로 평가한 진화 창조론: 우종학, 『과학시대의 도전과 기독교의 응답』을 중심으로." 『한국개혁신학』 60 (2018): 146-208.

유승원. "믿음은 곧 행함이 있어야 한다: 이신칭의 논쟁의 역사적 기원." 『민중과신학』 6 (2001): 26-45.

윤창민. "신약성서의 상급 사상." 석사논문. 장로회신학대학교, 2017.

윤형철. "칼빈의 제네바 혼인개혁: 세 가지 국면과 공공신학적 의의." 『성경과 신학』 82 (2017): 361-95.

이경선·하도균. "가나안 성도의 교회 이탈 특징에 따른 효율적인 전도전략 연구." 『영산신학 저널』 48 (2019): 365-98.

이경직. "헤르만 바빙크의 『개혁교의학』에 나타난 죄 이해." 『조직신학연구』 25 (2016): 84-116.

이남규. "벨직신앙고백서의 성경론에 나타난 칼빈주의적 성격." 『장로교회와 신학』 13 (2017):79-98.

_____. "종교개혁과 성경: 성경의 자체가신적($\alpha \dot{v} \tau \acute{o} \pi \iota \sigma \tau o \varsigma$) 권위를 중심으로." 『개혁정론』 35/2 (2017): 55-90.

이동수. "율법의 심판과 '천지가 없어짐' 이미지에 나타난 종말론: 마태복음 5:17-20을 중심으로." 『대학과 선교』 17 (2009): 199-228.

이상규. "재세례파의 기원과 교의." 『진리와 학문의 세계』 3 (2000): 95-124.

이상웅. "네덜란드신앙고백서(1561)에 나타나는 개혁주의 성경관." 『신학지남』 82/4 (2015):143-79.

_____. "벨직신앙고백서의 역사적 배경과 37조에 담긴 종말론." 『개혁논총』 36 (2015):   105-143.

이승구. "벨직 신앙고백서의 교회론: 벨직 신앙고백서의 교회 이해에 비추어 본 우리들의 교회." 『신학정론』 33/2 (2015): 150-212.

_____. "벨직 신앙고백서의 삼위일체론." 『장로교회와 신학』 13 (2017): 99-110.

_____. "이신칭의 교리의 현대적 적실성." 『신학정론』 35/1 (2017): 139-90.

이수식. "올바른 이신칭의 설교의 체계화를 위한 연구." 『신학과 실천』 83 (2023): 85-111.

이신열. "현대신학자들의 유신진화론(theistic evolution)에 나타난 신학적 한계와 문제점." *Origin Research Journal* 2/1 (2022): 82-101.

장대선 편역. 『개혁교회의 질서들』. 서울: 고백과 문답, 2023.

_____. 『장로교회의 치리서들』. 서울: 고백과 문답, 2020.

장동수. "신약성경의 정경 순서가 신약전서의 이해에 미치는 영향." 『복음과 실천』 63/1 (2019): 57-81.

정두성. "초대교회 세례준비자(Catechumen)교육과 한국교회에의 함의점." 『갱신과 부흥』 21 (2018): 7-42.

정성진. "가나안 교인을 돌아오게 하려면?" 『기독교사상』 1월 호 (2016): 54-57.

조병하. "가난한 자에 대한 암브로시우스의 교훈: 습관적 선행과 유용함." 『성경과 신학』 58 (2011): 185-211.

차영배. "성경의 충족성." 『신학지남』 49/4 (1982): 4-5.

천사무엘. "구약정경의 형성과정에 대한 재고: 표준 이론을 중심으로." 『구약논단』 20/1 (2014): 200-226.

채영삼. "계시 의존적 만남과 생명의 성경해석을 위한 소고(小考): 요한일서 1:1-4, 베드로후서 1:19-21을 중심으로." 『생명과 말씀』 24/2 (2019): 149-81.

최강희. "박해의 역사 속에서 형성된 재세례파 신앙의 본질." 석사논문. 영남신학대학교, 2003.

허순길. 『벨기에 신앙고백 해설: 개혁교회 신앙고백』. 광주: 셈페르 레포르만다, 2016.

허윤회. "정의 개념에 대한 비판적 검토: 회복적 정의를 중심으로." 『한국도덕윤리과교육학회학술대회 자료집』 (2020): 231-52.

현경식. "요한복음 8장에 나타난 기독론적 신론." 『신약논단』 21/4 (2014): 955-92.

황대우. "교회와 정부의 관계에 대한 부써의 견해." 『갱신과 부흥』 21 (2018): 43-77.

Abasciano, B. J. "Corporate Election in Romans 9: A Reply to Thomas Schreiner." *JETS* 49/2 (2006): 351-71.

Barrett, M. "We believe in the Holy Spirit: Revisiting the Deity of the Spirit." *SBJT* 16/4 (2012): 32-53.

Beeke, J. R. 『믿음의 확신을 누리는 삶』. *Knowing and Growing in Assurance of Faith*. 김효남 역. 서울: 좋은씨앗, 2023.

Beeke, J. R. and Ferguson, S. B. 『개혁주의 신앙 고백의 하모니』. *Reformed Confessions Harmonized*. 신호섭 역. 서울: 죠이북스, 2023.

Boonstra, H. "Review: The Dort Study Bible: An English Translation of the Annotations to the Dutch Staten Bijbel of 1637 in Accordance with a Decree of the Synod of Dort, 1618-19 translated by Theodore Haak, Edited by Roelof A. Janssen. Vols. 1-5. Neerlandia: Inheritance Publications, 2003-2010." *Calvin Theological Journal* 46/2 (2011): 415-16.

Bosman, H. L. "Die Nederlandse Geloofsbelydenis/Confessio Belgica en die Bybel in 1561." *Nederduitse Gereformeerde Teologiese Tydskrif* 53/3-4 (2012): 6-15.

Bouwman, C. 『벨직신앙고백해설』. *Notes on the Belgic Confession*. 손정원 역. 부산: 신언, 2007.

Bredenhof, W. "Guy de Brès and the Apocrypha." *Westminster Theological Journal* 74/2 (2012): 305-321.

Byrne, P. "Exodus 32 and the Figure of Moses in Twelfth-Century Theology." *Journal of Theological Studies* 68/2 (2017): 671-89.

Carson, D. A. (ed). *NIV Biblical Theology Study Bible*. Grand Rapids: Zondervan, 2018.

Center for Excellence in Preaching. "신명기 30:15-20 주석." cepreaching.org (2023년 2월 7일 접속).

Coetzee, C. F. C. "Godsdiensvryheid in die Lig van Artikel 36 NGB-KonferensieKerk en Staat: Godsdiensvryheid." *Nederduitse Gereformeerde Teologiese Tydskrif* 47/1-2 (2006): 143-57.

Coetzee, J. C. *The Canon of the New Testament*. Potchefstroom: EFJS Drukkers, 1995.

Coertzen, P. "Teokrasie: Beskouings oor Calvyn en die Nederlandse Geloofsbelydenis, Art. 36: 'N Bydrae tot'n Noodsaaklike Gesprek." *In die Skriflig* 44/2 (2010): 333-48.

D'Assonville, V. E. "Die Ware en Valse Kerk volgens Artikels 28 en 29 van die NGB." *HTS Teologiese Studies* 48/3-4 (1992): 731-42.

De Jong, K-W. "De Toezegging van Beroep: De Ontwikkeling van Een Buitenkerkordelijk Middel in de Beroepingspraktijk van de Nederlandse Hervormde Kerk in de Negentiende Eeuw." *Documentatieblad voor de Nederlandse Kerkgeschiedenis na 1800* 86 (2017): 14-31.

_____. "Een Verkennend Onderzoek naar de Receptie van Een Anti-Hiërarchisch Beginsel in Nederlandse Kerkorden van het Gereformeerde Type." *In die Skriflig* 52/2 (2018): 1-9.

Dieleman, K. J. "Elders and Deacons in Kampen and Wemeldinge: Dutch Reformed Approaches to Consistory Elections." *Church History* 89/1 (2020): 24-42.

Dreyer, D. J. "'N Ewolusionêre Perspektief op die Nederlandse Geloofsbelydenis: Sistematies Teologiese Verkenning." *Verbum et Ecclesia* 34/1 (2013): 1-8.

Duncan, G. "Church Discipline: *Semper Reformanda* in Reformation Perspective." *HTS Teologiese Studies* 66/1 (2010): 1-6.

Du Rand, J. A. *God's Conquering Story of Victory: Unravelling the Book of Revelation.* Wandsbeck: Reach Publishers, 2021.

Engelbrecht, B. J. "'N Vergelyking tussen die Teologie van die Nederlandse Geloofsbelydenis en die Heidelbergse Kategismus." *HTS Teologiese Studies* 45/3 (1989): 626-44.

Enns, P. *Exodus.* Grand Rapids: Zondervan, 2000.

Erasmus, J. A. "Artikel 2 van die Nederlandse Geloofsbelydenis as Geloofsvooronderstelling in die Gesprek tussen Wetenskap en Geloof." *In die Skriflig* 48/1 (2014): 1-8.

Fesko, J. V. "Romans 8.29-30 and the Question of the Ordo Salutis." *Journal of Reformed Theology* 8/1 (2014): 35-60.

Fourie, P. "Godsdiensvryheid in die Ban van NGB Art 36-Seën of Vloek?: Konferensie Kerk en Staat: Godsdiensvryheid." *Nederduitse Gereformeerde Teologiese Tydskrif* 47/1-2 (2006): 158-72.

George, T. 『갈라디아서』. *Galatians.* 노승환 역. 부산: 깃드는 숲, 2023.

Gideon, V. E. "An Exposition of James 1." *Southwestern Journal of Theology* 29/1 (1986): 12-18.

Gootjes, N. H. "Calvin on Epicurus and the Epicureans: Background to a Remark in Article 13 of the Belgic Confession." *Calvin Theological Journal* 40/1 (2005): 33-48.

_____. "The Earliest Report on the Author of the Belgic Confession (1561)." *Nederlands Archief voor Kerkgeschiedenis* 82/1 (2002): 86-94.

Hamilton Jr., J. M. 『요한복음』. *John*. 박문재 역. 서울: 국제제자훈련원, 2021.

Hauck, F. and Schwinge, G. 『신학 전문용어 및 외래어 사전』. *Theologisches Fach und Fremdwörterbuch*. 조병하 역. 서울: 크리스챤다이제스트, 1998.

Helberg, J. L. "Openbarings Historiese Aksente: Owerheidstaak en Godsdiens." *Koers* 58/4 (1993): 485-500.

Isaac, I. "Missional Leadership in Child Evangelism in Africa." Ph.D. Thesis. KosinUniversity, 2023.

Jobes, K. H. *Esther*. Grand Rapids: Zondervan, 1999.

Keller, T. 『팀 켈러의 예수, 예수』. *Hidden Christ*. 윤종석 역. 서울: 두란노, 2017.

Klassen, Z. "The (Non)Violent Reign of God: Rethinking Christocentrism in Light of the Ascension." *Conrad Grebel Review* 33/3 (2015): 296-315.

Kruger, M. A. "The Kingdom of God and Those who have not heard the Contents of Scripture." In die *Skriflig* 37/4 (2003): 601-616.

Langerman, P. D. "Between Cathedral and Monastery: Creating Balance between a Pastor's Personal Faith and Public Role Part 2- The Munus Triplex and the Pastoral Function." *Stellenbosch Theological Journal* 8/1 (2022): 1-20.

Laytham, D. B. "Looking at What Cannot Be Seen: Reading 2 Corinthians through the Lens of Ascension." *Journal of Theological Interpretation* 15/2 (2021):305-317.

Loba Mkole, J-C. "Jesus: The Apex of Biblical Canons." *HTS Teologiese Studies* 78/4 (2022): 1-9.

Lord, J. L. "Pentecost and Trinity Sunday: Preaching and Teaching New Creation." *Interpretation* 66/1 (2012): 29-40.

Minh, A. and Zaragoza, R. "Vietnamese Lunar New Year: Ancestor Worship and Liturgical Inculturation within a Cultural Holiday." *NTR* 27/2 (2015): 105-108.

Muller, D. F. "Die Owerheid se Ingesteldheid ten Opsigte van Godsdiens: Die Geskiktheid van die Aktief-Plurale Opsie vir die Toepassing van Artikel 36 van die Nederlandse Geloofsbelydenis." *In die Skriflig* 46/1 (2012): 1-11.

Ortlund, D. C. "Inaugurated Glorification: Revisiting Romans 8:30." *JETS* 57/1 (2014): 111-33.

Park, T. "Why am I a Lutheran?: Reflections from a Korean Theology Professor." *Logia* 26/4 (2017): 29-31.

Peterson, J. "The Circumcision of the Christ: The Significance of Baptism in Colossians and the Churches of the *Restoration.*" *Restoration Quarterly* 43/2 (2001): 65-77.

Pont, A. D. "Wat Hoort Tuis in 'n Kerkwet of Kerkorde in die Lig van die Skrif en die Belydenis?" *HTS Teologiese Studies*

38/1 (1982): 23-35.

Recker, R. "Analysis of the Belgic Confession as to Its Mission Focus." *Calvin Theological Journal* 7/2 (1972): 158-80.

Ridderbos, H. N. 『성경의 권위』. *The Authority of the New Testament Scriptures*. 김정훈 역. 서울: 한국 기독교 교육 연구원, 1982.

Ross, A. P. 『예배와 영성: 앨런 로스의 시편 강해를 위한 주석 I(1-41편)』. *Commentary on the Psalms: Volume I*. 정옥배 역. 서울: 도서 출판 디모데, 2015.

Schouls, C. A. 『우리는 믿고 고백한다: 벨직신앙고백서 강해』. *Simply, Faith!: Expository Sermons on the Belgic Confession*. 마르투스선교회출판부 역. 부천: 마르투스선교회출판부, 2017.

Snyman, S. D. "The Trinity and the Old Testament." *Verbum et Ecclesia* 43/1 (2022): 1-7.

Stam, K. 『만유의 그리스도: 세 일치신조와 함께한 벨직신앙고백서 개요』. *Everything in Christ: The Christian Faith Outlined according to the Belgic Confession*. 송동섭 역. 서울: 자유개혁교회 레포르만다, 2017.

Strauss, P. J. "Kerk en Burgerlike Owerheid: Die Nederlandse Geloofsbelydenis en Drie Kerkordes." *HTS Teologiese Studies* 77/4 (2021): 1-10.

Strauss, S. A. "John Calvin and the Belgic Confession." *In die Skriflig* 27/4 (1993): 501-517.

Streza, C. "The Holy Eucharist: Nourishment for the Eternal Life, and the Power to surrender One's Entire Life to God." *International Journal of Orthodox Theology* 5/3 (2014): 107-139.

Thielman, F. and Merkle, B. L. 『갈라디아서·에베소서』. *Galatians · Ephesians*. 홍병룡 역.서울: 국제제자훈련원, 2022.

Tolmie, D. F. "God, Christ and the Spirit in Luther and Calvin's Commentaries on the Letter to Philemon." *Verbum et Ecclesia* 43/1 (2022): 1-7.

Tsakiris, V. "The 'Ecclesiarum Belgicarum Confessio' and the Attempted 'Calvinisation' of the Orthodox Church under Patriarch Cyril Loukaris." *Journal of Ecclesiastical History* 63/3 (2012): 475-87.

Van den Brink, G. "A Most Elegant Book: The Natural World in Article 2 of the Belgic Confession." *Westminster Theological Journal* 73/2 (2011):273-91.

Van den Broeke, L. "The Composition of Reformed Church Orders: A Theological, Reformed and Juridical Perspective." *In die Skriflig* 52/2 (2018):1-9.

Vandiver, D. W. "The Lord's Supper as a Proleptic Covenant Ratification Meal andInaugurated Kingdom Feast." *SBJT* 26/1 (2022): 68-88.

Vanhoozer, K. J. (ed). *Dictionary for Theological Interpretation of the Bible*. London: SPCK, 2005.

Van Niekerk, F. N. "Die Skriftuurlike Beginsel ten Grondslag van Art. 36 van Ons Nedl. Gel. Belydenis." *Koers* 10/5 (1943): 195-203.

Van Rooy, H. F. "Die Gebruik van die Ou Testament in die Belydenisskrifte, Hermeneuties Beoordeel." *In die Skriflig* 25/1 (1991): 29-46.

Van Wyk, T. "Die Dordtse Leerreëls: 'N Grammatika van Geloofstaal gebore uit die Nasie-Staat-Ideologie." *HTS Teologiese Studies* 71/3 (2015): 1-11.

Van Zyl, H. C. "Die Trinitariese Formule van Matteus 28:19:

Fremdkörper of Gepaste Afsluiting vir die Matteusevangelie?" *Verbum et Ecclesia* 43/1 (2022): 1-9.

Velthuysen, G. C. "Skrifbeskouing en die Nederlandse Geloofsbelydenis." *HTS Teologiese Studies* 40/4 (1984): 84-92.

_____. "Verkiesing en Predestinasie." *HTS Teologiese Studies* 40/4 (1984):69-83.

Verduin, L. "Which Belgic Confession? [1]." *Reformed Journal* 11/8 (1961): 16-20.

Viljoen, F. P. & Floor, L. "Goeie en Slegte Engele: 'N Perspektief uit die Bybel." *In die Skriflig* 40/1 (2006): 35-56.

Vorster, J. M. "Godsdiensvryheid in 'n Toekomstige Suid-Afrika in die Lig van Artikel 36 van die Nederlandse Geloofsbelydenis." *In die Skriflig* 27/3 (1993): 307-321.

Wainwright, G. "Psalm 33 interpreted of the Triune God." *Ex Auditu* 16 (2000):102-120.

Walton, J. H. *Genesis*. Grand Rapids: Zondervan, 2001.

Wetter, A-M. "In Unexpected Places: Ritual and Religious Belonging in the Book of Esther." *JSOT* 36/3 (2012): 321-32.

Yarbrough, R. W. 『로마서』. *Romans*. 홍병룡 역. 서울: 국제제자훈련원, 2022.

Zaleski, C. "Two Ascension Stories: Christ's Donkey, met Muhammad's Steed." *The Christian Century* 132/10 (2015): 33

Zuiddam, B. A. "Openbaring en Ervaring: 'N Reformatorie s-Konfessionele Benadering van 2 Petrus 1:16-21." *In die Skriflig* 50/2 (2016): 1-7.

부록 1: 칼빈주의 5대 교리(TULIP)

들어가면서

지난 2018년은 도르트회의(The Synod of Dordt; 이하 SD)가 열린 지 400주년이었습니다. SD는 도르트신경(The Canons of Dordt; 이하 CD)을 공표했습니다.361) 네덜란드 국회가 남부 도시 도르트레흐트(Dordtrecht)에서 소집된 SD는 1618년 11월 13일부터 1619년 5월 29일까지 진행되었습니다. SD는 국제적으로 총 102명이 공식적으로 154회나 모여 성경에 기반하여 연구하고 토론했습니다.362) 약 7개월 동안 네덜란드를 제외한 8개국에서 27명이 회의에 참석했습니다.363) SD는 16세기 종교개혁 직후에 열린 가장 중요하고 대규모의 개혁교회 회의였습니다. SD는 신앙고백의 형태로 크게 5개 주제에 걸쳐 93조항을 결정했습니다. CD는 개혁신앙과 교리를 설명하기 위해 59조항을 할애했고,364) 무려 34조항에 걸쳐 항론파(Remonstrants)의 아르미니안주의를 반박했습니다.365)

---

361) A4 용지 약 25매 분량에 달하는 CD의 한글 전문은 https://0691happy.tistory.com/12 에서 볼 수 있다(2022년 12월 25일 접속).

362) SD 참석자들의 자세한 정보는 마키다 요시카즈, 『도르트총회: 기독교 신앙을 정의하다』, 이종전 역 (인천: 아벨서원, 2019), 216-49를 보라.

363) SD에 소환된 알미니우스주의자로 아르미니우스의 후계자이자 대변인이자 레이던대학교에서 가르친 S. Episcopius, 그리고 T. Rijckewaert, J. A. Corvinius, H. Leo, E. Poppius 등이었다. 김기호, 『칼빈주의 5대 교리란 무엇인가?』 (서울: 그리심, 2009), 30.

364) 교회에서 CD를 설교나 가르칠 경우 이 59조항에 집중하면 효율적이다. 그리고 5대 주제를 각각 2주씩 다룬다면 최소 10주가 필요하다. 도지원, "도르트 신경을 어떻게 가르칠 것인가?" 『신학정론』 37/1 (2019), 157.

365) 항론파(抗論派)는 저항파로서 아르미니우스의 신학을 지지했던 네덜란드 개신교도를 지칭한다. 그들은 1610년에 아르미니안주의 다섯 항변(抗辯)을 제시했다.

SD는 레이던대학교 신학 교수를 역임한 야코부스 아르미니우스(1560-1609)를 추종한 자들을 피고(被告)로 간주하여 비판하면서, 이른바 '칼빈주의 5대 교리'(TULIP)를 재확인하며 정립했습니다.366) 네덜란드 국화(國花)이기도 한 튤립은 'CD 신학의 요약'입니다. 'TULIP'는 다섯 가지 중요한 주제의 영어 첫 글자를 조합한 것입니다. 전적 타락(Total Depravity), 무조건적 선택(Unconditional Election), 제한적 구속(Limited Atonement), 불가항력적 은혜(Irresistible Grace), 그리고 성도의 견인(Perseverance of the Saints)입니다.367) CD의 중심 주제는 '하나님께서 계획하시고 적용하시고 보존하시는 주권적인 구원의 은혜'입니다.368)

---

366) 남부 홀란드의 작은 도시 아우더바터(Oudewater)에서 출생한 아르미니우스의 네덜란드어 이름은 'Jacob Hermandszoon'이다. 바젤대학교는 22세인 청년 아르미니우스에게 신학박사 학위를 주려고 했지만, 그는 어리다는 이유로 스스로 거절했다. 그는 25세까지 제네바대학교에서 수학 후, 1588년 8월에 암스테르담 개혁교회의 목사가 되었다. 그는 만 30세가 되기 1달 전에 암스테르담시의 행정관 레알(L. J. Real)의 딸이자 열렬한 개신교도였던 마가렛과 혼인하여 9자녀를 두었다. 그는 교구 목회는 물론, 시의 복지와 공교육에도 관여했다. 그는 (흐로시우스의 추천으로) 레이든대학교의 교수가 된 후, 학장과 총장도 역임했다. 참고로 '튤립'(TULIP)은 1913년에 어느 잡지 기사에 처음 등장했는데, 그 기사를 작성한 사람은 1905년의 어떤 강의에서 그 용어를 들었다고 전한다. 이 용어는 20세기 후반까지 널리 사용되지 않았다. 김철웅, 『칼빈주의 5대 교리를 어떻게 설교할 것인가: 하나님의 주권적 은혜를 통한 구원』 (서울: 부흥과 개혁사, 2015), 39.

367) Selderhuis 외, 『도르트신경』, 143. 참고로 칼빈이 CD에 미친 절대적이라기보다 가능한 영향과 CD에 나타난 더 정교하고 발전된 논의는 트리니티 크리스천 칼리지의 D. W. Sinnema, "Calvin and the Canons of Dordt (1619)," *Church History and Religious Culture* 91/1-2 (2011), 101-103을 보라.

368) 도지원, "도르트 신경을 어떻게 가르칠 것인가?" 143. 참고로 Forster는 'TULIP' 대신 'WUPSI'를 주장했다. Wholly Defiled(구원 전 인간의 상태), Unconditional Choice(성부의 구원 사역), Personal Salvation(성자의 구원 사역), Supernatural Transformation(성령의 구원 사역), In Faith, Perseverance(구원 후 인간의 상태). 참고. G. Forster, Joy for Calvinism (Wheaton: Crossway, 2012), 167 in 김철웅, 『칼빈주의 5대 교리를 어떻게 설교할 것인가』, 61에서 재인용.

아르미니우스는 칼빈의 후계자인 데오도르 베자(1519-1605)에게서 배웠고, 이 스승으로부터 인정받은 칼빈주의 신학자였습니다. 1590년경, 목사 아르미니우스는 자신이 속한 암스테르담 개혁교회 당회의 요청을 받았습니다. 그것은 칼빈과 베자의 예정론(이중 예정 중 타락 전 예정설)을 거부했던 네덜란드의 인문주의자이자 비목회자였던 더르크 코른헤르트(Dirck V. Coornhert, d. 1590)의 주장을 비판하는 작업이었습니다. 그런데 불상사가 발생하고 맙니다. 아르미니우스가 코른헤르트의 주장에 동의하고 만 것입니다. 그 당시 아르미니우스는 로마서 7장에서 자연인이 회심이라는 은혜의 문턱을 넘지 못한 상태를 발견했습니다. 그 후 1598년에 아르미니우스는 예수님께서 구원으로 예정된 사람들만을 위해 죽으셨다고 주장한 영국인 윌리엄 퍼킨스를 반박했습니다. 그리고 1603년 봄, 아르미니우스는 레이던대학교 교의학 교수로 취임했습니다. 그의 교수 취임을 위한 조건은 로마서 7장의 해석을 통해 레이던대학교 교의학 교수 프란시스쿠스 호마루스(F. Gomarus, 1563-1641)를 만족시키는 것이었습니다. 아르미니우스는 성공적으로 그의 선임자 호마루스를 만족시켰고, 동시에 레이던대학교의 첫 번째 신학박사 학위를 43세에 취득했습니다.[369] 그 후 평화의 시기를 잠깐 보낸 후, 1604년 2월 7일에 그는 예정에 관한 15개의 논제를 두고 레이던대학교 학생들과 논쟁을 벌였습니다. 그리고 1604년 10월 31일에 타락 전 예정설(supralapsarianism)을 주장한 호마루스는 베자의 예정론을 따르면서 아르미니우스와 논쟁했습니다.[370] 그 무렵 도르트레흐트 개혁교

---

369) W. R. Cannon, "Jacobus Arminius," *Asbury Journal* 15/1 (1961), 31.
370) 타락 전 예정설은 하나님께서 예정과 유기를 창조 전에 계획하셨으며, 자신의 신적 계획을 이루기 위해 인간의 타락을 허락하셨다는 주장이다. 호마루스를 지지한 사람 중에 타락 후 예정설을 따른 사람들이 적지 않았다. 따라서 개혁교회의 예정설에서 타락 전 혹은 후 중에 하나만 절대적으로 옳다

회 시찰은 남부 홀란드 노회에 아르미니우스를 펠라기우스주의자와 소시니안주의자라고 고발했습니다. 1607년경, 아르미니안주의자는 BC(1561)와 HC(1563)의 일부 내용을 수정하여 자신들의 새로운 신앙고백서를 작성했습니다. 그러자 정부가 교회의 신학 논쟁에 개입했습니다. 홀란드 주와 서부 프리슬란드 주가 주최한 토론회가 1608년과 1609년에 각각 열렸고, 호마루스와 아르미니우스는 서로 논쟁했습니다. 그런데 1609년 토론회의 최종 결과가 나오기 전인 10월 19일에 아르미니우스는 질병으로 갑자기 사망하고 맙니다. 하지만 아르미니안주의자와 칼빈주의자 간의 심각한 대립이 지속되어, 시민 전쟁이 일어날 우려도 있었습니다.[371]

튤립을 알려면, 아르미니우스가 사망한 이듬해인 1610년에 그를 추종한 약 46명의 항론파가 하우다(Houda)에서 1,000개 단어로 발표한 5가지 성명(The Five Articles of the Remonstrants) 곧 '아르미니안주의 5대 교리'를 먼저 살펴야 합니다. (1) 하나님은 예지 된 사람의 믿음이나 불신앙을 조건으로 선택(Conditional Election based on Foreseen Faith) 혹은 견책하십니다. 믿음은 인간의 책임 있는 행위이므로, 하나님에게서 전적으로 기인하지 않습니다. (2) 신자만 구원받지만, 예수님은 모든 사람을 위해 죽으셨습니다(The Universal Merits of Christ). (3) 인간이 일부만 타락했는데, 하나님의 은혜를 받으려면 인간의 자유의지나 믿음 혹은 선한 행위가 필요합니다(The Free Will of Man due to Only Partial Depravity). (4) 사람은 이 은혜를 거부할 수 있습니다. 이것은 사람의 의지를 중

고 볼 수 없다. H. J. Selderhuis 외, 『도르트신경: 은혜의 신학 그리고 목회』(수원: 합신대학원출판부, 2019), 24.

371) CD가 개최되기 이전의 자세한 역사적 배경은 C. F. C. Coetzee, "What can We learn from Dordrecht for a Possible Authentic Confessio Africana?" *In die Skriflig* 52/2 (2018), 2-4를 보라.

요하게 여기므로 저항할 수 있는 은혜(the Resistibility of Grace)입니다. (5) 중생한 사람이 인내할 수 있는지 확실하지 않기에, 인간의 자유의지를 활용하지 못하여 타락한 자는 유기됩니다(The Possibility of a Lapse from Grace).372) 아르미니안주의자와 일정 부분 신학을 공유하는 웨슬리주의자는 회심과 그 이후의 그리스도인의 삶에 관한 더 실제적인 성경적 교훈은 '아쿠라'(ACURA)라고 주장합니다. All are sinful(만인 죄인설), Conditional election (조건적 선택), Unlimited atonement(무제한적 구속), Resistible grace(가항력적 은혜), Assurance of salvation(구원의 확신).373)

　　SD는 아르미니안주의자의 5가지 주장을 성공적으로 논박했으며, BC와 HC도 이를 옹호했습니다. 이 글은 튤립을 CD를 중심으로 하여 교리 및 성경신학적으로 살펴봅니다.374)

---

372) 강상대, "알미니안주의 5대 교리와 칼빈주의 5대 교리의 비교연구," (석사 논문, 안양대학교, 1999), 6-7. 참고로 SD의 결정에 불복한 아르미니안주의자 요한 판 올덴바르네펠트는 교수형에 처해졌고, 화란에 남은 목회자들은 설교와 목회를 금지당했으며, 100여 명은 국외로 추방당했고, 아르미니안주의 교회에 출석한 일반 성도는 벌금형을 받았다. 이런 일을 담당한 통치자는 마우리츠(Mauritz) 공이었다. 1631년에 아르미니안주의자들은 공식적으로 종교의 자유를 얻었다. 김철웅, 『칼빈주의 5대 교리를 어떻게 설교할 것인가』, 58-59; C. Bouwman, 『도르트신경해설』, *Notes on the Canons of Dort*, 손정원 역 (서울: 솔로몬, 2016), 32-33.

373) TULIP를 정면으로 반박하는 '데이지'(DAISY)도 있다. Diminished depravity(줄어든 부패), Abrogated election(폐기된 선택), Impersonal atonement(비인격적 대속), Sedentary grace(정적 은혜), Yieldable justification(산출할 수 있는 칭의). 하지만 TULIP을 보완하는 '신앙'(FAITH)도 있다. Fallen humanity(타락한 인류), Adopted by God(하나님의 양자 삼음), Intentional atonement(의도적 구속), Transformed by the Holy Spirit(성령에 의한 변화), Held by God(하나님께 붙들림). 그리고 스페인 예수회 소속 몰리나(Luis de Molina, 1536-1600)의 의견을 추종하면서 TULIP을 보완 및 대체하려는 '장미'(ROSES)도 있다. Radical depravity(근본적 타락), Overcoming grace(압도적 은혜), Sovereign election(주권적 선택), Eternal life(영생), Singular redemption(하나의 구원). 참고. D. A. D. Thorsen, "TULIP vs. ACURA: Reframing Differences between Calvin and Wesley," *Wesleyan Theological Journal* 50/2 (2015), 97-98, 110-11.

1. 전적 타락과 무능력(Total Depravity and Inability)

도르트신경 첫째 교리: 하나님의 선택과 유기

제1장: 모든 인간은 아담 안에서 범죄하여 저주 아래 놓여있으며, 영원한 죽음을 받기에 마땅하므로 하나님께서는 그들을 내버려둔 채 멸망 받아 죄값으로 형벌을 받도록 하실 수도 있는 분이신데, 이는 사도의 다음의 말과 같은 것이다. "이는 모든 입을 막고 온 세상으로 하나님의 심판 아래 있게 하려 함이니라"(롬 3:19), "모든 사람이 죄를 범하였으매 하나님의 영광에 이르지 못하더니"(롬 3:23), "죄의 삯은 사망이요"(롬 6:23).

도르트신경 셋째와 넷째 교리: 인간의 타락과 하나님께로의 회심, 그리고 회심 후의 태도

제2장: 인간은 타락한 후에 자녀를 낳았고 타락한 조상에게서 또한 타락한 후손들이 나게 되었다. 따라서 그리스도를 제외하고서는 아담의 모든 후손은 죄를 지니고 태어났다. 이것은 펠라기우스가 주장하듯이 하나의 모방이 아니라 하나님의 공의로운 판단으로 보건대 사악한 본성이 유전된 것이다.

제3장: 따라서 모든 인간은 죄 속에서 잉태되어 본질상 진노의 자식으로서 선행을 할 수 없고 죄악에 빠져서 죄 가운데 죽을 수밖에 없는 노예가 되었다. 그러므로 성령의 중생하는 은혜가 없이는 하나님께로 올 수도 없고 하나님께로 오려고 하지도 않으며 그 죄악에서 새롭게 될 수도 없는 것이다.

---

374) CD를 강해설교한 자료는 북미자유개혁교회 목사이자 퓨리턴 개혁신학교 교수를 역임한 C. N. Pronk, 『도르트 신조 강해』, *Expository Sermons on the Canons of Dort*, 황준호 역 (서울: 그 책의 사람들, 2012)을 참고하라. 최근에 침례교 신학자들은 칼빈주의 5대 교리를 성경 주해로 비평하며 연구한 바 있다. D. L. Allen and W. Steve (ed), *Whosoever will: A Biblical-Theological Critique of Five-Point Calvinism* (Nashville: B&H, 2010), ix-x. 그리고 텍사스 소재 Grace Orthodox Presbyterian Church의 설립자인 D. E. Spencer, *TULIP: The Five Points of Calvinism in the Light of Scripture* (Grand Rapids: Baker, 1995)도 보라. Spencer(d. 1891)는 감리교 목사였다가 정통장로교회(OPC) 소속 개혁주의자로 전향했는데, 학술회의와 라디오로 복음을 전했다.

하나님의 형상으로 창조된 아담과 하와는 처음부터 구조적이거나 기능적으로 타락, 부패, 무능력, 그리고 불가능에 빠지지 않았습니다. 그러나 범죄 후에 상황은 달라졌습니다. 이 부부에게 있던 하나님 형상의 구조적 흔적은 계속 남아있지만, 그것은 오염되고 일그러져 기능적으로 없는 것이나 마찬가지였습니다(참고. 기독교강요 2.2.15).375) 타락한 인간은 완전히 파괴된 하나님의 형상이 아니라, 심각하게 손상된 하나님의 형상을 가지고 있으며, 죄를 안 지을 수 없는 상태에 빠졌습니다.376) 예를 들면, 북이스라엘의 왕 오므리와 그의 아들 아합은 이전의 모든 사람보다 여호와 보시기에 악을 더욱 행했습니다(왕상 16:25, 30). 그리고 북이스라엘의 왕들은 여호와 보시기에 악을 행하여 이스라엘로 범죄하게 만든 느밧의 아들 여로보암의 죄에서 떠나지 않았습니다(왕하 15:9, 18, 24, 28).

바울은 로마서 1-5장에서 죄와 타락과 구원을 다룬 후, 로마서 8-10장에서 예정을 설명합니다. CD도 형식적으로는 예정을 앞에서 다루지만, 실질적으로는 타락을 전제합니다(참고. WC 6:4). 따라서 CD는 '타락 후 예정설'(infralapsarianism)을 따르는 것으로 보이는데, BC도 마찬가지입니다.377) 타락 후 예정설에 따르면, 하나님은

---

375) '전적 타락'(Corruptio Totalis)에서 '전적'(Totalis)은 모든 인간의 인간성(지정의) 전체가 타락했다는 규모를 의미하지 '철저한'이라는 의미의 강도를 뜻하는 것은 아니기에, 강도를 가리키는 '완전히'(Utter)나 '절대적으로'(Absolute)와 다르다고 볼 수 있다. 참고. E. H. Palmer, 『칼빈주의 5대교리』, The Five Points of Calvinism: A Study Guide, 박일민 역 (서울: 성광문화사, 1999), 11, 14; 김철웅, 『칼빈주의 5대 교리를 어떻게 설교할 것인가』, 152-53, 166; 정요석, 『칼뱅주의 5대 교리 완전정복: 도르트 신경의 관점에서 이해하고 적용하기』 (서울: 세움북스, 2019), 50.

376) 하나님께서 인간 구원을 위해 택하신 가장 적합한 방법인 독생자의 성육신과 십자가 사건은 인간의 전적 타락이 얼마나 심각했는지 보여준다. 김학길, "칼빈의 전적타락의 정당성에 대한 연구," (Th.M. 논문, 서울장신대학교, 2018), 13-14, 18, 23

377) 최흥석, "도르트 신조에 나타난 TULIP 교리의 정당성과 선교적 함축: 전적

인간의 타락을 예견하시고 허락하셨으며, 그런 타락 이후에 하나님은 구원하실 인간을 작정하셨습니다. 타락 후 예정설은 하나님의 은혜를 강조하고, 범죄와 타락과 심판이 다름 아니라 인간의 책임임을 들추어냅니다.378)

CD 1장 제8절 항론파의 주장은 "하나님은 오로지 자신의 의로우신 뜻에 따라서 그 누구도 아담의 타락에 빠져 죄의 상태에 놓임으로 저주받게 하지도 않으셨고 또한 믿음과 회심에 필요한 하나님과 은혜로운 사귐에서 벗어나도록 하지도 않으셨다."입니다. 이에 맞서 CD 3:3은 아담의 범죄 이래로 모든 인류에게 유전된 전적 부패가 매우 심각하기에, 성부께서 독생자를 보내시지 않거나 성령께서 중생의 은혜를 주시지 않으면 그런 부패는 개선될 수 없으며, 개선하려고 시도조차 하지 않는다고 설명합니다(참고. 렘 13:23).379) CD 2장

무능력과 무조건적 선택교리를 중심으로," 『신학지남』 272 (2022), 160; 김기호, 『칼빈주의 5대 교리란 무엇인가?』, 105. "예정론에 대한 두 견해로서 전택설과 후택설의 구분은 일반적으로 도르트 총회 시기에 출현한 것으로 알려져 있다. 총회의 시발점이 된 아르미니우스가 레이던 대학의 교수로 취임한 1603년부터 그를 비판한 호마루스(Gomarus, 1563-1641)가 신앙고백의 견해가 예정을 지나치게 '타락 아래 머물렀다'(onder den Val blijven)고 언급한 것이 이 용어들의 기원이 되었다. 호마루스는 총회 때 브레멘의 신학자들을 맞아 도르트레흐트로 향하면서 예정이 인간의 타락 위(boven den val)에 있음을 강조하였다. ...... 대략적으로 전택설은 창조되고 타락할(수 있는) 인간(homo creabilis en labilis)을, 후택설은 창조되었고 타락한 인간(homo creatus en lapsus)을 대상으로 삼기 때문이다. ...... 1618년 12월 6일 총회석상에 처음 등장한 항론파는 전택설을 주로 공격하면서 후택설을 선호하는 외국 사절들과 호마루스 등의 전택설 주창자들을 분리하고자 하였다. ...... (도르트 총회는) 항론파가 집요하게 부정한 전택설을 전면에서 옹호하거나 강한 전택설의 입장으로 맞받으려고 하지 않았다. 오히려 항론파의 공격에서 비켜나 있는 후택설에 가까운 신조를 작성하였다. 그러나 전택설을 버리고 후택설을 택하는 방식은 아니었다." 김재윤, "도르트 총회와 신조에서 신학적, 목회적 측면의 균형," 『한국개혁신학』 59 (2018), 24-25, 29, 41.

378) 물론 성경은 하나님께서 창세 전에 곧 영원 전에 예정하셨다고 분명하게 밝힌다(엡 1:4).
379) 최홍석, "도르트 신조에 나타난 TULIP 교리의 정당성과 선교적 함축," 163.

제6절의 항론파(Remonstrants)의 주장을 들어봅시다.

어떤 사람들이 죄 사함과 영생을 얻은 반면에, 다른 사람들은 그렇지 못한 것의 차이는 그들의 자유의지에 달려있다. 이것은 예외 없이 누구에게나 주어진 은혜일 뿐 영생을 받는다는 것이 그들 속에 역사하는 어떤 특별한 자비를 입었기 때문에 일어나는 것이 아니라, 오히려 그들에게 주어진 은혜를 잘 선용했기 때문이다.

항론파의 위의 주장을 비판하면, 하나님의 특별한 자비가 사람에게 임하지 않더라도, 자유의지만 잘 활용하여 은혜를 선용하면 죄를 용서받고 영생을 얻을 수 있습니까? 그러면 어느 정도 자유의지를 선용해야 구원을 받고, 어느 정도 선용하지 못하며 구원받지 못할까요? 과연 누가 설정한 정도와 기준이 표준인지, 여러 의문이 제기될 수밖에 없습니다.

항론파는 "선(善)과 거룩, 그리고 의(義)와 같은 영적 은사 또는 선한 성품이나 덕(德) 등은 인간이 처음 지음을 받았을 때에 인간의 의지에 속한 것도 아니고 타락한 이후에 없어진 것도 아니다."라고 주장합니다(CD 3-4:2). 이에 대해 CD는 성경의 여러 구절로 반박합니다. "만물보다 거짓되고 심히 부패한 것은 마음이라"(렘 17:9). 또한 사도 바울도 이렇게 말했습니다. "우리도 다 그 가운데서(불순종하는 가운데서) 우리 육체의 욕심을 따라 지내며 육체와 마음의 원하는 것을 하여......"(엡 2:3). "너희의 허물과 죄로 죽었던 너희를"(엡 2:1). "허물로 죽은 우리를"(엡 2:5), 그리고 창세기를 기록한 모세의 다음 진술도 기억합시다. "그 마음의 생각의 모든 계획이 항상 악할 뿐임을 보시고"(창 6:5), "이는 사람의 마음의 계획하는 바가 어려서부터 악함이라"(창 8:21).

전적 부패에 관한 성경의 증거를 더 소개하면, 아담의 범죄로 인해, 죄인은 형벌을 내리시는 하나님을 무서워하며 피하고, 죽음과 두려움과 수치에 빠졌습니다(창 2:17; 3:7-10; 5:5; 왕상 8:46; 왕하 8:46; 시 51:12; 사 53:6; 호 6:7; 롬 3:10, 12; 5:12, 16-18; 6:23; 엡 2:1; 히 9:27). 창세기 6:5는 홍수 심판을 초래한 전적 타락의 상황을 적나라하게 보여줍니다. 선지자들도 부패한 언약 백성을 책망했습니다(사 1:4; 레 17:9). 빛이신 하나님을 배반한 자는 어둠에 속하여 살인, 간음, 도둑질을 일삼습니다(욥 24:13-17). 신약성경의 교훈도 마찬가지입니다. 로마서 3:9-15, 23은 무지, 치우침, 악행, 악독, 속임, 저주, 그리고 살인에 빠진 인류가 하나님의 영광에 도달하지 못한다고 분명하게 설명합니다(참고. 시 14:2-3; 30:9; 130:3; 전 7:20; 요 5:40; 요일 1:10).[380]

'타락'과 '무능력'에 해당하는 헬라어 명사는 쾌락을 추구한 거짓 선생들의 도덕적 부패를 묘사하는 $\varphi\theta o\rho\acute{a}$(프쏘라, 벧후 2:19)이며, 동사는 경건을 이익의 도구로 삼아 마음이 부패해 있는 $\delta\iota\alpha\varphi\theta\epsilon\acute{\iota}\rho\omega$ (디아프쎄이로, 딤전 6:5), 복음 진리를 대적하여 교인을 미혹하는 자들의 마음이 부패해 있는 $\kappa\alpha\tau\alpha\varphi\theta\epsilon\acute{\iota}\rho\omega$(카타프쎄이로, 딤후 3:8), 그리고 하나님의 심판을 초래하는 음행으로써 그 땅을 더럽히고 타락시키는 $\varphi\theta\epsilon\acute{\iota}\rho\omega$(프쎄이로)입니다(계 19:2).[381] 위의 네 단어는 주로 이단이나 거짓 선생 그리고 교회를 박해하는 세력의 타락과 부패를 가리킵니다. 그리고 하나님과 복음과 교회를 떠나면 쾌락, 맘몬,

---

380) 미국 복음주의 교인 중 인간은 선하다고 응답한 비율은 77%였고, 하나님은 스스로 돕는 자를 도우신다는 긍정 응답은 84%였다(1994년 조사). 이것은 CD가 반대하는 반뻴라기우스 입장이다. Bouwman, 『도르트신경해설』, 54; 김기호, 『칼빈주의 5대 교리란 무엇인가?』, 65-70.

381) J. P. Louw and E. A. Nida, *Greek-English Lexicon on the New Testament based on Semantic Domains*, Volume 2 (Cape Town: BSSA, 1993), 283. 그리고 같은 저자들의 책 Volume 1, 771도 보라.

음행과 미혹에 빠져 타락하고 무능하게 됩니다. 중생한 성도에게는 타락과 부패와 멸망과 무능력이 적용되지 않습니다. 그럼에도 그리스도인은 남아있는 죄성 때문에 탄식하면서 자신을 전적 타락에서 건져주신 하나님의 은혜만큼이나 강력한 은혜를 계속 필요로 합니다(롬 7:14-25).

아르미니안주의는 침례교와 감리교 그리고 오순절교회 등에서 감지됩니다. 미국의 후기 남침례교를 대표하는 조직신학자이자 자신이 속한 남침례교회와 신학 논쟁을 벌인 데일 무디(Dale Moody, 1915-1992)가 따르는 아르미니안주의 신학을 칼빈주의 5대 교리와 비교해 봅시다.382)

(1) 데일 무디는 인간의 죄와 죄책이 아담의 죄 때문에, 무조건 그리고 직접적으로 모든 인간에게 전가된다고 생각하지 않습니다. 무디는 하나님과의 관계를 파괴한 인간의 죄를 설명하는 '범죄'(transgression)는 무지나 연약함에서 오는 실수나 실패가 아니라, '의지적 불순종'을 의미한다고 주장합니다.

비평 ➡ 남침례교회의 신학은 아르미니안주의와 칼빈주의 사이를 오간 거 같습니다. 데일 무디 당시와 2000년대 초에, 남침례교인들 중 적지 않은 신자는 하나님을 믿지 않는 죄인이 하나님에게 전혀 반응하지 못할 정도로 전적으로 타락했다고 보지 않았습니다. 결과적

---

382) 이 단락은 김용복, "Dale Moody의 신학과 패러다임 분석: 칼빈주의 5대 교리를 중심으로," 『복음과 실천』 37/1 (2006), 170-86에서 요약함. 데일 무디의 신학은 D, Moody, *The Word of Truth: A Summary of Christian Doctrine Based on Biblical Revelation* (Grand Rapids: Eerdmans, 1981)을, 그리고 남침례교 계열 베일러대학교의 R. E. Olson, *Against Calvinism* (Grand Rapids: Zondervan, 2011)과 D. Kirkpatrick, "Unconditional Election and the Condemnation of Sinners: An Analysis of Eric Hankins's View of Reprobation," *Journal for Baptist Theology & Ministry* 16/2 (2019), 47-56도 보라.

으로 데일 무디는 원죄의 파괴력을 간과하고, 인간의 자범죄만 부각하기에 아르미니안주의를 지지합니다.

(2) 데일 무디에 따르면, 바울과 베드로는 예정에 인간의 조건이 전제되어있다고 가르쳤으며, 그 조건은 믿음의 자유로운 반응, 즉 하나님의 은혜와 인간의 믿음의 협력입니다. 이 조건적 예정(conditional predestination)은 바로 신약성경의 가르침이지만, 절대적 예정(absolute predestination)은 인간적 전통이요 성경 언어의 불행한 왜곡입니다.

비평 ➡ 하나님의 예정에 인간의 믿음이 조건이라는 주장은 하나님께서 사람이 장차 믿을 것을 예지하시고 구원의 예정을 주신다는 신인협력설은 아르미니안주의와 다를 바 없습니다.

(3) 무디는 남침례교인들이 제한속죄설을 실제로 거부할 수 있게 만들었습니다. 그리스도는 모든 인간을 위해 죽으셨고, 모든 인간은 그리스도 안에서 믿음으로 구원을 체험할 수 있습니다. 화해 메시지에 대한 칼빈주의의 지배적인 해석을 부정하는 것은 남침례교인들에게 세계의 구원을 향한 희망의 요소를 담은 선교신학을 제공하는 것입니다.

비평 ➡ 무디가 예수님께서 성부의 구원 예정을 받은 제한된 사람들을 위해서 죽으셨음을 반대한 것은 앞에서 살핀 신인협력설 때문입니다. 과연 무디의 주장대로, 모든 인간이 믿음으로 구원을 체험할 수 있다고 주장하면 세계선교를 촉진할 수 있을까요? 하나님께서 구원을 주시기로 작정된 사람만 복음을 받아들인다는 제한적 구속을 믿으면서도 교회가 하나님의 선교를 열심히 수행하는 데 문제는 없습니다.

(4) 하나님이 인내하시는 것도, 인간이 하나님께 돌아가는 것도,

모두 상호작용 속에서 이루어지는 것입니다. 결코 이 세상의 모든 일들은, 그 가운데 특히 구원의 길은, 하나님의 일방적인 뜻에 의해 '불가항력적으로' 일어나지 않습니다.

비평 ➡ 무디의 주장 (4)는 이전 (1)-(3)의 자연스런 결과입니다. 하나님의 인내, 인간의 회심과 구원은 하나님의 거부할 수 없는 은혜가 아니라, 인간이 하기에 달렸다는 주장은 알미니안주의에 지나지 않습니다.

(5) 구원의 완성은 미래에 이루어지는 것입니다. 따라서 미숙한 신자는 진리에서 떨어져 나갈 가능성이 언제나 있습니다. 신자는 출생 이후 최종적으로 구원받을 때까지 '과정 속에서 성장'해야 합니다. 그렇기에 그는 '점진적 중생'(progressive regeneration)이라는 개념을 사용합니다. 신자의 배교가 하나님의 무능이나 무관심에서 비롯된 것이 아니라, 신자의 믿음이 계속되지 못한 결과 때문이라는 점을 강조했습니다. 그리고 무디의 이런 신학은 결과적으로 후기 남침례교의 신학을 아르미니안주의로 이끄는 데 크게 영향을 끼쳤던 것으로 보입니다.

비평 ➡ 믿음의 성장을 계속 이루지 못하면 미숙한 신자는 배교하여 최종 구원에서 탈락할 수 있다는 주장은 무엇에 기반합니까? 아마도 예수님을 구주로 믿는 순간에 구원을 받는다는 '순간적 중생'이 아니라, 성화의 열매가 삶에 나타나야 참으로 중생하여 구원을 받는다라는 '점진적인 연속 중생'으로 보입니다. 무디는 신자가 중도에서 탈락하는 것은 하나님의 무능과 무관심에서 연유하지 않고 자신의 불성실 때문이라고 주장합니다. 이것은 구원의 탈락의 책임을 하나님에게 떠넘기지 않고 면죄부를 주는 격입니다. 이렇게 성도의 견인을 반대하는 것은 최초 칭의와 최종 칭의 간의 불연속성을 강조한 바울의 새 관점과 다를 바 없습니다.

전적 타락은 '선교'를 필연적으로 요청합니다. 선교적 삼위 하나님은 타락하여 무능한 죄인을 방치하시지 않고 구원하실 기쁜 뜻을 세우셨습니다.383) 복음이 전해지는 선교 현장에는 생명에 이르는 냄새와 사망에 이르는 냄새가 있습니다(고후 2:14-16). 전적 부패에 빠진 자들은 영적인 맹인과 청각장애인과 같아서, 구원의 복음을 볼 수도 들을 수도 없습니다(눅 8:10). 성도는 불신자에게 복음이 볼 수 있고 들리는 방식으로 전하도록 노력해야 합니다.

인간의 전적 타락과 무능력은 날개를 다친 새가 날고 싶은 의지를 가지고 있어도 날지 못하는 것과 같습니다(프린스턴신학교의 뵈트너의 표현). 오늘날 전적 부패는 어떻게 나타납니까? 대중 매체는 하나님의 말씀과 영광을 모르는 인간과 사회의 부패상을 연일 보도합니다. 시대와 정부의 이념을 막론하고 부패는 개인과 사회 조직에 깊이 박혀 있기에, 교회는 부패를 알리고 감시하며 사회의 다른 단체와 더불어 해결책을 모색하고 실행해야 합니다.384)

참고로 흥미롭고 중요한 질문은 CD가 성경을 증거 구절로 사용할 때, 특징은 무엇인가입니다. 전적 부패와 관련하여, CD는 창세기, 로마서, 그리고 에베소서를 즐겨 사용합니다.

---

383) 최홍석, "도르트 신조에 나타난 TULIP 교리의 정당성과 선교적 함축," 172.

384) E. Baron, "The 1619 Dordrecht Synod's Decision on *Corruptio Totalis*: A Missional Challenge for the Church in Terms of Media reporting on Corruption in South Africa," *In die Skriflig* 53/3 (2019), 3-8.

성경 근거 구절

전적 타락: 여호와께서 사람의 죄악이 세상에 가득함과 그의 마음으로 생각하는 모든 계획이 항상 악할 뿐임을 보시고 땅 위에 사람 지으셨음을 한탄하사 마음에 근심하시고(창 6:5-6)

모든 사람이 죄를 범하였으매 하나님의 영광에 이르지 못하더니(롬 3:23).

너희의 허물과 죄로 죽었던 너희를 살리셨도다 그 때에 너희가 그 가운데서 행하여 이 세상 풍속을 좇고 공중의 권세 잡은 자를 따랐으니 곧 지금 불순종의 아들들 가운데서 역사하는 영이라(엡 2:1-2)

➡ 복습과 실천을 위해 함께 생각해 볼 점

(1) 전적 타락에서 '전적'은 타락의 정도인가, 아니면 범위입니까? 타락의 정도라면 완전한 타락을 의미하고, 타락의 범위라면 사람의 모든 면이 부패했다는 의미입니다.

(2) 복음 전도 시에, 불신자에게 남아있는 하나님의 형상에 호소할 수 있습니까?[385] 하나님의 형상 중에 도덕이나 이성적 판단은 전도의 접촉점이 될 수 있습니다.

---

2. 무조건적 선택(Unconditional Election)

도르트신경 첫째 교리: 하나님의 선택과 유기

제7장: 선택이라는 것은, 이 세계가 만들어지기도 전에 하나님께서 모든 인간이 그들의 최초의 상태로부터 타락하여 죄와 파멸의 결과를 낳게 됨에 따라 그리스도, 즉 하나님께서 영원부터 중보자로 또한 택한 자의 머리와 구원의 기초로서 세우신 그 분 안에서 구원받은 자의 일정한 수

---

385) 후천년주의자 K. L. Gentry Jr.는 미국 크리스천이 운영 중인 인스턴트 푸드 업체 Chick-Fil-A를 칭찬하기 위해 TULIP을 다음과 같이 패러디했다. 5 Points of Cowinism: Total Delicious, Unconditional Refreshment, Limited Opening(No Sundays), Irresistible Waffle Fries, Pleasure is Theirs.

를 뽑으시는 것이다. 그것은 그의 선하신 주권에 따라 은혜로 인하여
된 것인데 이는 하나님의 변할 수 없는 목적이 되었다. 택함받은 자들
이 그 본성에 있어서는 그 밖의 다른 사람들보다 더 낫거나 더 값있는
것이 아니라 오히려 똑같은 비참함 속에 있었다. 그러나 하나님께서는
그들에게 그리스도를 주셔서 그를 통하여 택함받은 자들이 구원을 얻도
록 하셨다. 하나님께서는 그들을 부르시고 죄에서 벗어나게 하셔서 말씀
과 성령으로 그 분과 교통하도록 하시고 그들에게 참 믿음을 주시어 의
롭다하시고 영화롭게 하셨다. 또한 그 아들과의 교제를 통해 능력 있게
그들을 보존해 주시면서, 결국은 하나님께서 그들에게 보여주신 자비로
우심에 영광을 돌리고 그의 풍성한 은혜를 찬양케 하신다.

사람이 전적으로 타락했고 무능하므로, 구원은 자신 바깥에서 주
어져야 합니다. 따라서 튤립 중에서 첫째 'T'는 둘째 'U'의 원인입니
다. 그리고 'U'는 'T'의 결과입니다. 다시 말해, 무조건적 선택은 전
적 타락에 대한 하나님의 구원 행위이자 처방입니다.[386] 팔머(E. H.
Palmer)는 "선택이란 무시무시한 교리가 아니라, 성경으로 이해한
다면 가장 아름답고 가장 온화하며 모든 성경 교훈 중 가장 즐거운
것이다."라고 설명합니다.[387] 하나님께서 은혜로 죄인을 구원하시려
고 예정하시지 않았다면, 인간은 구원받지 못했습니다. 무조건적이
고 일방적인 선택은 구원의 공로를 결단코 인간에게 돌리지 않습니
다.[388] 그러므로 무조건적 선택은 오직 은혜(Sola Gratia)의 절정이
자 핵심과 같습니다(참고. 아르미니우스가 거부한 BC 16).[389]

---

386) 김기호는 박형룡과 웨스트민스터신학교의 팔머(E. H. Palmer)를 따라, '작
    정'(作定)은 우주적 차원의 미리 정하심으로, '예정'(豫定)은 인간 구원이라
    는 협소한 차원으로 이해한다(비교. 행 13:48의 비시디아 안디옥교회를 향
    한 하나님의 '작정'). 김기호, 『칼빈주의 5대 교리란 무엇인가?』, 73, 76.
387) Palmer, 『칼빈주의 5대교리』, 37.
388) 김철웅, 『칼빈주의 5대 교리를 어떻게 설교할 것인가』, 196.
389) M. S. van Zyl, "Die Dordtse Leerreëls as Belydenis van Volkome
    Troos: 'N Bydrae tot die Hermeneutiek van Belydenisskrifte," *NGTT*

그런데 아르미니안주의자는 하나님께서 사람이 믿을 것을 미리 아시고(豫知) 예정하셨다고 주장했습니다. 이것은 인간의 미래에 일어날 일에 대하여 성부께서 가지고 계신 선험적 지식에 근거한 '예지 예정'(豫知 豫定)입니다(참고. 롬 8:29; 벧전 1:2).390) 아르미니우스처럼 현대인은 후보자가 갖춘 조건이나 자격을 살펴 투표하는 선거(election)에 익숙합니다. 그런데 아르미니우스는 무조건적 선택은 인간의 자유의지를 제한한다고 주장합니다. 하지만 무조건적 선택이야말로 인간을 진정으로 자유케 합니다. 왜냐하면 하나님의 전적인 은혜로 구원이 택자에게 주어지기에, 인간이 자신의 타락하고 부패한 의지나 능력에 의존하지 않도록 만들기 때문입니다.391) 이런 차원에서 무조건적 선택을 분명하게 강조하는 CD는 17세기 개혁신앙인들에게 위로를 제공했습니다.

17세기의 상황 속에서 CD는 16세기 칼빈의 예정론을 일정 부분 반영하여 다듬고 발전시켰습니다(참고. WC 3:3).392) 아르미니안주의자의 주장대로, 예정 전에 예지가 있었다면, 어떤 일이 벌어지겠습니까? 예지의 대상인 사람이 태어나기 전에 무(無)의 상태에서 성부 하나님은 무엇을 아시고 예정하셨는지 설명할 길이 없습니다.393)

45/1-2 (2004), 128, 133.

390) '작정'(foreordination)은 하나님의 주권적 계획인데, 인간의 영원한 운명(?)에 초점을 둔 예정을 포함한다고 볼 수 있다. '예정'은 구원의 주도권을 미리 정하신 하나님에게 두고, 아르미니안주의식 '예지'는 하나님의 아심에 강조점을 두지만 구원의 주도권을 인간에 둔다. 예지론은 그리스정교, 천주교, 루터교, 감리교, 재침례파 등에서 볼 수 있다. 김기호, 『칼빈주의 5대 교리란 무엇인가?』, 100; 김철웅, 『칼빈주의 5대 교리를 어떻게 설교할 것인가』, 209; Palmer, 『칼빈주의 5대교리』, 39-40.

391) Van Zyl, "Die Dordtse Leerreëls as Belydenis van Volkome Troos," 129.

392) D. W. Sinnema, "Are the Canons of Dordt a True Reflection of Calvin's View of Predestination?" *In die Skriflig* 52/2 (2018), 9-10.

393) 이 설명은 하나님께서 무로부터 예지하실 수 있는 능력이 없다는 의미가 아니라, 그렇게 하실 필요가 없다는 뜻이다. 김철웅, 『칼빈주의 5대 교리를

CD에 따르면, 하나님의 기뻐하시는 뜻에 따른 선택은 '모든 구원의 미덕의 원천'이며, 거기서 신앙과 구원과 영생이 나옵니다.[394] "많은 사람이 그리스도의 죽으심을 통하여 진실하게 믿음으로 죄와 파멸에서 구원받게 된 것은 영원 전부터 그리스도 안에서 그들에게 주신 하나님의 은혜일 뿐이요, 결코 그들의 어떠한 공로에 의한 것이 아니다."(CD 2:7).

하나님은 뜻을 정하여 마음에 하고자 하시는 것이면 그것을 행하십니다(욥 23:13). 신약성경에서 하나님의 주권적 '선택'과 관련된 그리스어 동사는 다양합니다. (1) 바울의 동역자 디도가 여러 교회의 택함을 받아 사역하고 있다는 맥락의 $\chi\epsilon\iota\rho\sigma\tau\sigma\nu\acute{\epsilon}\omega$(케이로토네오, 고후 8:19), (2) 예루살렘교회의 일곱 집사를 선택하는 맥락의 $\acute{\epsilon}\pi\iota\sigma\kappa\acute{\epsilon}\pi\tau\sigma\mu\alpha\iota$(에피스켑토마이, 행 6:3), (3) 예수님과 성부의 영원 전 예정이라는 맥락의 $\acute{\epsilon}\kappa\lambda\acute{\epsilon}\gamma\omega$(에클레고, 요 15:16; 엡 1:4), (4) 하나님께서 처음부터 성도를 택하심을 가리키는 $\alpha\acute{\iota}\rho\acute{\epsilon}\sigma\mu\alpha\iota$(하이레오마이, 살후 2:13), (5) 하나님께서 영생을 주시기로 작정한 비시디아 안디옥 성도가 믿는다는 맥락의 $\tau\acute{\alpha}\sigma\sigma\omega$(타소, 작정하다, 행 13:48) 등입니다.[395] 그리고 하나님께서 구원받을 사람들을 예지하셨다는 맥락의 '미리 알다'($\pi\rho\sigma\gamma\iota\nu\acute{\omega}\sigma\kappa\omega$, 프로기노스코, 롬 8:29; 벧전 1:2)는 사도행전 2:23의 '결정하고 미리 아심'($\acute{\sigma}\rho\acute{\iota}\zeta\omega$, 호리조, $\pi\rho\acute{\sigma}\gamma\nu\omega\sigma\iota\varsigma$, 프로그노시스)과 로마서 8:30의 '미리 정하다'($\pi\rho\sigma\sigma\rho\acute{\iota}\zeta\omega$, 프로오리조)에 비춰볼 때 예정과 의미상 다를 바 없습니다.[396] 이상의

어떻게 설교할 것인가』, 210.
394) 최홍석, "도르트 신조에 나타난 TULIP 교리의 정당성과 선교적 함축," 165.
395) Louw and Nida, *Greek-English Lexicon on the New Testament based on Semantic Domains*, Volume 1, 363.
396) 김철웅, 『칼빈주의 5대 교리를 어떻게 설교할 것인가』, 218.

8단어를 종합하면, 성부와 성자가 영원 전에 구원을 위해 성도를 택하심이 주요 의미이며, 교회가 사역자를 세우기 위해 투표로 결정한다는 뜻도 있습니다.

신약성경은 하나님의 무조건적이고 일반적인 선택을 분명하게 지지합니다(요 15:16; 행 13:48; 롬 8:30; 9:13; 엡 1:4-5; 2:8-10; 살후 2:13-14; 딤후 1:9; 벧전 1:2; 참고. 『21세기 찬송가』90장 1절). 무조건적 선택은 하나님의 기뻐하심을 따른 주권적 행위입니다(시 115:3; 135:6; 눅 2:14). 그러므로 하나님의 주권이 시행되는 장소와 시간에 하나님께서 영광을 받으시고, 복음 전파의 열매가 맺힐 수밖에 없습니다.397) 구약에서 하나님은 미약하고 장점이 없던 이스라엘 백성을 택하셔서 선민으로 삼으셨습니다(출 33:19; 신 4:37; 7:7-8; 호 13:5; 암 3:2; 참고, 롬 9:15). 신약 시대에 하나님의 선택을 받은 고린도교회의 형편도 이스라엘 백성과 다를 바 없었습니다(고전 1:27-29). 성부 하나님은 예수님을 죄인의 구주로 예정하셨는데, 그렇다고 예수님께서 구원을 위해 예정을 받은 것은 아닙니다(사 42:1; 눅 9:35). 하나님께서 직무를 위해 선택한 일꾼 중에서 가룟 유다는 구원에 이르지 못했습니다(행 1:25).398)

"하나님은 가장 지혜로우시며 불변하시며 전지(全知)하시며 무소부재하신 분이시므로 주님이 행하신 선택은 중단되거나 변하거나 취소되거나 무효화 될 수 없다. 또한 택함받은 자는 버림받거나 그 수가 감소 될 수도 없는 것이다."(CD 1:11; 참고. 롬 11:29). 하나님의 예정은 자신의 사랑이라는 성품의 발로이며, 그것은 주님의 능력으

---

397) 최홍석, "도르트 신조에 나타난 TULIP 교리의 정당성과 선교적 함축," 178.
398) 삼상 15:23에 근거하여 사울 왕도 구원받지 못했다는 주장은 김기호, 『칼빈주의 5대 교리란 무엇인가?』, 83을 보라. 그러나 다윗은 '활의 노래'(삼하 1:17-27)에서 사울을 높여 기렸다.

로 효력 있게 마무리될 수밖에 없습니다(요일 4:10).

튤립은 서로 연결되기에, 이 다섯 교리는 서로 지지합니다. CD 1:7은 '전적 부패'를 설명하면서 하나님의 무조건적 예정도 언급합니다(엡 2:3-9; CD 1장 제4절 항론파의 주장에 대한 반박). 이 예정은 교회로 하여금 감사와 찬송을 일으킨다고 설명하면서, 에베소서 1:4-6을 언급합니다(참고. 딤전 5:21).

하나님의 주권적이고 무조건적 예정을 받은 신자는 하나님의 은혜의 영광을 찬미하며, 성령님의 거룩하게 하시는 사역에 자신을 의탁해야 합니다(엡 1:5-6; 살후 2:13). 신자는 하나님의 예정에 항의하지 말고, 더욱 주님에게 다가가고, 경탄하며 찬양해야 합니다(롬 9:20; 11:33-36).[399] "이 선택의 교리를 이해할 때 구원받은 사람들은 하나님의 명령을 잘 지킴으로써 나태한 자리에 있지 않도록 하며 세속적인 유혹에 빠져들지 않도록 하지만, 선택받은 자로서의 행위를 부인하는 사람들은 이 구원의 은혜를 가볍게 여겨서 제멋대로 게으른 행위를 한다. 여기에 하나님의 공의로운 판단이 있게 된다."(CD 1:13).

하나님의 부르심과 빼내심이라는 예정을 받은 성도는 진실하게 행함으로써 어린양과 더불어 악의 세력과 싸워 이깁니다(계 17:14). 악한 사탄은 하나님께서 택한 사람들을 미혹하고 송사하지만, 하나님은 피택자들을 의롭다고 선언하십니다(마 24:24; 롬 8:33). 아르미니안주의자는 자신의 구원과 믿음의 확신을 하나님이 아니라 본인의 의지에 두기에, 구원의 확신과 기쁨을 가질 수 없습니다.[400]

그러면 사람이 하나님의 무조건적 예정을 받았다는 사실을 어떻게

---

399) B. J. van Wyk, "Die Dordtse Leerreëls: Inklusief of Eksklusief?" *In die Skriflig* 52/2 (2018), 10; Bouwman, 『도르트신경해설』, 147-48.
400) Palmer, 『칼빈주의 5대교리』, 62.

알 수 있을까요? 성령님께서 양자의 영을 주셔서 신자가 성부를 진정으로 '아버지'라 부를 수 있다면, 그 사람은 구원의 예정을 받은 것입니다(롬 8:15). 그리고 신자가 신적 성품에 참여하여 삶에서 열매를 맺으면 하나님의 택하심을 확신할 수 있습니다(벧후 1:4-7, 10-11).[401]

개혁주의자들은 '타락 후 선택설'을 대체로 선호하는 것으로 보입니다(어거스틴, 워필드, 찰스 핫지). 이것을 줄여서 '후택설'이라고도 부르는데, 하나님께서 창조 전에 인간의 창조는 작정하셨지만, 구원하시기로 작정하심은 타락 작정 이후에 일어났다는 주장입니다. 하나님께서 언제 사람을 구원하시거나 유기하시기로 예정하셨습니까? 원시복음(창 3:15)은 아담 부부가 타락한 후에 주어졌습니다. 그렇다면 타락 후 선택설이 옳다고 볼 수 있습니다. 하지만 하나님은 창세 전에, 다시 말해, 인간이 타락하기 전에 선택하셨습니다(엡 1:4).[402] 수수께끼와 같은 이 문제를 설교할 때, 회중이 혼동하지 않도록 주의해야 합니다.

성경 근거 구절

무조건적 선택: 하나님이 미리 아신 자들을 또한 그 아들의 형상을 본받게 하기 위하여 미리 정하였으니 이는 그로 많은 형제 중에서 맏아들이 되게 하려 하심이니라 또 미리 정하신 그들을 또한 부르시고 부르신 그들을 또한 의롭다 하시고 의롭다 하신 그들을 또한 영화롭게 하셨느니라(롬 8:29-30)

곧 하나님 아버지의 미리 아심을 따라 성령의 거룩하게 하심으로 순종함과 예수 그리스도의 피 뿌림을 얻기 위하여 택하심을 입은 자들에게 편지하노니 은혜와 평강이 너희에게 더욱 많을지어다(벧전 1:2)

---

401) Bouwman, 『도르트신경해설』, 106-108.
402) 김철웅, 『칼빈주의 5대 교리를 어떻게 설교할 것인가』, 247.

(1) 예정과 예지는 어떤 면에서 동일합니까? 이 둘은 영원 전에 일어난 일이라는 공통점이 있습니다. 그리고 이 둘의 뉘앙스의 차이는 무엇입니까? 전자는 하나님의 기쁘신 뜻대로 이루어진 결정을 강조한다면, 후자는 하나님께서 알고 계시는 지식을 강조합니다.

(2) 무조건적 선택은 인간의 자유의지를 무시합니까? 아니면 그것은 인간의 자유의지를 초월하는 하나님의 주권적 은혜입니까? 무조건적 선택은 영원 전에 이루어졌으므로, 선택에 인간의 자유의지가 개입할 여지가 없습니다. 그러므로 선택은 인간의 자유의지를 초월하는 주권적 은혜입니다.

3. 제한적이며 특별한 구속
(Limited and Particular Atonement)

도르트신경 둘째 교리: 그리스도의 죽으심과 인간의 구속

제6장: 복음에 의하여 부름을 받은 많은 사람이 있지만, 그들이 회개도 하지 않고 그리스도를 믿지 않으며 불신앙 가운데에서 멸망할 수밖에 없다. 이것은 십자가에서 그리스도에 의해 드려진 희생이 모자라거나 부족해서가 아니라 전적으로 믿지 않는 사람들에게 그 책임이 돌아가는 것이다.

제7장: 그러나 많은 사람이 그리스도의 죽으심을 통하여 진실하게 믿음으로 죄와 파멸에서 구원받게 된 것은 영원 전부터 그리스도 안에서 그들에게 주신 하나님의 은혜일 뿐이요, 결코 그들의 어떠한 공로에 의한 것이 아니다.

하나님은 타락한 인류 가운데 일정 사람은 구원 곧 구속(救贖)하기로 예정하셨습니다. 그러나 일정 사람은 유기하셔서 그들의 죄 때문에 멸망하게 하셨습니다. 이 주장은 모든 사람이 구원을 받는다는 보편적 구원설과 완전히 다릅니다. 그런데 데브레첸회의(1567)에서 보편구원론에 해당하는 '완전예정론'(Holopraedestinarii)이 제기되

었습니다. 이것은 알렉산드리아의 클레멘트, 오리겐, 나지안주스의 그레고리, 그리고 니사의 그레고리가 이미 주장한 이론입니다.[403] 슐라이어마허도 지지했던 이 무제한적 보편속죄론은 예수님께서 친히 말씀하신 영원한 형벌 개념에 반대됩니다(마 13:40-42; 막 9:44-48; 눅 12:4-5; 요 5:28-29).[404] 예수님의 속죄 능력은 무한하지만, 속죄와 대속의 범위는 특정한(particular) 사람에게 한정적(definite)입니다.[405] 따라서 '제한적 구속'을 '특정한 구속'(particular atonement)이라 부르기도 합니다.[406]

성경에서 형용사 '모든'은 종종 문맥을 고려하여 비문자적으로 해

---

403) 김철웅, 『칼빈주의 5대 교리를 어떻게 설교할 것인가』, 251.

404) 김철웅, 『칼빈주의 5대 교리를 어떻게 설교할 것인가』, 252.

405) Palmer, 『칼빈주의 5대교리』, 70. 참고로 1960년대에 미국 기독개혁교회(CRC)의 경우 하나의 교회가 연간 맺는 전도의 결실은 약 1.4명에 지나지 않았다. 이 문제를 타개하려 했던 칼빈신학교 선교학 교수 Dekker의 설명을 들어보자. HC는 제한적 구속에 관한 질문을 명시적으로 하지 않으며, 심지어 CD에는 '제한적 구속'과 '보편적 구속'이라는 단어가 분명하게 나타나지 않는다. 그러므로 '제한적 구속'은 비교적 최근에 만들어진 교리이다. 정통 개혁주의 주장과 달리, 구원의 '범위'가 아니라 '효과'가 제한적이라는 의미로 볼 수 있다. 다시 말해, 하나님은 모든 사람을 사랑하시고, 예수님은 모든 사람을 위해 죽으셨다는 성경적 가르침을 따라야만 선교를 활성화할 수 있다. CD는 선교적 책무와 기회에 무감각했던 개신교도의 정서를 반영했다. 그리고 CD의 '매우 특정한 구속론'과 타락 전 선택설(supralapsarianism)을 무 비판적으로 수용한다면 현대 교회의 선교활동에 지장이 있을 것이다. H. Dekker, "Limited Atonement and Evangelism," *Reformed Journal* 14/5 (1964), 22-24를 보라. 하지만 CD에 '제한적 구속'이라는 용어가 등장하지 않더라도, 그 교리의 사상은 확실하게 나타난다. 그리고 제한적 구속이라는 교리 자체가 선교를 저해하지 않고, 이 교리가 담아내는 복음에 대해 감격하지 못하여 선교에 열심을 내지 않는 그리스도인이 문제이다.

406) 참고. D. Steele, C. C. Thomas, and R. Nicole, *The Five Points of Calvinism: Defined, Defended, and Documented* (Phillipsburg: P&R, 1963). 참고로 히브리어 kipper에 상응하는 16세기 초에 등장한 영어 명사 'atonement'(대속)는 몸값(ransom)을 전제로 하는 'at-one-ment'(단번에)에서 나왔다(출 21:30; 32:30-32; 레 16:32; 대하 30:18-19; 시 78:38; 사 47:11; 겔 16:63). O. J. Baab, "The God of Redeeming Grace: Atonement in the Old Testament," *Interpretation* 10/2 (1956), 136.

석해야 합니다(참고. 창 24:36; 25:5; 41:57; 삼하 15:17, 23; 왕상 4:31; 6:7; 10:24; 왕하 1:20; 2:15; 8:2, 14; 막 1:5; 눅 2:1; 21:17; 행 2:5; 4:21; 롬 1:8). 성경은 보편구원론을 지지하지 않습니다. 예를 들어, "그리스도 안에서 모든 사람이 삶을 얻으리라"(고전 15:22)에서 조건 '그리스도 안에서'가 중요합니다. 그리스도 안에 있는 사람은 예외 없이 구원받지만, 예수님 바깥에 있는 사람에게는 구원이 없습니다. "그가 모든 사람을 위하여 자기를 속전으로 주셨으니"(딤전 2:6)에서 '모든 사람'은 모든 계층과 인종을 아우르면서 선택된 사람 전체를 가리킵니다.407) 그리고 "모든 사람에게 구원을 주시는 하나님의 은혜가 나타나"(딛 2:11)에서 '모든 사람'은 인류 중에서 한 사람도 예외 없다는 의미가 아닙니다. 또한 "오직 너희를 대하여 오래 참으사 아무도 멸망하지 않고 다 회개하기에 이르기를 원하시느니라"(벧후 3:9)에서 '다'는 불특정 다수가 아니라 바로 앞의 '너희'로 한정됩니다.408) 그리고 신약성경의 '세상'도 하나님의 자녀로 이루어진 세상이나 교회를 가리키는 경우가 있습니다(요 6:51; 롬 4:13; 11:12, 15).409)

다수의 아르미니안주의자가 지지하는 '선택적 보편주의'란 하나님께서 모든 인류를 구원하시기로 예정하시고 구원을 완성하셨지만, 사람의 의지적 선택 때문에 모든 사람이 구원받는 것은 아니라는 주장입니다.410) 그리고 선택적 보편주의자는 허물과 죄로 죽은 사람이라도 의지적으로 구원을 선택할 수 있다고 봅니다(비교. 엡 2:1).

---

407) Palmer, 『칼빈주의 5대교리』, 87.
408) 김기호, 『칼빈주의 5대 교리란 무엇인가?』, 137-38; 김철웅, 『칼빈주의 5대 교리를 어떻게 설교할 것인가』, 273, 311-15.
409) 정요석, 『칼뱅주의 5대 교리 완전정복』, 117-18.
410) 김기호, 『칼빈주의 5대 교리란 무엇인가?』, 129.

그러나 예수님은 온 인류가 아니라 '자기 백성'의 죄를 속하십니다 (마 1:21). 성부께서 성자에게 주신 사람들, 곧 예수님의 양만 예수님을 믿을 수 있고, 그 결과 구원을 받습니다(요 3:16;[411] 6:37, 39, 44; 10:14-18, 25-29; 17:6-12). 구원의 예정을 받은 사람은 제한적이지만 그 수가 적지 않습니다(마 20:28; 22:14; 26:28; 히 9:15, 28; 계 2:17; 7:4; 9:4). CD 1:15는 구원의 예정을 받지 못한 사람들이 직면하는 심판을 아래와 같이 설명합니다.

모든 인간이 택함받은 것이 아니라 그 중 얼마가 택함을 받았을 뿐이라는 사실이다. 그 외의 사람들은 하나님이 거룩하고 의롭고 자비로우신 그 불변하는 사랑에서 제외되어 스스로 파멸에 빠져 구원의 믿음과 회개하는 은총을 받지 못한 채, 그들의 길을 따라 하나님의 심판을 자초하여 끝내는 하나님의 공의로우신 심판 앞에서 영원한 형벌을 받게 된다. 이는 그들의 불신앙으로 인할 뿐만 아니라, 또한 그들이 지은 모든 죄악으로 인한 결과이다.

'구속'(atonement)에 해당하는 그리스어 명사는 성부께서 예수님을 고린도교회의 구원으로 보내셨다는 맥락의 $\dot{\alpha}\pi o\lambda\acute{u}\tau\rho\omega\sigma\iota\varsigma$(아포뤼트로시스)이고(고전 1:30), 동사는 예수님은 성도를 모든 불법에서 속량하신다는 맥락의 $\lambda u\tau\rho\acute{o}\omega$(뤼트로오)입니다(딛 2:14).[412] 참고로 간접적으로 관련된 다른 명사는 '금식'하며 이스라엘이 거국적으로 '속죄'를 기대하는 날을 가리키는 $\nu\eta\sigma\tau\varepsilon\acute{\iota}\alpha$(네스테이아)입니다 (행 27:9). 이 단어들을 종합하면, 구속은 성부께서 예수님을 통하여 모든 사람이 아니라 성도를 구원과 속량하신다는 뜻입니다(참고. 욥

---

411) 보편구원론을 지지하지 않는 요 3:16은 요 1:12-13과 연결하여 문맥적으로 읽어야 한다. 김철웅, 『칼빈주의 5대 교리를 어떻게 설교할 것인가』, 347.
412) Louw and Nida, *Greek-English Lexicon on the New Testament based on Semantic Domains*, Volume 1, 530.

19:25의 '대속자').413)

신약성경의 첫 장은 이러한 제한된 구속의 의미에 부합합니다. 마태복음 1장의 족보는 이스라엘의 남은 자들을 중심으로 소개됩니다. 그러므로 거기에 구약의 이방 제국들은 배제됩니다. 그리고 예수님의 피 뿌림과 성령님의 거룩하게 하심은 성부의 예지를 받은 사람에게만 해당합니다(벧전 1:2). 예수님께서 십자가에서 대속을 위해 죽으셨을 때, 구원받을 사람은 원죄와 자범죄를 용서받았습니다. 이를 CD 2:8가 다음과 같이 설명합니다.

오직 하나님의 뜻으로 말미암아 그리스도께서는 사람들에게 성령의 구원 능력과 함께 모든 것을 주시되 십자가에서 죽으심으로 그들을 속량해 주셨다. 따라서 믿기 전과 후에 지은 모든 죄악 등을 그것이 원죄이든 실제적인 죄이든 간에 깨끗케 해주시며, 세상 끝날까지 점이나 흠 없이 신실하게 보존해 주셔서 하나님 앞에서 영원토록 즐거워하도록 하시는 것이다.

요한계시록에서 어린양 예수님의 신부는 새 예루살렘성이라는 건축물로 상징되는데, 그 안과 밖에 거주할 사람들로 나누어집니다(계 21:8). 신분의 경계가 있으므로, 모든 사람이 구원받는 것은 아닙니다. 제한적 구속 때문에, 형벌과 심판 그리고 유황불 못이 있습니다(계 20:15).

지구갱신론(행 3:21; 벧후 3:10; 계 21:1)은 하나님의 제한적 구속에 적절합니다. 왜냐하면 하나님은 신천신지로 갱신될 지구에 살 수 있는 인원만큼 구원을 위해 정해두셨기 때문입니다.414)

---

413) 하나님께서 신자에게 주시는 속죄의 효력은 이 세상의 신자에게 제한되지 않고, 다만 속죄의 유익을 얻는 사람은 제한적이다. Selderhuis 외, 『도르트신경』, 144.
414) 세상의 갱신을 초래한 주님의 부활은 공적 복음이어야 한다! 예수님은 '그 부활'이요 '그 생명'이시다(요 11:25). 예수님과 연합한 그리스도인은 부활

튤립은 서로 구분은 되지만 분리되거나 상충하지 않고, 대신 공존하고 서로를 지지합니다.[415] 튤립 중에서 중앙의 '제한적 특별한 속죄'만 부인하는 사람들이 적지 않습니다. 그들이 이 교리를 부인하는 이유는 "모든 사람에게 주어지는 구원에 대한 복음을 듣고도, 사람이 수용하기를 거부했기 때문이다"라고 답합니다. 하지만 이런 대답은 네 번째 '불가항력적 은혜' 교리를 부정하게 됩니다. 왜냐하면 소위 '칼빈주의 4대 교리주의자'(Four-Point Calvinist)는 보편적인 속죄의 은혜에도 불구하고 사람이 구원을 거부할 수 있다는 능력을 가지고 있다고 인정하기 때문입니다. 더 나아가 제한적 속죄를 부정하면 튤립의 첫 번째 교리인 '전적 타락과 무능력'도 부정하게 됩니다. 왜냐하면 사람이 구원을 거부하는 능력을 가지고 있다고 인정하기 때문입니다. 또 둘째 교리인 '무조건적 선택'도 반대하게 됩니다. 왜냐

의 은혜를 자신의 것으로 삼아야 한다. 그런데 그 이상이다. 부활주일은 슬프고 어두운 고난주간의 해피 앤딩이라기보다 무언가 중요한 출발점이다. '한 주간의 첫날'에 예수님께서 부활하심은 썩어짐의 권세가 패배당하기 시작하여 새 창조를 도래시킨 변곡점이다(눅 24:1; 요 20:1, 19; 계 1:10). 복낙원의 동산지기이신 예수님의 부활로써 낡아진 첫 하늘과 첫 땅은 사라져간다(요 20:15; 계 21:1). 그러므로 부활 백성인 그리스도인은 십자가의 구원을 되돌아보면서 성령의 능력으로 갱신의 참된 표지들을 매일 드러내야 한다. 그것들은 하나님의 구원과 사랑과 영생, 그리고 회복적 정의 등이다. 또한 그리스도인은 예술을 비롯하여 모든 공적 영역에 새 창조의 놀라움을 묘사할 수 있어야 한다. 이 이유로 부활주일 설교는 새 창조의 역군인 그리스도인의 삶의 전 영역을 포괄해야 한다. 그리스도 안에서 새 피조물 된 성도는 신천신지를 미리 맛보는 중이다. 골고다 언덕 위의 십자가 처형은 공적 사건이었다(요 19:20). 만유에게 새 옷 입히는 주님의 부활도 마찬가지이다(찬송가 167장 2절). 새 창조와 부활의 능력은 예수님의 재림 때 있을 몸의 부활 때까지 계속 공적으로 나타날 것이다. 천국 복음과 선교적 교회의 공공성은 성부께서 성자와 성령을 통해서 모든 영역에 이루고 계시는 새 창조의 능력을 회복할 때 가능하다. 교회가 부활의 공적 중요성을 확신하여 공적으로 활동할 때가 찼다. 참고. N. T. Wright, "Resurrection and the Renewal of Creation: Public Lecture, autumn 2018," *The Biblical Annals* 9/4 (2019), 655-69; M. D. Meeks, "The Public Character of the Resurrection," *Journal for Preachers* 14/3 (1991), 3-9.
415) 김철웅, 『칼빈주의 5대 교리를 어떻게 설교할 것인가』, 137.

하면 하나님은 속죄의 은혜를 받아들이는 사람만 구원하시기에, 하나님은 조건적으로 구원을 위해 예정하신 격이 되고 말기 때문입니다. 마지막으로 '칼빈주의 4대 교리주의자'는 다섯째 교리 '성도의 견인'과도 상충할 수밖에 없습니다. 왜냐하면 보편적 속죄를 작정하신 하나님께서 구원의 은혜를 거부한 사람을 버리셔서 인내하지 못하도록 하셔야 하기 때문입니다.[416]

성경 증거 구절

제한적 구속: 아버지께서 내게 주시는 자는 다 내게로 올 것이요 내게 오는 자는 내가 결코 내어 쫓지 아니하리라 내가 하늘로서 내려온 것은 내 뜻을 행하려 함이 아니요 나를 보내신 이의 뜻을 행하려 함이니라 나를 보내신 이의 뜻은 내게 주신 자 중에 내가 하나도 잃어버리지 아니하고 마지막 날에 다시 살리는 이것이니라(요 6:37-39)

너희는 하나님으로부터 나서 그리스도 예수 안에 있고 예수는 하나님으로부터 나와서 우리에게 지혜와 의로움과 거룩함과 구원함이 되셨으니 (고전 1:30)

➡ 복습과 실천을 위해 함께 생각해 볼 점

(1) 우리 주위에 "하나님은 당신을 사랑하십니다"라는 문구를 어렵지 않게 보거나 그런 메시지를 듣습니다. 그리고 전도할 때, "예수님은 당신을 위해 죽으셨습니다."라고 말하기도 합니다. 불특정 다수를 향한 이런 메시지는 조심해서 사용해야 합니다. 교회는 자기 독생자를 내어주신 아버지 하나님의 사랑의 복음을 전할 뿐입니다.[417]

(2) 보편구원론과 불신자가 죽을 때 영혼이 소멸되기에 지옥은 없다는 주장의 관계를 설명해 보세요. 모든 사람이 구원을 받는다는 보편구원론은 지옥의 존재를 부정할 수밖에 없습니다. 그렇다면 불신자가 죽는 순간에 그 사람의 영혼은 소멸되어 사라져야 합니다. 그러나 성경의 가르침대로, 영혼이 소멸되지 않고 살아 있기에, 그 영혼

---

416) 김철웅, 『칼빈주의 5대 교리를 어떻게 설교할 것인가』, 134-36.

은 육체와 결합하여 부활할 수밖에 없습니다. 그러므로 실제 물리적 공간인 지옥 곧 유황불 못은 반드시 존재합니다. 하지만 그 장소가 어디인지 확실히 알 수 없습니다.

(3) 제한적 구속을 믿으면서, 왜 불신자에게 전도해야 합니까? 사람은 사람의 구원 여부를 모르기 때문에 언제나 전도해야 합니다. 지금 불신의 상태에 빠져 있는 사람 중에 구원으로 예정된 사람은 전도를 통해서 주님께로 돌아올 것입니다.

4. 불가항력적 은혜(Irresistible Grace)

도르트신경 셋째와 넷째 교리: 인간의 타락과 하나님께로의 회심, 그리고 회심 후의 태도

제12장: 하나님께서 우리 속에서 역사하사 새로운 모습으로 만드시되 죽음에서 부활의 새 생명을 얻도록 하신 것은 성경에서 강조하는 중생케 하는 힘이다. 그러나 이것은 결코 복음을 외침으로나 도덕적 권면으로, 또는 (물론 하나님께서 일을 하신 후에 인간 편에서는 계속적으로 변화되는 일이 된다 하더라도) 인간적인 수단으로 되는 것이 아니다. 그것은 분명히 초자연적이고 가장 능력 있으며 동시에 가장 기쁘고 놀라우며 신비스럽고 결코 없어지지 아니하는 하나님의 능력으로 되는 것이다. 성령님의 감동으로 된 하나님의 말씀이 보여주듯이 이 중생의 능력은 창조나 죽음에서의 부활 등에 못지않게 놀라운 것이다. 그러므로 하나님께서 인간의 마음속에서 역사하시는 이 놀라운 일은 분명하고 정확하며 효과적으로 중생케 함으로 실제적인 믿음을 얻게 하는 것이다. 또한 변화된 마음은 하나님에 의해서 이뤄지고 효력을 낼뿐만 아니라 이 효력의 결과는 그 자체로 활동적이다. 따라서 인간은 이 받은 은혜로 인하여 믿고 회개함에 이른다고 말함이 옳은 것이다.

제13장: 신자들에게 성령님의 사역의 움직임은 이 세상에서 완전히 이해될 수는 없다. 그럼에도 불구하고 하나님의 은혜로 이 모든 일이 신자로 하여금 구세주를 믿고 사랑하도록 하기에는 충분하다.

---

417) Bouwman, 『도르트신경해설』, 177. 참고로 고신대 정문 근처에 "God loves You"라고 적혀 있다. 이 문구는 고신대의 신자 교직원과 학생에게는 진리이다. 하지만 불신 학생들에게는 "God love You"가 적절하지 않은가?

하나님께서 구원과 믿음을 선물로 주시기로 예정하시면, 아무리 완고한 사람이라 할지라도 마음을 부드럽게 만들어 유효한 부르심을 수용하게 하십니다(참고. 요 1:13; 6:44, 65; WC 10:1; WSC 67).

중생은 하나님의 은혜요 선물입니다(요 3:3). 여기서 '불가항력' (不可抗力)은 '강요된' 혹은 '억지로'라는 뜻입니까? 다시 말해, 하나님은 인간의 의지에 반하여 일하십니까? 중생의 은혜가 죄인에게 임하면, 새로운 동기와 자원하는 욕구가 효력 있게 형성됩니다(행 16:14).[418] 죄인이 하나님의 은혜를 거부함에도 불구하고, 하나님은 회개와 회심과 회복을 반복하여 이루어 가십니다(CD 5:6-8).[419] 불가항력적 은혜(I)는 튤립의 다른 교리들과 연계됩니다. 전적으로 타락한 사람 중에서(T), 성부는 일부를 무조건적으로 선택하시고(U), 성자는 그들만 속죄하셨습니다(L).[420]

하나님은 효과적인 은혜(effectual grace)로써 택한 백성을 구원으로 유효하게 부르시며(efficiuous calling), 성령께서 신자에게 '마음의 할례'를 주십니다(신 30:6). 그리고 내적 변화를 위해 하나님을 경외하는 부드러운 마음을 주시는 은혜도 중요합니다(렘 32:40; 36:26-27; 행 18:27; 롬 9:16; 고후 5:17; 갈 6:15; 빌 2:12-13; 벧전 1:15; 2:9; 5:10; 벧후 1:3; 유 1:1; 계 17:14). 물론 구원은 가장 큰 은혜입니다(요 11:42-44; 행 13:48; 고전 12:3; 딤후 1:9).[421] 하나님은 그렇게 하실 책임이 없음에도, 구원의 믿음을 주시고, 사람이 그것을 받아들이게도 하십니다.[422] 성령 하나님의 효과적인 은혜

---

418) 김기호, 『칼빈주의 5대 교리란 무엇인가?』, 159-62.
419) Van Zyl, "Die Dordtse Leerreëls as Belydenis van Volkome Troos," 134.
420) 김철웅, 『칼빈주의 5대 교리를 어떻게 설교할 것인가』, 350.
421) Palmer, 『칼빈주의 5대교리』, 112-13; 김철웅, 『칼빈주의 5대 교리를 어떻게 설교할 것인가』, 356.
422) Bouwman, 『도르트신경해설』, 283.

는 성도의 칭의, 성화, 그리고 영화라는 구원의 서정(ordo salutis) 전체에 해당합니다.423) 그러므로 성도는 은혜에 감격하며 찬양해야 하지, 라오디게아교회처럼 미지근해서는 안 됩니다(계 3:14-15).

구약의 '헤세드'와 신약의 '은혜'(χάρις, 카리스)는 하나님의 진노 를 받아 마땅한 사람에게 주어진 호의입니다(출 33:19; 민 14:19; 왕 상 3:6; 시 106:45; 사 54:7-8; 단 9:9; 호 6:1; 롬 5:20). 구약의 역 사는 '은혜의 역사'이며, 은혜의 관계는 언약으로 가능하며, 구약의 중요한 목표는 사람 가운데 은혜로운 하나님 나라를 건설하는 것입 니다.424) 헤세드(사랑, 은혜)는 언약 관계를 전제하는데, 은혜로우신 하나님께서 자신의 거룩한 백성(하시딤)에게 성결과 감사 등의 의무 를 요구하십니다(레 11:44; 민 14:19; 느 11:17; 사 54:10).425) 구 약과 신약에서 이 호의를 입은 사람은 거부할 수 없는 하나님의 은혜 를 따라, 주님의 구원 사역에 자원함으로써 참여하고, 구원을 복과 선물로 받아 누렸습니다(눅 1:30; 2:40; 4:22; 요 1:14; 행 4:33; 6:8; 7:10, 46; 11:23; 15:40; 롬 1:5, 7; 3:24; 갈 1:3, 6; 엡 1:6; 벧전 1:10; 계 22:21 등).426)

예수님의 제자들은 사도로 부름을 받았을 때, 그들은 생업을 핑계 대면서 저항하지 않았습니다(마 4:18-22). 그리고 사도 바울은 다메

---

423) 김철웅, 『칼빈주의 5대 교리를 어떻게 설교할 것인가』, 373.

424) W. R. Roehrs, "The Grace of God in the Old Testament," *Concordia Theological Monthly* 24/1 (1953), 42-43.

425) W. R. Roehrs, "The Grace of God in the Old Testament," *Concordia Theological Monthly* 24/1 (1953), 902.

426) Palmer, 『칼빈주의 5대교리』, 96; Louw and Nida, *Greek-English Lexicon on the New Testament based on Semantic Domains*, Volume 2, 750. 참고로 출애굽 후 이스라엘 백성이 광야에서 만나로 만족하지 못하고 "우리가 애굽에 있을 때에는 값없이 생선과 ......"라고 불평했다(민 11:5). 그들이 애굽에서 학정 아래 노동에 시달린 대가를 치르고도 '값없이' 곧 바로의 은혜로 양식을 먹었다고 말한 것은 아이러니가 아닐 수 없다.

섹으로 가는 길에 저항할 수 없는 구원의 은혜를 받았고, 동시에 이 방인 선교사로 부름을 받았습니다(행 9:1-19). 또한 바울의 제1차 선교 중에, 하나님께서 예정 받은 사람은 다 믿었습니다(행 13:48). 그런데 만일 인간의 의지적 결단에 구원의 성사 여부가 달려있다면, 성령님은 인간의 결단이라는 어퍼컷을 맞고 링에 쓰러지는 실패자가 되고 말 것입니다.427)

하나님께서 복음으로 죄인을 구원으로 부르실 때, 믿음이 아니라 부정적 반응을 보인다면, 책임은 본인에게 있습니다. 그때 본인의 환경이나 다른 것을 탓하는 것도 의미가 없습니다.428)

그런데 사람이 구원의 은혜를 거부할 수 없다면, 성도는 왜 불신자를 '전도'해야 합니까? 하나님께서 선교를 100% 주도하시는데, 은혜를 입은 사람을 100% 활용하십니다. 그러나 이 둘의 합은 200%가 아니라, 여전히 100%입니다. 왜냐하면 하나님께서 사람을 통하여 선교하시기 때문입니다.429) 하나님의 주권만 강조하다가 인간의 피동성과 무책임성을 조장하는 극단적(hyper) 칼빈주의를 경계해야 합니다. CD와 하나님의 선교 간의 관계는 아래 설명에서 확인할 수 있습니다. 남아공 개혁주의 선교학자 베이스(P. J. Buys)는 복음이 전파될 때 구원받기로 예정된 사람에게 일어나는 긍정적인 반응을 다음과 같이 설명합니다.

우리는 도르트신경이 하나님의 선물로 묘사하는 신앙이 2장 5조에서 인간의 책임이라고 설명되는 점에 주목한다. 또한 이 조항은 복음의 약속은 회개와 믿음이라는 명령과 동반해야 함을 상기시킨다.

---

427) 김철웅, 『칼빈주의 5대 교리를 어떻게 설교할 것인가』, 380.
428) Bouwman, 『도르트신경해설』, 255.
429) M. S. Horton, "If Grace Is Irresistible, Why Evangelize," *Christianity Today* 43/10 (1999), 98; 최홍석, "도르트 신조에 나타난 TULIP 교리의 정당성과 선교적 함축," 174.

왜냐하면 신앙과 회개가 없다면 아무도 구원받지 못하기 때문이다. ...... 복음의 메시지가 모든 사람에게 전달되어야 한다고 단순히 말하지 않으며, 그것이 모든 사람에게 선포되어야 한다고도 말하지 않는다. 그리스도의 죽으심의 효과가 2장 8조에서 다루어질 때, 복음의 메시지는 신실하게 증언되고, 하나님의 모든 참 백성(CD의 용어로는 '하나님의 선택에 속한 사람들')은 신앙과 순종으로 반응할 것이라고 설명한다.[430]

사람은 호흡하기에 생명을 유지하지만, 근원적으로 은혜와 생명이 있기에 호흡합니다. 신자에게 구원과 영생이 있기에 선을 행합니다.

성경 증거 구절

불가항력적 은혜: 네 하나님 여호와께서 네 마음과 네 자손의 마음에 할례를 베푸사 너로 마음을 다하며 뜻을 다하여 네 하나님 여호와를 사랑하게 하사 너로 생명을 얻게 하실 것이며(신 30:6)

주께서 이같이 우리에게 명하시되 내가 너를 이방의 빛으로 삼아 너로 땅 끝까지 구원하게 하리라 하셨느니라 하니 이방인들이 듣고 기뻐하여 하나님의 말씀을 찬송하며 영생을 주시기로 작정된 자는 다 믿더라(행 13:47-48)

➡ 복습과 실천을 위해 함께 생각해 볼 점

(1) 믿음과 불가항력적 구원의 은혜 중에 무엇이 먼저입니까? 선물인 믿음이 사람에게 임해야만 신앙고백을 할 수 있기에, 믿음이 먼저이고 그 결과 구원의 은혜가 주어집니다(요 3:15).[431] 저항할 수 없는 중생의 은혜를 가능하게 하는 근원적인 원인은 예정입니다.

(2) 한국교회에 잘 알려진 복음송 "나의 주 나의 하나님이여"(My Lord, and my God)에 "고통 속에 방황하는 내 마음, 주께로 갈 수 없

---

430) P. J. Buys, "Missio Dei Perspectives in the Canons of Dort," *In die Skriflig* 53/3 (2019), 6.

지만, '저항할 수 없는 그 은혜'(undeniable kindness)로 주님의 길을 걷게 하소서"라는 가사가 있습니다. 여기서 '부정할 수 없는 호의'는 신자가 주님의 사랑을 깨달아 그분께서 원하시는 길을 걷도록 만듭니다. 이것은 '저항할 수 없는 은혜'와는 뉘앙스에 있어 차이가 있습니다.432)

(3) 우리가 불가항력적 구원의 은혜를 믿으면서도 전도해야 하는 이유는 무엇입니까? 하나님은 전도를 통하여 구원의 은혜를 주시기를 기뻐하시기 때문입니다.

5. 성도의 견인(Perseverance of the Saints)

도르트신경 다섯 번째 교리: 성도의 견인

제11장: 성경이 증거하는 바는 신자라 할지라도, 이 세상에서 살아갈 때 여러 가지 육신적인 의심으로 마음의 갈등을 갖게 되며, 심한 유혹으로 믿음과 성도의 견인에 대한 확신을 느끼지 못할 때가 있을 때도 있다는 것이다. 그러나 모든 위로의 아버지가 되시는 하나님은 성도를 견인토록 하는 성령의 도우심으로, 사람이 감당치 못할 시험을 주시지 않고 다만 시험당할 즈음에 피할 길을 내서 능히 감당케 하신다(고전 10:13).

제12장: 그러나 성도를 인내하도록 하신다는 이 확신은 교만한 마음으로 이 세상의 안일함 속에 빠져들게 하는 것이 결코 아니며, 오히려 겸손한 마음과 충성심, 참된 경건함과 모든 시험 중에서의 참음, 그리고 뜨거운 기도와 인내심 그리고 진리를 고백하며 하나님 안에서 기뻐하는 이 모든 일의 근원이 되는 것이다. 그러므로 성도를 인내하게 해주시는

---

431) 행 14:9에서 바울이 목도한 '구원받을 만한 믿음'은 성령님께서 바울에게 주신 확신에서 기인하거나, 루스드라의 장애인이 선교사 바울에게 보인 반응을 통하여 바울이 가진 확신일 수 있다.

432) 이답과 김찬양이 부른 "저항할 수 없는 은혜"(Irresistible Grace)도 유사하다. "쉼 없이 달려왔던 모든 발걸음을 이제 잠시 뒤돌아봅니다. 넘지 못할 산도 두려웠던 순간도 모두 다 주의 은혜라. 지금까지 그래왔듯이 주님과 함께 나아가리라. 주님의 시선이 닿는 그곳 그곳이 보이는 순간까지 주님의 말씀 순종합니다. 넘지 못할 산도 두려웠던 순간도 모두 다 주의 은혜라. 주님의 시선이 닿는 그곳에 나는 서겠네. 저항할 수 없는 주의 은혜로 지금까지 그래왔듯이 주님과 함께 나아가리라. ...... "

하나님의 은혜를 생각할 때 날마다 하나님께 감사하고 선한 일을 행함
으로 이 은혜에 보답해야 마땅한데, 이는 성경이 증거하는 바이며 성도
가 체험한 신앙이었다.

CD는 총 15항에 걸쳐 견인(堅忍)을 설명하는데, 특이하게도 중생
후에 성화가 아니라 견인을 다룹니다. '견인'이라 하면, 대체로 불법
으로 주차한 차나 고장난 차를 끌고 가는 것을 떠올립니다. 이 경우
에 한자 표현은 '끌다'라는 뜻의 '견인'(牽引)입니다. 그러나 성도의
견인(堅忍)은 성도가 굳게 참는 것을 뜻합니다. 이윤석에 따르면, "중
생 이후에 인생의 종점에 이르기까지 평생동안 모든 중생자는 이 은
혜의 대상이 된다. 그러다 보니 견인과 성화, 두 가지 모두가 중생자
들의 평생에 늘 함께 존재하는 은혜가 된다."[433]

항론파에 맞서 헤이그회의(1611)는 하나님의 칭의와 중생과 접붙
임에 관한 약속은 확실하며(렘 31:33-34; 요 4:14; 14:16), 하나님
은 이 약속의 말씀에 따라 인간을 확실하고 완전하게 견인하도록 인

---

[433] 이윤석, "도르트 신경의 성도의 견인 교리 조항들에 대한 고찰," 『조직신학
연구』 36 (2020), 182. 참고로 신자는 자신이 예정 받았는지 알 수 없다고
믿은 어거스틴이 펠라기우스를 비판하면서 하나님의 은혜는 그리스도 안에
서 성도가 인내하기 위한 궁극적 기초라고 밝힌 "견인의 선물에 대한 연
구"(ca. 428)를 필두로, 토마스 아퀴나스의 세 가지 견인, 마틴 루터의 그
리스도 안에서의 안전과 인간 자신 안의 불안전 간의 긴장, 칼빈의 구원의
예정과 성령의 중생케 하시는 은혜를 입은 비가시적 교회의 견인(요일
3:9), 트렌트공회의(1546)의 성도는 자신이 구원으로 예정되었는지 알 수
없다는 결정, 성공회 대주교 토마스 크랜머가 주도한 '42개 신조'(1553)의
칼빈의 견인 주장에는 약간 미치지 못하는 주장, 아르미니우스의 신자의 구
원 탈락 가능성에 대한 부주의한 결론, WCF 17장의 '성도의 견인', 존 웨
슬리의 히 6:4에 기초한 구원 탈락 가능성을 인정한 주장, 미국 남침례교
회(SBC)의 "침례교 신앙과 메시지에 대한 성명"(1925)의 참 신자는 하나님
의 능력으로 보호받아 끝까지 견인한다는 주장, 그리고 세대주의자들의 참 신
자가 누리는 견인 등은 J. J. Davis, "The Perseverance of the Saints:
A History of the Doctrine," *JETS* 34/2 (1991), 213-27을 보라.

도하실 것이기에(시 138:8; 요 6:37, 39; 고전 1:8; 살전 5:23), 성도도 확실하고 끝까지 견인한다고 천명했습니다(마 24:24; 롬 8:29-30; 11:1-2; 참고. HC 58; WCF 17:1).434) CD도 성도의 연약함 때문에 견인이 실패하는 것은 아니며, 하나님의 은혜로만 성도는 끝까지 견인할 수 있으므로, 겸손하고 경건하며 깨어 기도하며 두렵고 떨림으로 박해와 불확실성의 도전에 맞서 구원을 이루어가야 한다고 강조합니다.435) CD 5:6은 구원으로 예정된 사람에게 주어진 성령과 양자됨이 취소되어, 그 사람이 영원한 멸망에 빠질 수 있다는 주장을 아래와 같이 반대합니다.

변함없는 하나님의 택하심에 기초한 그의 풍성하신 은혜는 비록 성도가 심각한 죄에 빠져있을 때라도 성령님을 거두시는 것이 아니며, 또한 하나님의 자녀가 되는 그 은혜를 잃어버림으로써 의인의 상태에서 떨어져 나가도록 고통 가운데 방치하거나, 성령님을 거스르는 죄악을 범하며 전적으로 타락되어 영원한 멸망에 빠지도록 하시지도 않으신다.

신자가 구원의 은혜를 잃어버릴 수 있다는 항론파의 주장에 대해 CD 1장 제2절은 다음과 같이 반박합니다. "이 주장은 성경의 가르침과는 무관한 인간의 머리에서 나온 상상일 뿐이므로, 선택에 대한 성경의 가르침을 그릇되게 하여 구원의 보배로운 줄을 끊어버리는 결과가 될 뿐입니다(롬 8:30)."

인내는 주로 고난과 박해를 배경으로 합니다.436) 형용사 '불가항

---

434) 김병훈, "도르트 신경이 고백하는 성도의 견인 교리,"『장로교회와 신학』 11 (2014), 222, 224.
435) 김병훈, "도르트 신경이 고백하는 성도의 견인 교리," 225-26.
436) 기독교인이 박해받는 국가와 포스트모던의 불확실성 사회에서 성도의 견인과 구원의 확실함은 더욱 필요하다는 논증은 P. Verster, "The Perseverance of the Saints, Persecution and Mission, and Its Implications for

력적'에 해당하는 그리스어 단어를 찾기는 쉽지 않습니다.437) 하지만 견인과 관련된 그리스어 단어는 다양합니다. (1) 관련 동사로는 빚진 자가 채권자에게 참아달라고 간청하는 맥락의 μακροθυμέω(마크로쒸메오, 마 18:26), 하나님께서 출애굽한 이스라엘을 광야에서 40년간 참으신 맥락의 τροποφορέω(트로포포레오, 행 13:18), 바울은 하나님의 택함받은 성도를 참으면서 사역했다는 맥락의 ὑπομένω(휘포메노, 딤후 2:10), 모세는 바로 왕의 분노를 하나님을 의지하여 참았다는 맥락의 καρτερέω(카르테레오, 히 11:27), 그리고 바울의 인내를 설명하는 맥락의 στέγω(스테고, 살전 3:5)입니다. (2) 부사로는 바울이 아그립바 2세 앞에서 변론할 때 인내하며 들어달라고 부탁하는 맥락의 μακροθύμως(마크로쒸모스, 행 26:3)입니다. (3) 형용사로는 주 예수님의 종은 참을성 있어야 한다는 맥락의 ἀνεξίκακος(아넥시카코스, 딤후 2:24), 주님의 제자들이 전도할 때 미움을 받을 때 끝까지 참아야 한다는 맥락의 ἀνεκτός(아네크토스, 마 11:22)입니다. (4) 명사로는 구약 이스라엘 백성이 인내하면서 바라던 부활의 은혜라는 맥락의 ἐκτένεια(에크테네이아)입니다(행 26:7). 그리고 고난에 직면한 하나님의 일꾼과 교회가 믿음을 지키면서 복음을 듣고 실천하여 선한 결실을 위해 참는다는 맥락의 ὑπομονή(휘포모네)입니다(눅 8:15; 21:19; 롬 2:7; 15:4; 고후 1:6; 딤전 1:3; 딤후 3:5; 딛 2:2; 히 10:36; 약 1:3; 5:11; 계 3:10; 13:10; 14:12). 그리고 우리가 잘 알듯이, 오래 참음(μακροθυμία, 마크로쒸미아)은 성령님의 열매입니다(갈 5:22; 엡 4:2; 히 6:12).438) 이상

Reformed Churches," *In die Skriflig* 53/3 (2019), 5-6을 보라.

437) 크리스천 아내가 내면의 아름다움을 갖춘다면, 그것은 산 간증처럼 불신 남편에게 불가항력적으로 다가간다는 주장은 다음 글을 보라. P. S. Chia, "An Irresistible Beauty in 1 Peter," *Verbum et Ecclesia* 42/1 (2021), 2-6.

438) Louw and Nida, *Greek-English Lexicon on the New Testament*

11개 단어를 종합하면, 구약과 신약에서 하나님께서 세우신 사역자들은 참으면서 직무를 수행했고 또 해야 하는데, 이런 견인은 그들 속에 일하시는 성령 하나님께서 믿음과 은혜를 주신 결과입니다. 성도의 견인을 위해 오래 참으시는 하나님은 그들을 떠나거나 버리지 않으시는데, 이와 관련된 구약 구절은 많습니다(사 43:1-3; 54:10; 렘 32:40; 호 2:19-20).

견인을 가리키거나 함의하는 성경 구절도 적지 않습니다. 카버넌트신학교 교의학 교수 피터슨(R. A. Peterson)이 제시하는 신약성경의 4구절은 (1) 요한복음 15:1-8의 포도나무와 가지의 연합, (2) 골로새서 1:21-23의 화목과 성화와 흔들리지 않음이라는 은혜, (3) 히브리서 3:12-14의 불신앙과 범죄의 도전으로부터 성도는 끝까지 견고해야 함, 그리고 (4) 히브리서 12:14-17의 하나님의 은혜에 이르도록 음행과 망령됨을 주의함입니다(참고. 마 18:12-14; 요 3:16; 5:24; 6:35-40; 10:27-30;[439] 17:11-12, 15; 롬 8:35-39; 고후 4:14; 엡 4:30; 골 3:3-4; 딤후 4:18; 히 9:12; 벧전 1:5; 요일 2:25; 유 1:1; 1:24-25).[440] 이 넷을 종합하면, 하나님과 생명의 언약을 맺어 은혜를 공급받는 성도는 인내하면서 흔들림 없이 성화를 추구하면서 불신앙과 죄와 어리석음을 물리칠 수 있습니다. 이런 의미에서,

---

based on *Semantic Domains*, Volume 1, 297, 307-308. 참고로 성도의 견인을 위해 마 18장의 권징이 필요하다. J. MacArthur, "Perseverance of the Saints," *Master's Seminary Journal* 4/1 (1993), 24.

439) 2003년에 제임스 몽고메리 보이스 목사는 요 10:27-29를 본문으로 'Christ the Calvinist'라는 주제로 설교하면서, TULIP을 '예수님의 가르침의 결정체'라고 주장했다. 참고. 김철웅, 『칼빈주의 5대 교리를 어떻게 설교할 것인가』, 84-85.

440) R. A. Peterson, "The Perseverance of the Saints: A Theological Exegesis of Four Key New Testament Passages," *Presbyterion* 17/2 (1991), 96-107. 그리고 김기호, 『칼빈주의 5대 교리란 무엇인가?』, 192-96도 보라.

신자는 하나님께서 주시는 생명과 은혜의 산소통 속에서 호흡하며 영원히 안전하게 사는 것과 같습니다.441) 성도는 하나님의 은혜로 죄의 지배와 종됨으로부터 완전히 해방되었지만, 죄성으로부터는 자유롭지 못합니다(사 64:6; 롬 7:14-25; 빌 3:2; 약 3:2; 요일 1:8; HC 114). 그러므로 신자는 죄성과 세상과 사탄으로부터 자신을 방어하기 위해 겸손히 기도와 하나님 말씀을 배우고 성령님으로 충만해야 합니다.442)

스펄전 목사가 간파했듯이, 하나님의 언약적 사랑을 강조하는 호세아 2:19-20의 복음이 알려주듯이, 성령께서 예수님과 주님의 신부를 묶어 주셨는데, 하늘에서 이혼장이 발부될 리 없습니다. 죄인에게 독생자를 내어주신 하나님 아버지의 사랑은 성도가 죄를 범할 때도 변함없이 나타납니다(롬 5:8; 참고, 시 48:14; 민 23:19; 렘 31:3).

성령님은 구원의 확신을 그리스도와 혼인 언약을 맺은 교회에게 주시고, 그들은 선행에 힘씁니다. 이윤석은 CD와 WCF가 구원의 확신과 그리스도인의 선행에 대해 공유하는 사항을 다음과 같이 설명합니다. "도르트신경은 견인 교리를 진술하면서 WCF에서는 구원의 확신 교리로 구분되어 있는 내용을 대거 포함하여 진술한다. 10항에서는 그 확신의 근거로 '하나님의 약속을 믿음'(CD 11-1), '성령님의 증거'(CD 11-2), '선한 양심과 선한 일을 사모함'(CD 11-3)을 제시한다."443)

알파와 오메가이신 하나님(계 1:8)은 생명책에 기록된 성도의 이름을 지우지 않으십니다(계 3:5). CD 1장 제6절 항론파의 주장에 대한 반론에 "나를 보내신 이의 뜻은 내게 주신 자 중에 내가 하나도 잃

---

441) Palmer, 『칼빈주의 5대교리』, 118-19.
442) Bouwman, 『도르트신경해설』, 340-43.
443) 이윤석, "도르트 신경의 성도의 견인 교리 조항들에 대한 고찰," 184.

어버리지 아니하고"(요 6:39)가 언급됩니다. 그러므로 구원으로부터 탈락이 가능하다는 주장은 성도의 위로를 심각하게 위협합니다. CD 를 작성한 신학자 겸 목회자들이 의도한 세 가지 목적은 (1) 목회의 실천에서 하나님의 영광을 높이고, (2) 성도가 거룩한 삶으로 열매를 맺도록 하며, (3) 자신이 유기된 것은 아닌가 의심하고 낙심하기 쉬운 성도의 영혼을 위로하는 것입니다.[444] 그리고 다른 중요한 질문이 있습니다. 그것은 "성도의 자살과 구원의 문제는 어떻게 연결됩니까?"입니다. 이에 관해 윤리학자 신원하의 설명을 들어봅시다.

어떤 본문도 이들의 자살을 구원과 관련시켜 취급하고 있지 않다. 심지어 가룟 유다와 관련된 본문에서조차 그가 '제 곳으로 갔[다]'고 했지만, 그것이 그의 자살 행위와 인과 관계가 있음을 암시하고는 있지 않다. …… 자살도 성도들이 육체의 약함과 부패함 때문에 또는 사탄의 유혹 때문에 범할 수 있는 치명적 죄악들 중의 하나일 뿐이다. 여타 죄와 다른 점이 있다면, 생명을 돌이킬 수 없는 죄라는 것이다.[445]

위의 설명처럼, 자살한 교인은 구원받지 못한다고 단정하기 어렵습니다. 그러나 심각한 범죄를 저지른 자살자를 견인한 성도로 간주하기도 쉽지 않습니다(참고. 마 24:13).

---

444) Selderhuis 외, 『도르트신경』, 254, 261.
445) 신원하, "자살과 구원의 관계에 대한 신학적 분석과 목회윤리적 성찰," 『기독교사회윤리』 23 (2012), 195, 211. 참고로 견인과 (백석대학교의) 개혁주의 생명신학은 무슨 관련이 있는가? "성도의 견인은 신자로 하여금 철저히 성령의 도우심을 구하게 한다. '성도의 견인'은 성령님의 주권적 사역이기에 신자는 성령의 도우심만을 간절히 구해야 한다. '개혁주의 생명신학'의 '성령운동'은 '성도의 견인' 교리를 신자의 삶에 실천적으로 적용할 수 있는 중요한 실천운동이다." 하지만 생명과 성령의 도우심을 연결하려면 위의 진술보다 더 구체적인 접촉점과 상호 연관성을 설득력 있게 논증해야 한다. 이효선, "성도의 견인 교리의 개혁주의생명신학적 적용 연구," 『생명과 말씀』 14 (2016), 132.

CD 제5장 제3절과 제5절 항론파의 주장에 대한 반박에서 인용한 구절은 다음과 같습니다. "내가 저희에게 영생을 주노니 영원히 멸망치 아니할 터이요, 또 저희를 내 손에서 빼앗을 자가 없느니라. 저희를 주신 내 아버지는 만유보다 크시매 아무도 아버지 손에서 빼앗을 수 없느니라"(요 10:28-29). 그리고 "다른 아무 피조물이라도 우리를 우리 주 그리스도 예수님 안에 있는 하나님의 사랑에서 끊을 수 없으리라"(롬 8:39).

참고로 리버티침례신학교의 엘머 타운즈(E. Towns)는 아나니아와 삽비라 부부 등의 예를 들어(행 5:1-11; 고전 11:30; 요일 5:17-18) '성도의 견인'을 비성경적 교리라고 간주하면서, 하나님께서 영생을 주신 사람의 구원은 끝까지 안전하게 보장된다는 취지의 '영원한 안전'(eternal security)이라 부르기를 선호합니다(요 17:2; 빌 1:6).[446] 타운즈와 동일한 의견을 가진 사람들은 로마서 8:39를 '영원한 안전' 교리를 위해서 중요하게 간주하면서, 성령을 속이다가 죽었던 아나니아와 삽비라(행 5:1-11)와 고린도교회의 성찬식 중에 심판을 받아 사망한 교인들(고전 11:30)의 경우 구원을 상실한 것으로 보기 어렵지만, 그들이 견디고 인내한 것은 아니라고 주장합니다(참고. 삼상 31:4). 타운즈에게서 보듯이, '성도의 무조건적 최종 견인'(the Unconditional Final Perseverance of the Saints)에 대한 도전이 적지 않습니다. 그러나 하나님께서 구원을 주시기로 예정된 사람들은 끝까지 인내하는 것이 하나님의 뜻입니다(계 13:8-10).[447]

---

446) E. Towns, "Why I do not accept Five Point Calvinism," downloaded by JSTOR (2023), 14-15.

447) 엘머 타운즈와 달리, 남침례신학교의 T. R. Schreiner, *Run to win the Prize: Perseverance in the New Testament* (Nottingham: Apollos, 2009)는 성도의 견인을 신약 주석으로 증명하여 지지한다. Schreiner에 따르면, 히 6:4-6은 믿음에서 떨어져 나가지 말라는 '미래적 경고'이며, 견

따라서 아나니아 부부와 고린도교회의 일부 교인들을 일반화하여 성도의 견인을 부정하지 않도록 주의해야 합니다. 그리스도인도 범죄 때문에 하나님의 심판을 받아 죽을 수 있는데, 그런 심판을 견인과 직접 연결할 수 없습니다. 왜냐하면 성도가 범죄할 때 반드시 신앙고백을 포기하는 것은 아니기 때문입니다. 그리고 성도가 교통사고로 갑자기 사망한 경우도, 그 사람이 견인하지 못한 것은 아닙니다. 또한 타운즈는 '영원한 안전'을 지지하는 근거 구절로 요한일서 5:17-18을 언급합니다. 그런데 그 구절은 성도가 견인하지 못하여 영원한 사망에 도달할 수 있다는 취지가 아니라, 가현설주의자를 의도적으로 따르는 교인은 사실 거듭난 성도와 다르다는 의미로 이해해야 합니다.

성도의 견인을 의심하는 사람들(예. 존 굿윈)이 종종 사용하는 히브리서 6:4-6은 무슨 의미입니까?[448] 이 본문은 아예 거듭나지 못한 채 신자의 무리 가운데 있던 가라지 교인들의 타락을 다룹니다(참고. 고후 11:13-15; 요일 2:19).[449] 따라서 구원의 예정을 받고 중생한 사람이 구원에서 탈락한다는 취지가 아닙니다. CD 5:15는 세상의 증오와 조롱에도 불구하고, 교회가 전투하며 승리할 것을 아래와 같이 소망과 찬송을 담아 설명합니다.

사탄은 이를 미워하고 이 세상도 조롱하며, 이 진리를 깨닫지 못한

인은 행위 구원이나 성도의 완전함을 가리키지 않는다. 신약 그리스도인은 '믿음과 오래 참음'의 본을 보인 구약 성도를 본받아야 한다(히 6:12).

448) "존 굿윈의 공격에 대해 존 오웬은 교회 내에서의 배교 현실을 인정했다. 하지만 존 오웬은 존 굿윈이 알미니안주의의 오류, 다시 말해 그리스도 안에서 믿음을 고백하는 모습만 나타나면 참 신자라고 보는 오류를 범했다고 지적했다. 믿음에서 떨어져 나간 이들은 참 신자가 아니다. 존 오웬은 이런 배교자들은 일시적으로 거룩함을 경험한 자일뿐이지 택자는 아니라고 주장한다." 참고. 김창우, "존 오웬의 성도의 견인 교리 연구," (박사학위 논문, 계명대학교, 2019), 59.

449) 김기호, 『칼빈주의 5대 교리란 무엇인가?』, 182-86.

자들이 이를 남용하고 이단들도 이를 적대시하고 있다. 그러나 그리스도의 신부 된 성도는 날마다 이 사랑을 갖고 마치 놀라운 보배를 가졌듯이 이를 지켜나가야 할 것이다. 또한 하나님은 이 세상 끝날까지 성도를 보호해 주실 것이요 따라서 오직 한 분이신 하나님, 즉 성부, 성자, 성령께만 영원토록 영광이 있어야 할 것이다. 아멘.

견인의 여부는 성도 자신의 능력에 달려있지 않습니다. 존 오웬에 따르면, 견인은 하나님의 절대적인 능력과 은혜와 내주와 인치심과 중보기도를 전제하는 성도의 기도와 말씀 묵상과 성화를 통해서 가능합니다(시 23:4-6; 살후 2:13-14; WCF 17:2).450)

수많은 전쟁을 치른 다윗은 이스라엘의 왕으로 등극하기 전에 아말렉 군대를 물리쳤습니다. 다윗은 매우 다급한 상황에서도 자기 하나님을 힘입어 용기를 얻었습니다(삼상 30:6). 아말렉은 다윗의 원수이기 전에 '야웨의 원수'였습니다(삼상 30:26). 그래서 야웨께서 아말렉을 다윗의 군대에게 넘겨주셨습니다(삼상 30:23). 야웨의 도움으로 승리한 다윗은 이 전투에 참여하지 못한 이스라엘 군인 200명에게도 전리품을 나눠주었습니다(삼상 30:21, 24). 하나님은 다윗을 '생명 싸개' 속에 감싸두셨습니다(삼상 25:29). 야웨께서 제공하시는 생명 싸개는 군인들이 진을 친 진영 가운데 거하는 것보다 더 안전합니다(삼상 26:5). 사울 왕의 예언대로 다윗은 반드시 승리를 얻었습니다(삼상 26:25; 삼하 8:6, 14). 이처럼 다윗의 일생의 한 장면은 성도의 견인의 한 단면을 보여줍니다.

하나님께서 성도에게 견인의 은혜를 주신다면, 왜 '선교'해야 합니

---

450) 김창우, "존 오웬의 성도의 견인 교리 연구," 61, 74, 91. 참고로 남아공대
학교(UNISA, since 1873)의 교훈은 '고난 중의 위로'(Spes in Arduis)이고,
희망봉 근처의 케이프타운대학교(since 1829)의 교훈은 '좋은 희망'(Spes
Bona)이다. 소망은 인내하도록 돕는다.

까? 그리고 견인과 선교를 어떻게 관계 정립해야 합니까? 이에 관해, 선교학자 베이스의 아래 설명이 유익합니다.

성도의 견인 교리는 선교사들을 겸허하게 만든다. 시초부터 마지막까지 성부는 그리스도 안에서 자신이 택한 사람들을 구원하시고 그들을 그리스도의 영광스러운 신부로 모으시기 때문이다. 바울이 고전 3:6에서 '나는 심었고, 아볼로는 물을 주었지만, 하나님께서 자라게 하셨다.'라고 밝힌 바와 같다. …… 도르트신경이 밝힌 성도의 견인 교리를 확실하게 믿고 교회를 설립해온 선교사들은 온정주의(가족주의, paternalism)의 위험을 피하게 될 것이다. 선교사들은 새 신자를 성숙시켜 제자화라는 비전을 가지고, 현지 지도자를 양성하며, 마침내 어린 교회가 스스로 다스릴 수 있는 교회가 되도록 믿고 격려할 것이다. 그렇게 되면 온정주의는 실제 파트너십으로 발전할 것이다.[451]

CD는 예수님께서 성도의 견인을 위해 드리신 기도를 설명함으로써 마무리합니다. 제5장 제9절에서 항론파의 주장과 이에 대한 반박은 다음과 같습니다.

"그리스도께서는 신자들이 쓰러지지 않고 계속하여 믿음에 거해야 할 것을 그 어디에서도 기도하신 적이 없다." 이에 대한 반박은 다음과 같다. 그러나 이런 주장은 "내가 너를(베드로) 위하여 네 믿음이 떨어지지 않기를 기도하였노니"(눅 22:32)라고 하신 그리스도의 말씀과 모순되며, 또한 사도뿐만 아니라 그의 말씀을 통하여 믿고자 하는 사람들을 위하여도 기도하셨다고 하는 다음의 말씀과도 어긋나는 것이다(요 17:11, 15, 20).

예수님은 십자가에서 우리가 믿기 이전과 이후의 모든 죄를 용서

---

451) Buys, "Missio Dei Perspectives in the Canons of Dort," 8.

하시기 위해 영원한 속죄를 이루셨습니다. 그러므로 하나님은 연약하여 죄성에 노출된 성도에게 단지 '집행유예'를 주신 것이 아니기에, 그들을 구원하시기 위해 두 번 선택하실 필요가 없습니다.452) 성령님의 위로로써 성도는 오래 참고, 하나님은 그들을 안전하게 보존하십니다. 이것은 교회에게 절대적인 위로의 복음입니다(참고. 『21세기 찬송가』 374장 '나의 믿음 약할 때'). 하지만 튤립을 버리면 '버들잎 교리'를 붙잡게 됩니다. 버들가지의 잎사귀를 한 개씩 떼어 내며 구원과 사랑을 의심하면서 불확실성과 염려 가운데 살다가 죽어 갑니다.453)

성경 증거 구절

성도가 굳건히 참음: 주께서 너희를 우리 주 예수 그리스도의 날에 책망할 것이 없는 자로 끝까지 견고하게 하시리라(고전 1:8)

또 수고하여 친히 손으로 일을 하며 모욕을 당한즉 축복하고 박해를 받은즉 참고(고전 4:12)

사람이 감당할 시험 밖에는 너희가 당한 것이 없나니 오직 하나님은 미쁘사 너희가 감당하지 못할 시험 당함을 허락하지 아니하시고 시험 당할 즈음에 또한 피할 길을 내사 너희로 능히 감당하게 하시느니라(고전 10:13)

매 맞음과 갇힘과 난동과 수고로움과 자지 못함과 먹지 못함 가운데서도 깨끗함과 지식과 오래 참음과 자비함과 성령의 감화와 거짓이 없는 사랑과(고후 6:5-6)

너희에게 인내가 필요함은 너희가 하나님의 뜻을 행한 후에 약속을 받기 위함이라 잠시 잠깐 후면 오실 이가 오시리니 지체하지 아니하시리라(히 10:36-37)

---

452) 김철웅, 『칼빈주의 5대 교리를 어떻게 설교할 것인가』, 392-93. 참고로 계 7:9-17을 하나님의 경영이 이루어지는 성도의 견인을 위한 증거 구절로 사용하면서, 마지막 날에 모든 성도를 모으실 것이라고 미래적으로 해석한 예는 Bouwman, 『도르트신경해설』, 203을 보라.
453) 김철웅, 『칼빈주의 5대 교리를 어떻게 설교할 것인가』, 413-14.

누구든지 귀가 있거든 들을지어다 사로잡힐 자는 사로잡혀 갈 것이요 칼에 죽을 자는 마땅히 칼에 죽을 것이나 성도들의 인내와 믿음이 여기 있느니라(계 13:9-10)

➡ **복습과 실천을 위해 함께 생각해 볼 점**

(1) 교인 가운데 자살한 사람과 성도의 견인은 어떤 관계가 있을까요? 교인이 자살했다면 굳게 참았다고 보기 어렵습니다. 그러나 그 사람이 구원을 잃어버렸다고 속단하기도 어렵습니다.

(2) 그리스도인은 고난이나 죽음 앞에서 소망을 품고 인내하기 위해서 무엇이 필요합니까?[454] 구원의 확신과 하나님의 사랑의 성품과 임마누엘의 은혜 등입니다.

(3) 베드로전서의 '튤립'(TULIP)은 아래와 같습니다.
전적 타락(T): 조상이 물려준 헛된 행실(1:18; 4:3)
무조건적 선택(U): 성부 하나님께서 미리 아시고 택하심(1:2; 2:9)
제한적 구속(L): 어린양 예수님께서 말세에 '너희'를 위하여 나타나심(1:19-20; 3:18)
불가항력적 은혜(I): 모든 은혜를 주시는 하나님(5:10, 12)
성도의 견인(P): 성도가 고난 중에서 슬픔을 참는 은혜를 주시는 하나님은 고난 중의 성도를 온전하게, 굳게, 강하게, 견고하게 하심(2:19; 4:7; 5:10)

나오면서

CD가 다시 확인한 칼빈주의 5대 교리(TULIP)는 '5가지 오직'(5 Solas)과 일치합니다. (1) '오직 그리스도'(Solus Christus)는 '전적

---

454) 2023년 2월 6일, 튀르키예를 강타한 지진으로 17세 고등학생 Taha Erdem이 아파트 잔해에 매몰된 채 휴대전화기로 마지막 유언을 녹화했다. 죽음은 예기치 못한 시점에 닥치고, 후회되는 일들이 많지만 알라 신께서 죄를 용서해 주기 바라며, 구조된다면 하고 싶은 일이 많다는 내용이었다. 불신자도 죽음 앞에서 자기의 죄와 구원 문제를 진지하게 성찰한다.

으로 타락'(Total Depravity)한 죄인의 죄와 허물을 담당하시고, 자신의 의를 전가해 주셨습니다. (2) '오직 은혜'(Sola Gratia)는 하나님의 '무조건적 선택'(Unconditional Election)에 나타납니다. 인간이 태어나기 전에 하나님께서 구원을 위해 예정하셨기 때문입니다. (3) '오직 믿음'(Sola Fide)은 하나님께서 구원을 주시기로 예정된 제한된 사람에게만(Limited Atonement) 성령님께서 믿음을 선물로 주시기 때문입니다. (4) '오직 성경'(Sola Scriptura)은 성령님은 믿음을 선물로 주셔서 구원으로 거부할 수 없도록 부르실 때 (Irresistible Grace), 말씀과 더불어 역사하십니다. (5) '오직 하나님의 영광'(Soli Deo Gloria)은 '성도가 인내'(Perseverance of the Saints)하도록 이끄시고, 배교와 중도 탈락을 방지하심으로써 스스로 영광을 받으십니다.455)

은혜로운 구원에 관한 복음의 요약인 튤립은 하나님과 교회의 선교로 읽혀지고 실천되어야 합니다. 칼빈주의가 강조하는 하나님의 주권은 '하나님의 선교'와 '튤립 선교신학'으로 이어집니다.456) 선교는 선교 주체의 입장에서 정의해야지 대상의 관점에서 정의할 필요는 없습니다. 그리고 하나님의 선교는 선교의 동역자이자 도구인 교회의 선교로 이어집니다. 튤립은 칼빈주의 공공-선교신학으로 발전하여 나아가야 합니다. 김동춘은 한국교회가 사랑하는 칼빈주의 신학의 취약점을 대사회적 사명과 결부하여 아래와 같이 비판합니다.

국가권력이 독재정권으로 정권을 비합법적인 방식으로 점유하고, 민주화 운동을 억압할 때, 그리고 급속한 경제성장의 달성을 위해 대기업에는 특혜를 제공하고, 노동자 계층에 대해서는 정당한 인권보

---

455) 참고. 정요석, 『칼뱅주의 5대 교리 완전정복』, 168.
456) 김철웅, "깔뱅의 5대 강령을 통해 본 선교신학: TULIP Missiology의 가능성 모색," 『선교와 신학』 21 (2008), 180.

장을 하지 않을 때, 칼빈주의 교회와 지도자들은 언제나 정부 여당의 정치적 입장을 두둔하고 현상 유지적인 체제 옹호적인 신학, 기득권 수호적인 신학을 일관되게 표방하였다. 칼빈주의 신학은 어떤 경우에라도 희생자의 관점과 피해자 중심의 관점에서 사회현실을 이해하여 사회적 약자들의 고통을 변호하기보다 언제나 기득권의 편에서, 국정 통치자 편에 서서 그들의 정치적 논리를 대변함으로써 국가신학의 길을 걸어왔던 것이다.[457]

위의 비판과 유사한 입장은 오랫동안 신(neo) 칼빈주의 입장에서 기독교 세계관 운동을 전개해온 신국원에게서 볼 수 있습니다.

신앙과 삶의 통합은 여전히 어려운 도전이며 비전이다. 그것은 의미있는 중대한 실재이므로 아직 이르다. 칼빈주의의 사회 문화적 기여는 최선의 경우 여전히 비전이며 가능성에 머물고 있다. 하지만 그것이 소명이며 과업이다. 그 일이 이미 시작되었고 미약하게나마 자라고 있다는 점이 중요하다. 이런 모습은 현실 속에서 조금씩 확장되어가는 하나님 나라의 실재성의 특성과 일치한다.[458]

튤립에 나타난 형언할 수 없는 은혜와 복음을 주신 하나님을 어떻게 인간의 언어로 다 송영할 수 있을까요?[459] CD의 튤립을 가르치려면, 이 복음과 신학을 반영한 찬송가를 예배에서 활용하면 요긴합니다. 이선령은 『21세기 찬송가』 258장 '샘물과 같은 보혈은'과 207

---

457) 김동춘, "사회적 칼빈주의와 한국교회의 사회적 공공성," 『기독교사회윤리』 32 (2015), 166. 김동춘의 추가적인 비평은 다음과 같다. "사회적 칼빈주의는 칼빈주의 자체가 이미 사회 공공성에 깊이 관련되어 있고, 함축하고 있음에도 불구하고, 교리적 칼빈주의나 관념적 칼빈주의와 구별하는 의미에서 칼빈주의 신학의 사회적 차원을 인식하고 정립하려는 신학적 시도라고 할 수 있다." 김동춘, "사회적 칼빈주의와 한국교회의 사회적 공공성," 171.
458) 신국원, "칼빈주의와 공공의 신학: 다원주의 사회 내의 개혁주의 사회-문화철학의 비전," 『개혁논총』 12 (2009), 448.
459) Van Zyl, "Die Dordtse Leerreëls as Belydenis van Volkome Troos," 135.

장 '귀하신 주님 계신 곳'의 가사를 아래와 같이 높이 평가합니다.

하나님의 전적인 주권을 인정하며 은혜의 교리(TULIP)라고 알려진, 칼빈주의의 5대 강령 중 하나를 제외한 모든 교리, 즉, 인간의 전적 부패, 무조건적 선택, 제한 속죄, 불가항력적 은혜가 두 찬송시에서 강조된다. 더불어, 이 가르침 속에 쿠퍼는 하나님의 자비로운 은혜의 사역의 성취를 위해 선민들에게 믿음, 경건하고 거룩한 생활, 겸손, 기도, 순종, 인내 등의 능동적인 반응과 책무를 요구하는 온건한 칼빈주의적 자세를 취하고 있다.[460]

CD와 칼빈주의 5대 교리를 믿지만 실천하지 않으면서, 이미 따 놓은 구원으로 만족하고 영적 우월감에 빠져있다면 어떻게 될까요? 그들은 튤립과 무관한 새로운 5대 교리를 따릅니다. 정요석에 따르면, 전적 비판(Total Criticism), 무조건적 운명(Unconditional Fate), 제한적 관용(Limited Tolerance), 불가항력적 고집(Irresistible Persistence), 그리고 우월감의 견인(Perseverance of Supremacy)입니다.[461]

CD는 개혁주의 정통주의 혹은 스콜라주의(1550-1700) 시기에 작성되었기에, CD는 성경 해석으로 결론을 내리기보다 비성경적 (아리스토텔레스) 철학적 방식으로 논증하는 경우가 있으며(예. 이원론적 존재론, 제1원인자로서 모든 것을 결정하시는 하나님, 우주와 개인의 관계에 대한 종합적 설정), 그리고 호마루스와 아르미니아누스 간의 신학적 충돌 배후에는 그들의 철학적 대립도 나타납니다.[462]

---

460) 이선령, "윌리엄 쿠퍼(William Cowper, 1731-1800)의 찬송시 연구 II: 『21세기 찬송가』에 실린 '샘물과 같은 보혈은'과 '귀하신 주님 계신 곳'에 나타난 그의 신학관을 중심으로," 『개혁논총』 54 (2020), 412-13.

461) 정요석, 『칼뱅주의 5대 교리 완전정복』, 172.

462) B. J. van der Walt, "Flagging Philosophical Minefields at the Synod of Dort (1618-1619): Reformed Scholasticism Reconsidered,"

이런 개신교 스콜라주의적 특성을 간파하면서, 설교자가 CD를 강설할 때 복음과 감성이 이성이나 철학적 논리에 지배당하지 않도록 주의해야 합니다.

오늘날 상황에 적절한 새로운 한국 신앙고백서(Confessio Coreana)가 필요하지 않습니까? CD는 네덜란드만의 새로운 신앙고백서를 만들기 위하여 의도된 것은 아니었습니다. 그런데 새로운 신앙고백서를 만들려면 매우 신중해야 합니다. 우선 성경적 교리를 위해서 철저히 연구해야 하고, 한 나라가 아니라 국제 개혁교회의 협력과 인정이 필요합니다. 물론 CD 당시에 논란이 되지 않은 현대의 여러 이슈를 성경적으로 해결하여 신앙고백에 담아내기 위해 전 세계 개혁교회 진영을 아우르는 노력도 필요합니다.[463]

새로운 신앙고백서는 성도를 실제로 위로하고 실천하도록 격려하는 힘을 갖추어야 합니다. 1943년 1월, 나치 독일의 세 통치자인 히틀러와 괴링, 그리고 괴벨스의 신년사는 '최종 승리에 대한 확신'만 상투적으로 반복했습니다. 신년사는 소련군에게 열세를 보이는 등 당황하던 독일군의 사기진작에는 역부족이었습니다. 나치 지도자들은 앞으로 적군이 더 우세해질지라도, 그리고 우리가 전쟁을 원하든 원치 않든 간에, 또한 전쟁이 장기화 혹은 속히 끝나든지, 타협하지 않고 끝까지 함께 싸울 것을 독려했지만 패색이 짙어가던 군인들에게 무용지물이었습니다.[464] 이처럼 궁지에 몰린 나치 독일군이 아니라, 고난 중에서 전투 중인 십자가 군병들에게 최후 승리와 성도의 견인은 어떻게 가능합니까? 큰 전쟁과 작은 전투의 승패를 결정짓는

Koers 76/3 (2011), 516-20.

463) Coetzee, "What can We learn from Dordrecht for a Possible Authentic Confessio Africana?" 6-7.

464) "Hitler's Happy New Year," *Christian Century* 60/2 (1943), 35.

열쇠는 십자가에서 이기셨고 또 이기실 예수님의 오른손에 쥐어져 있습니다(계 1:16, 18; 3:7; 6:2). 예수님은 능력의 손으로써 영생과 구원을 주시기로 예정하신 성도를 붙잡고 계십니다. 그분의 입에서는 적군을 찌르고 자르는 큰 칼이 나옵니다(계 1:16; 2:12; 19:15). 그 칼은 1년에 한 번 들려지는 신년사가 아니라 매일 십자가 군병을 우뚝 세웁니다. 신앙고백서는 이런 능력의 복음을 담아낼 수 있어야 합니다.

교리와 신앙고백을 찬송한다면 어떤 효과가 있을까요? 성경의 요약과 뼈대를 신자의 가슴에 새겨 기도하며 실천하도록 격려하는 효과입니다. 튤립을 담아낸 총 5절로 된 '튤립찬송가'를 아래와 같이 제시합니다.

튤립(TULIP) 곡 해설

조성: 사장조 (G 장조)/ 박자: 4/4 박자/ 보통 빠르게

찬송가 선율은 대부분 1절 가사를 바탕으로 만들어지는데, 이 곡의 1절 가사는 크게 두 부분으로 구성됩니다. 첫째 부분은 죄인인 사람들의 무능함, 둘째 부분은 우리를 택하신 하나님을 찬송하기 위하여 드리는 기도입니다. 첫째 부분에서는 다소 어두운 느낌의 가사를 표현하기 위해 낮은 음역을 사용하였습니다. 그리고 이 곡의 조성이 밝은 장조이지만, 곳곳에 단조 화성을 사용함으로써 어두운 느낌의 가사를 표현합니다. 선율은 큰 움직임이나 도약 없이 같은 음을 반복하고 있는데, 이 또한 인간의 무능함을 나타내기 위해서입니다.

둘째 부분인 후렴에서는 밝은 느낌의 가사를 표현하기 위해 다소 높은 음역과 장조 화성을 사용하였습니다. 특히 이 곡의 핵심이자 주제인 '튤립' 가사를 강조하기 위해 가장 높은 음을 사용하였습니다. 또 다른 중요한 가사인 '복음'은 힘있는 당김음 리듬으로 강조되었습니다. 그리고 둘째 부분은 선율의 움직임을 통해 밝은 느낌의 가사를 더욱 힘있게 표현합니다.

튤립 (TULIP)

정미경

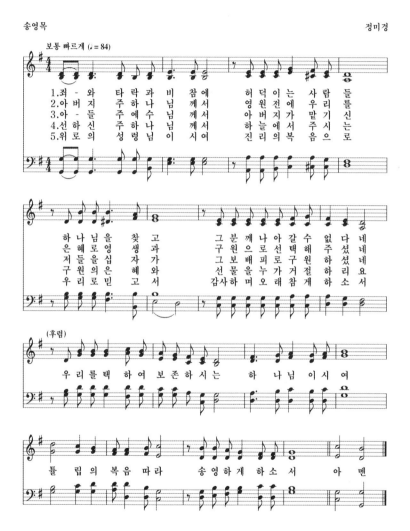

보통 빠르게 (♩ = 84)

1.죄 - 와 타락과 나 비참에서 허덕이는 사람들을 믿신는
2.아버지 주하나님께서서 영원전에 우리를 기시는
3.아 - 들 주예수님께서서 아버지가 맡주시는
4.선하신 주하나님께서서 하늘에서 구원하셨리
5.위로의 성령님이시여 진리의 복음으로

하나님을 찾 고 그분께 나아갈수 없 다네네네
은혜로영생과 구원으로선택해 주셨네네요
저들을십자가와 그보배피로거절하 하리
구원의은혜와 선물을누가 거절하 하리
우리로믿 고서 감사하며오래참 게하소서

(후렴)
우리를택하여 보존하시는 하나님이시여

튤립의복음따라 송영하게하소서 아멘

참고문헌

강상대. "알미니안주의 5대 교리와 칼빈주의 5대 교리의 비교연구." 석사논
　　문. 안양대학교, 1999.

김기호. 『칼빈주의 5대 교리란 무엇인가?』. 서울: 그리심, 2009.

김동춘. "사회적 칼빈주의와 한국교회의 사회적 공공성." 『기독교사회윤리』
　　32 (2015): 147-85.

김병훈. "도르트 신경이 고백하는 성도의 견인 교리." 『장로교회와 신학』
　　11 (2014): 218-59.

김용복. "Dale Moody의 신학과 패러다임 분석: 칼빈주의 5대 교리를 중심
　　으로." 『복음과 실천』 37/1 (2006): 161-90.

김재윤. "도르트 총회와 신조에서 신학적, 목회적 측면의 균형." 『한국개혁
　　신학』 59 (2018): 12-47.

김창우. "존 오웬의 성도의 견인 교리 연구." 박사학위 논문. 계명대학교,
　　2019.

김철웅. 『칼빈주의 5대 교리를 어떻게 설교할 것인가: 하나님의 주권적 은
　　혜를 통한 구원』. 서울: 부흥과 개혁사, 2015.

_____. "깔뱅의 5대 강령을 통해 본 선교신학: TULIP Missiology의 가능
　　성 모색." 『선교와신학』 21 (2008): 163-91.

김학길. "칼빈의 전적타락의 정당성에 대한 연구." Th.M. 논문. 서울장신대
　　학교, 2018.

도지원. "도르트 신경을 어떻게 가르칠 것인가?" 『신학정론』 37/1 (2019):
　　141-59.

마키다 요시카즈. 『도르트총회: 기독교 신앙을 정의하다』. 이종전 역. 인천:
　　아벨서원, 2019.

신국원. "칼빈주의와 공공의 신학: 다원주의 사회 내의 개혁주의 사회-문화 철학의 비전."『개혁논총』 12 (2009): 417-54.

신원하. "자살과 구원의 관계에 대한 신학적 분석과 목회윤리적 성찰."『기독교사회윤리』 23 (2012): 187-220.

이선령. "윌리엄 쿠퍼(William Cowper, 1731-1800)의 찬송시 연구 II: 『21세기 찬송가』에 실린 '샘물과 같은 보혈은'과 '귀하신 주님 계신 곳'에 나타난 그의 신학관을 중심으로."『개혁논총』 54 (2020): 391-419.

이윤석. "도르트 신경의 성도의 견인 교리 조항들에 대한 고찰."『조직신학연구』 36 (2020): 162-93.

이효선. "성도의 견인 교리의 개혁주의생명신학적 적용 연구."『생명과 말씀』 14 (2016): 97-140.

정요석.『칼뱅주의 5대 교리 완전정복: 도르트 신경의 관점에서 이해하고 적용하기』. 서울: 세움북스, 2019.

최홍석. "도르트 신조에 나타난 TULIP 교리의 정당성과 선교적 함축: 전적 무능력과 무조건적 선택교리를 중심으로."『신학지남』 272 (2022): 144-81.

Allen, D. L. and Steve, W. (ed). *Whosoever will: A Biblical-Theological Critique of Five-Point Calvinism.* Nashville: B&H, 2010.

Baab, O. J. "The God of Redeeming Grace: Atonement in the Old Testament." *Interpretation* 10/2 (1956): 131-43.

Baron, E. "The 1619 Dordrecht Synod's Decision on *Corruptio Totalis*: A Missional Challenge for the Church in Terms of Media reporting on Corruption in South Africa." *In die Skriflig* 53/3 (2019): 1-9.

Boice, J. M. and Ryken, P. G.『개혁주의 핵심: 칼빈주의 5대 교

리』. *The Doctrines of Grace*. 이용중 역. 서울: 부흥과개혁사, 2010.

Bouwman, C. 『도르트신경해설』. *Notes on the Canons of Dort*. 손정원 역. 서울: 솔로몬, 2016.

Buys, P. J. "Missio Dei Perspectives in the Canons of Dort." *In die Skriflig* 53/3 (2019): 1-10.

Cannon, W. R. "Jacobus Arminius." *Asbury Journal* 15/1 (1961): 24-32.

Chia, P. S. "An Irresistible Beauty in 1 Peter." *Verbum et Ecclesia* 42/1 (2021): 1-7.

Coetzee, C. F. C. "What can We learn from Dordrecht for a Possible Authentic Confessio Africana?" *In die Skriflig* 52/2 (2018): 1-7.

Daane, J. "What Doctrine of Limited Atonement?" *Reformed Journal* 14/10 (1964): 13-16.

Davis, J. J. "The Perseverance of the Saints: A History of the Doctrine." *Journal of the Evangelical Theological Society* 34/2 (1991): 213-28.

Dekker, H. "Limited Atonement and Evangelism." *Reformed Journal* 14/5 (1964): 22-24.

Henry, C. F. H. "The Living God of the Bible." *SBJT* 1/1 (1997): 16-31.

"Hitler's Happy New Year." *Christian Century* 60/2 (1943): 35.

Horton, M. S. "If Grace Is Irresistible, Why Evangelize." *Christianity Today* 43/10 (1999): 98.

Louw, J. P. and Nida, E. A. *Greek-English Lexicon on the*

New Testament based on Semantic Domains. Volume 1-2. Cape Town: BSSA, 1993.

MacArthur, J. "Perseverance of the Saints." *Master's Seminary Journal* 4/1 (1993): 5-24.

Meeks, M. D. "The Public Character of the Resurrection." *Journal for Preachers* 14/3 (1991): 3-9.

Palmer, E. H. 『칼빈주의 5대교리』. *The Five Points of Calvinism: A Study Guide.* 박일민 역. 서울: 성광문화사, 1999.

Peterson, R. A. "The Perseverance of the Saints: A Theological Exegesis of Four Key New Testament Passages." *Presbyterion* 17/2 (1991): 95-112.

Pronk, C. N. 『도르트 신조 강해』. *Expository Sermons on the Canons of Dort.* 황준호 역. 서울: 그 책의 사람들, 2012.

Roehrs, W. R. "The Grace of God in the Old Testament." *Concordia Theological Monthly* 24/1 (1953): 41-52.

_____. "The Grace of God in the Old Testament." *Concordia Theological Monthly* 24/1 (1953): 895-910.

Selderhuis, H. J. 외. 『도르트신경: 은혜의 신학 그리고 목회』. 수원: 합신대학원출판부, 2019.

Sinnema, D. W. "Are the Canons of Dordt a True Reflection of Calvin's View of Predestination?" *In die Skriflig* 52/2 (2018): 1-11.

_____. "Calvin and the Canons of Dordt (1619)." *Church History and Religious Culture* 91/1-2 (2011): 87-103.

Thorsen, D. A. D. "TULIP vs. ACURA: Reframing Differences between Calvin and Wesley." *Wesleyan Theological Journal* 50/2 (2015): 96-112.

Van der Walt, B. J. "Flagging Philosophical Minefields at the Synod of Dort (1618-1619): Reformed Scholasticism Reconsidered." *Koers* 76/3 (2011): 505-538.

Van Wyk, B. J. "Die Dordtse Leerreëls: Inklusief of Eksklusief?" *In die Skriflig* 52/2 (2018): 1-11.

Van Zyl, M. S. "Die Dordtse Leerreëls as Belydenis van Volkome Troos: 'N Bydrae tot die Hermeneutiek van Belydeniss krifte." *NGTT* 45/1-2 (2004): 127-36.

Verster, P. "The Perseverance of the Saints, Persecution and Mission, and Its Implications for Reformed Churches." *In die Skriflig* 53/3 (2019): 1-7.

Wright, N. T. "Resurrection and the Renewal of Creation: Public Lecture, autumn 2018." *The Biblical Annals* 9/4 (2019): 655-69.

부록 2: 다섯 가지 오직(5 Solas)

들어가면서

마틴 루터(1483-1546)의 신학에서 주목할만한 한 가지 사항은 하나님과 사람의 협력으로 구원이 가능하다는 천주교의 신인협력설을 포기한 것입니다. 그래서 루터는 1522년에 자신이 번역한 독일어 성경의 로마서 3:28에서 '믿음' 다음에 독일어 '오직'(allein)을 추가했습니다. 1530년의 한 편지에서 루터는 그 구절이 '오직'을 긴급하게 요청했기 때문이라고 설명했습니다.[465] 그리고 루터는 요한복음을 설교하면서, '오직 예수 그리스도께서' 구주로 충분하시며, 성부의 은혜를 가지고 계신 성자께서 아버지 하나님을 온전히 계시하신다는 사실을 힘주어 강조했습니다.[466] 또한 루터에게 '오직 믿음'은 '오직 하나님의 은혜'로 주어진 칭의를 끌어당기는 천연 자석(lodestone)과 같았습니다.[467] 루터는 그리스도께서 다른 제사장들로 대체가 안 되듯이, '오직 성경'은 교황의 권위로 대체할 수 없다고 보았습니다.[468]

성경에서 도출된 '다섯 가지 오직'(5 Solas)을 루터를 비롯한 종교개혁자들이 설파했습니다. 그렇다면 오늘날 그리스도인은 왜 그리고 어떻게 이 진리를 고수해야 하는지를 살펴봅시다. 여기서는 성경으로 시작하여, 은혜, 예수 그리스도, 믿음, 그리고 하나님의 영광을 차

---

465) 참고. K. J. Bender, "The Sola behind the Solas: Martin Luther and The Unity and Future of the Five Solas of the Reformation," *Evangelical Quarterly* 90/2 (2019), 111-131.
466) 참고. Bender, "The Sola behind the Solas," 112, 119.
467) 참고. Bender, "The Sola behind the Solas," 115.
468) 참고. Bender, "The Sola behind the Solas," 121.

례로 살핍니다. '성경'은 신앙과 삶의 표준이므로 맨 먼저 살필 것이며, '예수님'은 '다섯 가지 오직'의 중심이자 연결 고리이므로 세 번째로 살핍니다. 그리고 예수님께서 믿음의 대상이시므로, 믿음은 그리스도를 뒤따릅니다. 또한 하나님 아버지께서 주시는 은혜의 결정판은 예수님이시기에, 은혜 다음에 예수님을 배치합니다. 마지막으로, 앞의 네 가지 오직은 마지막에 자리 잡은 오직 하나님의 영광을 향합니다.

1. 오직 성경(Sola Scriptura)

'오직 성경'은 단독 플레이를 하지 않고, 나머지 네 가지 오직과 서로 연결됩니다. '오직 성경'이라는 표어는 다름 아니라 성경을 언약에 신실한 하나님의 영감 된 계시의 말씀으로 믿는 신앙의 고백입니다.469) 그리고 '오직 성경'을 '오직 믿음'과 분리하지 않을 때, 성경을 믿을 수 있을 뿐 아니라 알 수도 있습니다. 또한 예수님은 구약 예언을 성취하셨습니다. 그리고 오직 성경은 성경의 심장, 중심, 그리고 본질인 예수 그리스도와 뗄 수 없습니다(요 5:39). 따라서 '오직 그리스도'는 '오직 말씀'에 닿아있습니다. 이처럼 하나의 '오직'을 따로 분리하기보다, '함께 오직'(Sola together)의 관점이 중요하고 유익합니다. 또한 성경을 통하여 하나님과 사람이 소통하는 것은 아버지 하나님께서 진리와 지혜와 계시의 성령을 성도에게 주시는 은혜로만 가능합니다(요 14:16-17; 16:12-15; 엡 1:14).470) 이 지점에

---

469) H. Burger et als (ed), *Sola Scriptura: Biblical and Theological Perspectives on Scripture, Authority, and Hermeneutics* (Leiden: Brill, 2017), 88; M. Barrett, 『오직 하나님의 말씀: 성경의 권위』, *God's Word Alone: The Authority of Scripture*, 김재모 역 (서울: 부흥과 개혁사, 2018), 258.

470) Burger et als (ed), *Sola Scriptura*, 92.

서 '오직 성경'은 '오직 성령'(Solus Spiritus Santus)과도 직결됩니다.

벤자민 워필드가 간파했듯이, 교회를 위하여 무오하고 충분하며 최종적인 권위인 '오직 성경'은 개신교회의 모퉁잇돌과 같아서, 교회가 그 위에 서면 서고 그렇지 않으면 무너집니다(고전 15:1).471) 츠빙글리가 주장했듯이, 기독교의 토대는 기록된 말씀, 곧 하나님의 성경입니다. 정통 교회는 죄인이 기록한 성경은 역사성이 결여되기에 오류를 포함할 수 있다는 그릇된 주장을 어떻게 배격할 수 있습니까?(예. 칼 바르트, 다니엘 풀러, 피터 엔스). 성령의 역사로 영감된 성경이라는 성경 자체의 증거에 호소해야 합니다(수 23:14; 마 5:17-18; 21:42; 26:54; 막 12:36-37; 눅 4:16-19; 요 7:37-38; 행 1:16; 갈 1:11-12; 엡 3:2-3; 딤후 3:16-17; 벧후 1:21).472) 성

---

471) Barrett, 『오직 하나님의 말씀: 성경의 권위』, 24-27.
472) 성경의 유기적 영감의 한 가지 증거는 '하나님'과 '성경'이 교차적으로 사용된다는 사실이다(행 13:34-35; 갈 3:8). Barrett, 『오직 하나님의 말씀: 성경의 권위』, 377. 참고로 시카고 성경무오선언(The Chicago Statement on Biblical Inerrancy, 1978)은 다음과 같다. (1) 그분 자신이 곧 진리이시며 진리만 말씀하시는 하나님은 창조주와 주님과 구주 및 심판자 되시는 예수 그리스도를 통하여 잃어버린 사람들에게 그분 자신을 계시하시려고 성경을 감동하셨다. 성경은 그분 자신에 대한 하나님의 증언이다. (2) 성경은 하나님 자신의 말씀으로서 성령에 의해서 준비되고 감동을 받은 사람들에 의해서 쓰여졌다. 성경은 관여하는 모든 내용에 있어서 전혀 틀림이 없는 신적인 권위인 것이다. 성경이 주장하는 모든 것은 하나님의 교훈으로서 믿어야 한다. 성경이 요구하는 모든 것은 하나님의 명령으로서 순종해야 한다. 성경이 약속하는 모든 것은 하나님의 약속으로서 받아들여야 한다. (3) 성경의 신적 저자이신 성령님은 자신의 내적인 증거로 우리에게 성경이 믿을 만함을 입증해 주시고, 우리 마음을 열어 그 뜻을 깨닫게 해주신다. (4) 성경은 전체적으로 또한 축어적(蓄語的)으로 하나님이 주신 것으로서 그 모든 가르침에 오류(誤謬)와 틀림이 없다. 하나님의 창조 역사와 세계사의 사건들 혹은 하나님의 감독 아래서 성경책들이 기원된 것에 관한 증거는 개인들의 삶 속에서 역사하시는 하나님의 구원하시는 은혜에 관한 증거 못지 않게 오류와 틀림이 없다. (5) 총체적인 신적 무오성(無誤性)이 어떤 형태로든 제한되거나 무시된다면 성경의 권위가 손상되는 것은 불가피하다. 이뿐 아니라 성경 자체의 증거와는 상반되게 성경의 권위는 진리의 견해에 대하여 상대화된다. 이러한 과실은 개인과 교회에 심각한 해를 끼친다. 시카고 성경 무오선언문을 작성하는데, 쉐퍼(Francis Schaeffer), 보이스(James Boice),

경의 영감성을 포기하면 성경은 인간의 책에 불과하기에 성경에서 신적 권위는 사라지고 맙니다.

'오직 성경'의 원칙은, 데살로니가후서 2:15에 따르면, 성경의 원리에 따라 도출되는 신조나 교회의 전통(예. 유아세례)이나 부모와 같이 성경보다 덜 중요하지만 성경에서 파생한 권위들을 배격하지 않습니다.473) 그렇다고 천주교가 이 구절에 근거하여 축적된 사도의 구두 전승을 강조하면서, '오직 교회'(Sola Ecclesia)를 주장하는 것은 오류입니다(참고. 고전 11:2, 23; 15:3; 살후 2:5; 유 3).474) 천주교는 성경 66권에 기록되지 않은 내용을 거룩한 전통으로 고수합니다(참고. 트렌트공의회[1545-1563]). 이를 바탕으로 하여, 천주교는 성경과 더불어 전승을 가지고 해석하는 교황의 권위를 강조하기 위해 '오직 교회'를 주장합니다.475) 따라서 종교개혁자들이 '오직 성경'을 외쳤을 때, 그들이 붙잡은 성경의 경쟁자들은 천주교 방식의 교회 전통과 교황의 성경해석이었습니다.476) 성경의 명료성과 충분함은 종교개혁자들 이전의 교부에게서 볼 수 있습니다.477)

'오직 성경'은 급진적 종교개혁자들이 전통을 거부하면서 지지했던 '오로지 성경'(Nuda Scriptura)과 다릅니다. '오로지 성경'은 성

가이슬러(Norman Geisler), 아쳐(Gleason Archer), 스프로울(R. C. Sproul), 패커(J. I. Packer)와 같은 당대 저명한 복음주의 신학자들뿐 아니라 많은 목회자가 참여했다. http://www.thetruthlighthouse.org(2023년 6월 16일 접속)에서 인용함.

473) Burger et als (ed), *Sola Scriptura*, 83; D. P. Wiley, "Tradition and Sola Scriptura in 2 Thessalonians 2:15," *Bibliotheca Sacra* 699 (2018), 324.
474) Wiley, "Tradition and Sola Scriptura in 2 Thessalonians 2:15," 328.
475) Wiley, "Tradition and Sola Scriptura in 2 Thessalonians 2:15," 326.
476) Burger et als (ed), *Sola Scriptura*, 82.
477) 예를 들어, 이레니우스의 『이단에 대항하여』 3.1.1, 힐러리의 『삼위일체에 대하여』 10.67, 그리고 예루살렘의 시릴의 『교리문답 강의』 4.17이다. W. H. Oliver and E. Oliver, "Sola Scriptura: Authority versus Interpretation?" *Acta Theologica* 40/1 (2020), 105-108.

경을 유일한 권위로 받아들이지만, 무오하고 충분하며 최종적인 권위로는 보지 않습니다. 그리고 '오로지 성경'은 성경을 유일한 권위로 받아들이기에, 성경 이외에 어떤 권위(예. 신조)도 용납하지 않습니다.478)

신앙과 삶의 원칙을 찾고 문제를 해결하기 위해서는 원래의 충분한 '원천으로'(ad fontes) 돌아가야 합니다. '오직 성경'의 원래 맥락은 1521년 4월 18일에 열린 보름스회의에서 루터가 하나님의 말씀을 교회와 인간의 구원에 대하여 무오한 최종 권위자라고 고백한 데서 알 수 있습니다.479) 칼빈과 마찬가지로 루터에게 있어, 그리스도인은 자신 안에 일하시는 성령님 덕분에 성경의 권위를 믿을 수 있습니다. 그리고 루터는 성경에서 신앙고백과 신학 진리가 도출되지, (천주교의 주장처럼) 교회가 성경을 만들지는 못한다고 보았습니다. 그 후 "개혁된 교회는 오직 성경으로 항상 개혁되어야 한다"라는 진리가 확립되었습니다. 물론 오직 성경은 66권 정경만을 가리킵니다 (참고. 계 1:3; 22:7, 19).

루터는 신성로마제국의 젊은 황제 찰스 5세(1500-1558) 앞에 서서, 하나님의 말씀에 매여있는 자기 양심을 거스르는 어떤 것도 할 수 없다고 밝혔습니다. '말씀의 포로'였던 루터는 외경의 가치를 일정 부분 인정했지만, 천주교의 정경이 아니라 예수 그리스도를 증언하는 성경 66권을 하나님의 말씀으로 믿고 번역했습니다.480) 이제

---

478) Barrett, 『오직 하나님의 말씀: 성경의 권위』, 27, 75.

479) 루터가 어거스틴을 따라 성경의 무오성을 믿게 된 촉매제는 롬 1:17의 이신칭의의 복음을 묵상하고 성경을 예수님 중심으로 해석한 시도 등이다. 참고. J. D. Woodbridge, "Sola Scriptura: Original Intent, Historical Development, and Import for Christian Living," *Presbyterion* 44/1 (2018), 5, 7.

480) B. Witherington III, "Sola Scriptura and the Reformation: But which Scripture, and what Translation?" *JETS* 60/4 (2017), 823-24.

정경은 66권으로 닫혀있습니다. 그런데 재세례파는 외경으로부터 자유의지와 같은 교리를 찾았고, 경건한 삶을 위하여 성경적인 안내자로 삼았으며, 박해 동안 마카비서 등을 통해 위로를 받았습니다.[481] 따라서 재세례파는 종교개혁자들보다 외경에 대해 더 긍정적이었고 열린 자세를 취했습니다.

여느 종교개혁자들처럼 츠빙글리는 하나님 말씀의 사람을 변화시키는 능력을 확신하면서(겔 12:25; 롬 10:17), 1518년 말부터 마태복음 강해 설교를 필두로 하여 성경의 강력하고 명료한 의미를 석의(exegesis)를 통해 드러내어 개혁을 추진했습니다.[482] 우택주는 성경 해석자가 성경 위에 군림하려는 자세를 다음과 같이 적절하게 비판합니다.

성경해석을 통해 신앙공동체에게 자유와 해방을 가져다준 개신교는 지금 성경해석자(신학자와 목회자)가 성경보다 더 강력한 힘을 갖고 성경해석을 통제하고 있는 모양새를 보여주고 있기 때문이다. 그러므로 지금은 그가 사용하는 힘을 다시 성경에 비추어 평가해볼 시점이다.[483]

만약 성경을 고대 문서처럼 역사-비평적 방법으로 합리적으로 해석한다면 성경의 영적 실재와 차원을 발견할 수 없습니다. 왜냐하면 그런 해석방식은 성경이 기록될 당시에 성령의 영감이나 하나님의 역할에 관하여 묻지 않기 때문입니다.[484] 사람은 적절한 해석 방법

481) J. R. Seiling, "Solae (Quae?) Scripturae: Anabaptists and the Apocrypha," *Mennonite Quarterly Review* 80/1 (2006), 30.
482) W. Boekestein, "Ulrich Zwingli on Sola Scriptura: The Clarity and Certainty of Scripture in Zwingli's Theology," *Puritan Reformed Journal* 10/1 (2018), 106-115.
483) 우택주, "해석의 힘과 힘의 해석: 종교개혁의 구호 '성서만으로'에 대한 성찰," 『구약논단』 24/2 (2018), 165.
484) Burger et als (ed), *Sola Scriptura*, 89.

을 활용하여 성경을 이해할 수 있습니다. 그런데 어거스틴처럼, 그리스도인이 어려운 구절을 만나면 자신의 교만을 꺾어야 합니다.

오직 성경은 교회 정치와 교회 질서의 기초이자 원칙입니다. 종교개혁자 마틴 부처가 간파했듯이, 교회의 질서는 '성령론적인 그리스도의 통치'가 임하도록 하나님의 법인 성경의 원칙에 따라 다스려져야 합니다.[485] 천주교처럼 전승이 성경을 해석하고 교회를 다스리는 원칙이 되어서는 안 됩니다.[486] 루터는 "손에 성경이 있는 사람은 교황보다 더 강하다"라고 말한 바 있습니다.

오직 성경이 힘을 얻으려면 일반 성도도 성경을 해석하는 기본적인 능력을 갖추어야 합니다. 예를 들어, 하나님 나라처럼 성경을 관통하는 주제를 파악하고, 무엇보다 성경은 문맥을 고려하여 해석해야 합니다. 참고로 영국의 존 위클리프(1320-1384)는 라틴어 불가타 성경을 영어로 번역하여 대중화시킴으로써 '국민의, 국민에 의한, 국민을 위한 국가'를 꿈꾸었습니다. 일반인이 성경 지식을 가지고 있을 때 진정한 민주주의의 초석이 놓입니다.

성경 증거 구절

오직 성경: 주의 말씀은 내 발에 등이요 내 길에 빛이니이다 주의 의로운 규례들을 지키기로 맹세하고 굳게 정하였나이다 나의 고난이 매우 심하오니 여호와여 주의 말씀대로 나를 살아나게 하소서(시 119:105-107)

---

485) P. J. Strauss, "What are the Consequences of Sola Scriptura for a Reformed Polity?: With Reference to the Dutch Reformed Church Order of 1962," *HTS Teologiese Studies* 77/4 (2021), 3.

486) 에큐메니컬 정신을 살려 '오직 성경'에다가 전통을 결합하려는 시도는 Y. Cheng, "Christ, Grace, Faith and Scripture: The Four Protestant Principles in Historical and Theological Perspective," *Taiwan Journal of Theology* 45 (2018), 69-70을 보라.

너희가 성경에서 영생을 얻는 줄 생각하고 성경을 연구하거니와 이 성경이 곧 내게 대하여 증언하는 것이니라 그러나 너희가 영생을 얻기 위하여 내게 오기를 원하지 아니하는도다(요 5:39-40)

그러므로 믿음은 들음에서 나며 들음은 그리스도의 말씀으로 말미암았느니라(롬 10:17)

이 예언의 말씀을 읽는 자와 듣는 자와 그 가운데에 기록한 것을 지키는 자는 복이 있나니 때가 가까움이라(계 1:3)

➡ **복습과 실천을 위해 함께 생각해 볼 점**

(1) '오직 성경'의 원칙은 성경 문맹자들이 늘어가는 한국교회에게 어떻게 활력을 회복할 수 있습니까? 가정에서 부모는 자녀가 성경을 매일 읽도록 훈련해야 합니다.

(2) '다섯 가지 오직'에다가 '코람데오'(Coram Deo), '오직 성령'(Solus Spiritus Sanctus), 그리고 '오직 예수님을 증언함'(Solus Testis Jesu)을 추가할 필요가 있다는 주장이 제기되기도 합니다.487) 이 세 가지를 추가하더라도, '오직 성경'이 중요합니다. 왜냐하면 코람데오는 성경을 따라 실천할 때 가능하고, 성령께서는 말씀과 더불어 일하시고, 오직 예수님을 증언하려면 성경의 중심 주제를 알아야 하기 때문입니다.

(3) 성경은 그리스도인의 신앙은 물론, 탐욕과 맘몬이 지배하는 세상에서 실천을 위한 가장 중요하고 권위 있는 최종 기준이 될 수 있습니까?(시 119:105). 성도가 성경대로 실천하는 최고로 복된 생활을 제대로 맛본다면 가능합니다. 우리는 신앙은 유지하되 성경 중심의 실천이 없고 약하여, 사실상 '하나님의 말씀을 어긴 하나님의 사람'이 되지 않도록 주의해야 합니다(왕상 13:26).

(4) 오직 성경과 교회학교 커리큘럼의 관계는 어떠해야 합니까? 성경이 교회학교 교과목에 기초로 자리잡을 뿐 아니라, 자연스럽게 스며들게 해야 합니다. 학습자 중심의 교육에서 학습자의 활동과 경험이 중요합니다. 하지만 교회학교의 교과과정은 성경에서 출발해야 하며, 모든 내용은 성경의 빛으로 조명을 받아 복종해야 합니다.488) 어느 시대이건 성경은 교회가 부흥하기 위한 모판입니다. 선교적 교회에 활력을 주시는 성령께서는 성경과 더불어(Sola Sacra Spiritus et Scriptura) 일하십니다(딤후 3:16-19).489)

(5) 오직 성경과 학제 간의 연구는 성경적 세계관과 기독교 세계관에 입각해서 진행해야 하므로, 기독교대학의 모든 교수는 신학적 훈련과 소양을 갖추어야 합니다.[490] 성경적 세계관 과목은 불신 학생에게는 복음을 변증하는 기회가 되고, 신자 학생에게는 자신의 전공을 비롯한 모든 영역에서 제자도를 구현하는데 확신을 심어줄 것입니다.[491]

(6) 오직 성경은 성경이 모국어로 번역될 때 힘을 얻습니다. 미국에서 영어 번역의 종류는 무려 500여 개에 달합니다. 그런데 약 4,100개 언어 사용자(모국어 성경을 갖지 못한 사람)는 성경 번역을 여전히 기다리고 있는 실정입니다. 교회가 '오직 성경'을 실천하려면, 성경 번역과 보급에 관심을 가지고 성경 번역자를 양성하고 후원해야 합니다.[492]

2. 오직 은혜(Sola Gratia)

기독교는 은혜 종교이지만, 다른 종교들은 자력 구원을 강조합니다. 튤립의 둘째 사항인 '무조건적 선택'(Unconditional election)은 전적으로 타락한 인간을 구원하시기 위해서 하나님께서 은혜로

---

487) 참고. 김진섭, "한국교회를 위한 복음주의 신학의 사명: 창 2:16-17에 나타난 Sola Scriptura를 중심으로," 『성경과 신학』 29 (2001), 32.

488) G. B. Long, "Revelation, then Response: Sola Scriptura and Children's Sunday School Curriculum," *Christian Education Journal* 15/1 (2018), 45, 48-49.

489) J. M. Wessels, "The Bible as Seedbed for Revival in the 21st Century," *In die Skriflig* 54/2 (2020), 3. 참고로 오순절 성령이 임한 예루살렘교회는 사도의 가르침에 순종하면서, 예배와 사랑으로 돌보는 일에 집중함으로써 부흥을 경험했다(행 2:42-46). 여기서 빠트릴 수 없는 부흥의 다른 비결은 하나님의 '은혜'를 '모든 백성에게' 나눈 선교였다(행 2:47). 만약 예루살렘교회가 불신 이웃으로부터 칭송을 받았다면, 명사 '은혜'가 아니라 '명예'가 사용되었을 것이다.

490) 남아공의 기독교대학교인 노쓰-웨스트대학교(since 1859)의 교훈은 '당신의 빛 속에서'(In U Lig)이다(시 36:9). 참고. K. S. Whitfield and R. Putman, "The Bible and the University: Sola Scriptura and Interdisciplinary Engagement," *Southwestern Journal of Theology* 62/2 (2020), 66-67, 73.

491) Whitfield and Putman, "The Bible and the University," 73-74.

492) Wessels, "The Bible as Seedbed for Revival in the 21st Century," 6.

주신 처방입니다(딛 2:11). 즉 하나님의 은혜 덕분에 타락한 죄인도 구원의 예정을 받습니다. 은혜 없이는 구원의 복음, 헌신도 없습니다 (고전 15:10). 구약에서 은혜와 은혜의 한 형태인 자비와 긍휼은 타락한 인간을 향한 하나님의 성품의 반응과 같습니다(출 34:6-7).[493] 하나님은 이스라엘 백성에게 조상과 맺은 언약 때문에 은혜를 베푸시고, 죄에서 돌이키게 하십니다(신 7:6-8; 욜 2:13; 암 5:15; 말 1:9).

성령님의 역사로 죄인이 거듭난 것과 예수님께서 십자가에서 죽으심은 오직 은혜는 물론, '전적 은혜'(Total Grace)를 보여줍니다. 사람은 자신의 중생이나 십자가의 구속사건에 전혀 기여한 바가 없습니다. 신약성경에서 은혜는 구약의 모든 은혜 언약을 성취하신 예수님께서 주시는 구원과 새 창조로 요약됩니다(마 1:1, 21; 엡 2:8-9; 참고, 고전 15:10).[494] 다시 말해, 신약의 은혜는 예수님 안에서 성취되었습니다. 하나님의 은혜는 죄인을 구원하신 그 순간에만 해당하거나 제한되지 않습니다. 하나님은 자신 앞에서 행하는 사람에게 언약을 지키시고 은혜를 베푸십니다(왕하 8:23; 히 4:16). 이런 은혜가 임하면, 성도의 믿음은 자라나고 하나님의 이름에 합당한 영광을 돌릴 수 있습니다(고전 15:10; 딤후 2:1-2).[495] 이 지점에서 '오직 은혜', '오직 믿음', 그리고 '오직 하나님께 영광'은 서로 접맥합니다. 그리고 신자의 삶에 임하는 은혜 덕분에 진정으로 기뻐하고 즐거워합니다(왕하 8:66). 또한 하나님께서는 기도하고 함께 모여 성례와 더불어 예배하며 말씀을 묵상하는 성도에게 은혜를 주십니다(계

---

493) C. R. Trueman, 『오직 은혜: 하나님의 선물인 구원』, *Grace Alone: Salvation as a Gift of God*, 박문재 역 (서울: 부흥과 개혁사, 2018), 26-28.
494) Trueman, 『오직 은혜: 하나님의 선물인 구원』, 44-53.
495) Trueman, 『오직 은혜: 하나님의 선물인 구원』, 25.

1:3-6). 성도에게 성경 묵상과 설교는 은혜의 방편입니다. 여기서 '오직 은혜'는 '오직 말씀'에 닿아있습니다(왕하 22:8-11, 19; 23:3). 이러한 성경적 은혜관을 교부들이 계승했는데, 이에 대해 김선권의 설명을 들어봅시다.

교회의 교부들은 은혜를 죄인인 인간을 구원에 도달하게 하는 신적 능력으로 이해했다. '은혜의 박사'(doctor gratiae)라 불리는 아우구스티누스는 은혜를 매우 중요한 신학적 개념으로 수용했다. 그는 펠라기우스와의 논쟁에서 펠라기우스의 자유의지에 반대하여 원죄론을 주장하고 원죄에 의하여 인간은 죄의 속박 상태에 있으며, 이 점에서 구원은 오직 하나님의 은혜로 주어짐을 주장했다. 죄인은 죄의 노예 가운데 있으며, 은혜만이 죄인을 자유롭게 할 수 있다.496)

교부의 이러한 '오직 은혜'의 복음을 계승한 칼빈에 의하면, 사람이 구원의 은혜에 참여하는 방법은 '오직 믿음'이므로, 은혜론과 칭의-구원론은 서로 연결됩니다.497) 성도는 '하나님의 은혜'로 주어지는 믿음으로써 칭의와 구원을 얻으므로, 은혜는 칭의의 근원과 같습니다.498) 예수님의 성육신은 성부의 은혜가 얼마나 탁월한가를 증명하며, 성부의 그러한 탁월한 은혜는 택자에게 주어집니다.499) 따라서 아버지 하나님의 은혜는 그리스도의 성육신으로 나타나서 구원의 예정을 성취합니다. 이런 의미에서 은혜(GRACE)란 그리스도께서 치르신 희생 대가에 나타난 하나님 아버지의 부요하심입니다(God's Riches At Christ's Expense; 골 1:14; 21세기 찬송가 317장 4절).

성부께서 예수 그리스도를 통하여 이루신 구원의 은혜를 효력 있

---

496) 김선권, "칼빈의 은혜론," 『갱신과 부흥』 29 (2022), 73.
497) 김선권, "칼빈의 은혜론," 76.
498) 김선권, "칼빈의 은혜론," 77.
499) 김선권, "칼빈의 은혜론," 79-80.

는 현실로 만드는 분은 성령님입니다. 성령의 중생하도록 만드시는 사역이 없이는 구원 안으로 들어가는 은혜를 받을 수 없습니다. 은혜의 방편은 말씀 묵상과 기도, 그리고 성례전적 예배입니다(참고. 대상 10:14). 오직 하나님의 은혜(Gratia Sola Dei)로 구원받은 성도는 이웃에게 그 은혜를 소개하고 나누어야 합니다. 그리고 '오직 은혜'는 아버지 하나님의 마음이 그리스도 안에서 열린 결과이므로, 그리스도인은 남을 향해서 열린 마음을 가지고 회복적 정의를 구현하도록 노력해야 합니다(참고. 마 7:18; 요일 3:16; HC 64).[500]

성경 증거 구절

오직 은혜: 여호와께서 그의 앞으로 지나시며 선포하시되 여호와라 여호와라 자비롭고 은혜롭고 노하기를 더디하고 인자와 진실이 많은 하나님이라 인자를 천대까지 베풀며 악과 과실과 죄를 용서하리라 그러나 벌을 면제하지는 아니하고 아버지의 악행을 자손 삼사 대까지 보응하리라 (출 34:6-7)

그러나 내가 나 된 것은 하나님의 은혜로 된 것이니 내게 주신 그의 은혜가 헛되지 아니하여 내가 모든 사도보다 더 많이 수고하였으나 내가 한 것이 아니요 오직 나와 함께 하신 하나님의 은혜로다(고전 15:10)

너희가 그 은혜를 인하여 믿음으로 말미암아 구원을 얻었나니 이것이 너희에게서 난 것이 아니요 하나님의 선물이라 행위에서 난 것이 아니니 이는 누구든지 자랑치 못하게 함이니라(엡 2:8-9)

---

500) P. Naudé, "We cannot just continue as if Nothing has happened between Us: *Sola Gratia* and Restorative Justice," *Scriptura* 84 (2003), 405.

➡ 복습과 실천을 위해 함께 생각해 볼 점

(1) 오직 은혜가 우리의 선행을 방해하지 않고 오히려 장려하려면, 어떤 자세를 취해야 합니까?(고후 9:8). 우리가 하나님의 구원의 은혜를 기억한다면, 일상에서 그 은혜에 보답하며 선행에 힘쓸 수 있습니다.

(2) 구원을 위한 하나님의 은혜는 우리에게 불가항력적입니다. 그런데 그리스도인은 일상에서 부당하게 고난을 당하는 상황에서 하나님을 기억하면서 인내하라는 하나님의 고차원적 은혜를 사모해야 합니다(벧전 2:19).

(3) 현대 루터교 안에 새로운 신인협력설을 주장하며 그것을 영성이라고 외치는 경우가 있습니다. 이럴수록 '오직 은혜'와 '전적 은혜'를 확고히 해야 합니다.[501]

(4) 하나님의 은혜를 '하나님의 무조건적 사랑'으로 정의한다면, 은혜를 하나님의 속성 중 하나로 볼 수 있습니까?[502] 그렇습니다. 하나님은 아름답고 은혜로운 분입니다.

3. 오직 그리스도(Solus Christus)

'오직 그리스도'가 '오직 성경'보다 앞선다면, 이 순서는 어색합니다. 왜냐하면 성경에서 예수 그리스도를 알 수 있기 때문입니다(요 5:39).[503] '오직 그리스도'는 다른 '네 가지 오직'의 중앙에 위치하여, 오직 하나님의 영광을 드러내는 신학 체계 안으로 나머지를 끌어들여서 연결합니다.[504] 그렇다면 왜 오직 그리스도가 나머지 오직들의 중앙에 위치합니까? 이에 대해 남침례신학교의 웰럼(S. J. Wellum)

---

501) J. M. Kittelson, "Contemporary Spirituality's Challenge to Sola Gratia," *Lutheran Quarterly* 9/4 (1995), 367-90.

502) 참고. D. A. Brondos, "Sola Gratia as Divine Attribute: Resurrecting the God of the Gospel," *Dialog* 54/3 (2015), 269-79.

503) G. J. Williams, "The Five Solas of the Reformation: Then and Now," *Unio cum Christo* 3/1 (2017), 14.

504) S. J. Wellum, "Solus Christus: What the Reformers taught and Why It Still matters," *SBJT* 19/4 (2015), 80.

은 몇 가지 이유를 제시합니다. (1) 예수님을 출발점보다는 중심 주인 공으로 간주하는 성경을 통하여 예수님의 존재와 사역을 압니다(요 5:39). 그리고 예수님은 성경의 모든 언약을 성취하셨습니다(마 1:1). 동시에 성경을 통하여 그리스도를 알기에, 오직 성경 없이는 오 직 그리스도도 불가능합니다(계 14:12).505) (2) 신자는 오직 믿음으 로써 예수님을 구주로 영접합니다. "오직 믿음과 오직 하나님의 영광 을 위해 싸운 종교개혁의 투쟁 전체가 그야말로 십자가를 올바르게 해석하기 위한 투쟁이었다."506) (3) 예수님을 믿는 신앙은 오직 전능 하신 하나님의 은혜로 보호받습니다. (4) 하나님께서 성도에게 은혜 를 주시는 목적은 그리스도를 통하여 화해와 양자 삼음에 있습니다 (롬 8:15). (5) 그리스도를 통한 구원의 궁극적 목적은 하나님의 영광 이며, 성도는 부활하여 예수님처럼 영화로운 몸을 입을 것입니다(벧 전 4:11).507) 그리고 구원의 서정(Via Salutis)에서 예수님과 그리스 도인의 연합이 중요합니다. 예수님께서 근원으로서의 태양이라면, 그리스도인에게 전가된 칭의는 빛이며, 그리스도인이 성령의 역사를 따라 주 예수님을 닮아가는 성화는 열과 같습니다.508)

'오직 그리스도' 없이는 '오직 은혜'와 '오직 믿음'은 설 자리를 잃 고 존립이 가능하지 않습니다. 왜냐하면 하나님의 아들인 예수님의 존재와 하신 일 안에서 성부의 은혜를 분명히 알 수 있으며, 주 예수 님을 믿는 사람만 성부와 화해할 수 있기 때문입니다.509)

---

505) Wellum, 『오직 그리스도: 구원자로서 예수의 유일성』, 450.
506) Wellum, 『오직 그리스도: 구원자로서 예수의 유일성』, 276.
507) Wellum, "Solus Christus," 80.
508) 사람의 '아직 아니' 혹은 '잃어버린' 시간은 성부께서 예수님을 통하여 성취 하신 '이미'의 시간으로 대체된다(칼 바르트). 다시 말해, 그리스도 사건과 성령의 강림 덕분에 '새로운 그리고 오는 시간'이 '옛 시간' 안으로 침투해 들어왔다. A. van Oudtshoorn, "Solus, Sola: Constructing a Christocentric Faith Model of the 'Ordo Salutis'," *Verbum et Ecclesia* 35/1 (2014), 3-4.

유일한 중보자이신 예수 그리스도 외에 구원의 길은 결단코 없습니다(요 14:6; 행 4:12; 16:31; 딤전 2:5). 예수 그리스도는 영 단번에 완전하고 충만한 구원의 사역을 이루셨습니다(히 10:10-14). 기독론은 교의학의 출발점이라기보다 중심이며, 모든 교리는 기독론에서 나온다고 말해도 과언이 아닙니다.510) 그리고 예수님은 구원 계시의 중심이자 성취자이시므로, 성부의 구원 계획과 언약을 목표 지향점(telos)까지 가지고 가십니다(눅 18:31; 요 17:3; 행 2:23; 히 1:2).511) 그런데 "천주교 신학이 가지는 여러 문제의 핵심은 교회와 마리아가 예수님을 대체하는 것이다. 그리고 천주교는 하나님께서 세상에 은혜로운 사역을 시행하시는 중심에 교회가 있다고 주장하면서, 그런 교회의 중심에는 로마 특히 교황이 있다."512) 그리고 천주교의 미사와 의로움을 주입하고 죄를 씻는 세례, 그리고 화체설에 대한 강조는 종교개혁자들이 외친 오직 그리스도와 그리스도만으로 충분함을 훼손합니다.

마가복음에서 주님의 제자들은 마음이 굳어있고 불신앙과 무지에 빠진 부정적 모습으로 나타납니다(막 4:40; 9:19, 32; 16:14). 따라서 마가복음의 독자들은 주님의 제자들이 아니라 오직 신실하신 하나님의 아들 예수 그리스도에게 집중해야 합니다.513)

---

509) F. E. Mayer, "No Sola Gratia without Solus Christus," *Concordia Theological Monthly* 22/9 (1951), 677-80.

510) S. J. Wellum, 『오직 그리스도: 구원자로서 예수의 유일성』, *Christ Alone: The Uniqueness of Jesus as Savior*, 김찬영 역 (서울: 부흥과 개혁사, 2018), 21.

511) Wellum, 『오직 그리스도: 구원자로서 예수의 유일성』, 65. S. J. Wellum, "Christological Reflections in Light of Scripture's Covenants," *SBJT* 16/2 (2012), 46-47.

512) Williams, "The Five Solas of the Reformation," 32.

513) L. A. Huizenga, "Solus Christus: The Markan Contrast between Jesus and His Disciples," *Currents in Theology and Mission* 35/6 (2008), 412.

'오직 성경'은 성경이 신앙과 실천의 최종적이고 완전한 권위를 가지고 있음을 뜻할 뿐 아니라, 성경해석에 있어 정경과 언약의 점진적 발전이라는 구속사적 성경신학의 통찰력을 가지고 저자의 의도를 정확하게 찾아야 할 것도 함의합니다.514) 언약의 점진적 발전은 예수님을 축으로 하여 전개됩니다. 예를 들어, 아담언약은 마지막 아담 안에서 성취되고 있고 노아언약도 만유를 보존하시는 예수님 안에서 성취되고 있으며, 아브라함언약도 아브라함의 그 씨를 통해 열방에 성취되고 있습니다(마 1:1; 갈 3:16).

참고로 제1 스위스 신앙고백서(1536)는 '오직 그리스도'라는 원칙에서 교회를 그리스도의 몸으로 정의합니다. 그리고 이 신앙고백서는 그리스도의 몸인 참 교회의 표지와 교회의 제도, 그리고 직분과 권징을 오직 성경과 오직 그리스도를 중심으로 고백합니다.515)

성경 증거 구절

오직 그리스도: 도마가 이르되 주여 주께서 어디로 가시는지 우리가 알지 못하거늘 그 길을 어찌 알겠사옵나이까 예수께서 이르시되 내가 곧 길이요 진리요 생명이니 나로 말미암지 않고는 아버지께로 올 자가 없느니라(요 14:5-6)

예수는 너희 건축자들의 버린 돌로서 집 모퉁이의 머릿돌이 되었느니라 다른 이로써는 구원을 받을 수 없나니 천하 사람 중에 구원을 받을만한 다른 이름을 우리에게 주신 일이 없음이라 하였더라(행 4:11-12)

---

514) S. J. Wellum, "Retrieval, Christology, and Sola Scriptura," *SBJT* 23/2 (2019), 38-42.
515) 김요섭, "오직 그리스도(Solus Christus) 원리의 실천: 제1스위스 신앙고백의 개혁 교회론 연구," 『한국개혁신학』 63 (2019), 60-61.

➡ 복습과 실천을 위해 함께 생각해 볼 점

(1) '오직 그리스도'와 '전체 성경'(Tota Scriptura)의 불가분의 관계는 성경의 그리스도 중심 해석을 시도할수록 더 명확해집니다.[516] 그리고 먼저 설교단에서 예수 그리스도가 중심으로 회복되어야 합니다.

(2) '오직 성령'(Solus Spiritus)과 '오직 그리스도'는 어떤 관계입니까?[517] 성령님은 그리스도의 영이시므로, 성령님은 예수님과 무관하게 행하시지 않습니다.

(3) 분쟁을 겪는 교회는 '그리스도의 유일한 머리이심'(Solus Christus Caput)을 기억하고, 주님께 순복해야 합니다.

(4) '오직 그리스도'를 무시하게 되는 이유는 전통과 비성경적인 요소가 교회에 들어왔기 때문입니다. 이와 관련하여, 구원을 위해서는 성례를 시행해야 한다고 결의한 트랜트공의회의 결정이 한 예입니다. 아버지 하나님은 오직 독생자 예수님을 통하여 이루신 구원에 관하여 모든 영광을 받으십니다.[518]

(5) 청소년의 행동 변화를 시도하는 사역의 해답은 '오직 그리스도', 즉 하나님의 은혜의 절정인 구주 예수 그리스도를 중심으로 하는 복음 메시지입니다.[519]

4. 오직 믿음(Sola Fide)

로마서 1-8장은 하나님은 거룩하시고 모든 사람은 죄인이며, 예수 그리스도께서 이루어 놓으신 대속을 통한 구원의 길을 설명합니다. 로마서 주석을 집필한 루터는 바로 이 구원의 복음을 믿음으로써 율

---

516) P. O'Callaghan, "Solus Christus and Sola Scriptura: The Christological Roots of Martin Luther's Interpretation of Scripture," *Annales Theologici* 31/2 (2017), 459-71.

517) A. S. Rocha, "Nem Sola Scriptura, Nem Solus Spiritus: A Revelação na Dimensão do Humano," *Horizonte* 44 (2016), 1173-1192.

518) J. Moorhead, "Solus Christus and the Protestant Reformation of Europe," *Master's Seminary Journal* 28/2 (2017), 200.

519) P. Strong, "Christ Alone … Redeeming Youth Ministry," *In die Skriflig* 48/1 (2014), 4-8.

법의 정죄와 두려움으로부터 십자가의 사랑과 기쁨으로 전환할 수 있었습니다.520) 루터의 후계자 필립 멜란히톤(1497-1560)도 하나님을 경외하면서 요한복음 6:37에서 슬픔 대신에 기쁨을 발견했습니다. 멜란히톤은 루터의 믿음과 구원의 확신에 찬 마지막 말을 아래와 같이 소개합니다.

하늘에 계신 나의 아버지여, 영원한 자비의 하나님이시여. 당신은 당신의 사랑하시는 아들 주 예수 그리스도를 저에게 계시해 오셨습니다. 하나님이 없는 자들은 예수님을 박해하고 멸시하지만, 저는 그분을 나의 사랑하는 구주로 알고 사랑하며 존경합니다. 나의 영혼을 당신에게로 인도하옵소서. "나의 영혼을 당신의 두 손에 맡깁니다. 진리의 하나님이여, 나를 구원하소서. 하나님이 세상을 이처럼 사랑하사 독생자를 주셨으니 이는 그를 믿는 자마다 멸망치 않고 영생을 얻게 하려 하심이라."521)

죄인은 오직 믿음으로 구원을 얻습니다(롬 3:21; 참고. 약 2:24). 사람의 행위는 구원의 조건이 아닙니다. 왜냐하면 하나님은 인간에게 완전한 순종을 요구하시므로, 인간의 불완전한 공로는 의와 구원의 근거가 될 수 없기 때문입니다(롬 3:20).522) 오직 믿음(Sola Fide), 다시 말해, 구원에 이르는 참 믿음은 성부께서 오직 그리스도(Solus Christus)를 통하여 이루신 구원을 믿고 전적으로 의지하는 것입니다.523) 하나님의 선물인 믿음은 하나님의 선물인 구원을 위한

---

520) 루터의 혼인과 장례를 집례한 요하네스 부겐하겐도 자신의 롬 7:25 주석(1531)에서 사죄의 은총을 믿음으로써 누린 기쁨을 표했다. G. W. Adams, "Shock and Awe: The Reformers and the Stunning Joy of Romans 1-8," *JETS* 61/2 (2018), 233-43.

521) 루터는 따옴표 안의 말을 3회 반복했다. 멜란히톤 in Adams, "Shock and Awe," 244.

522) T. R. Schreiner, "Justification by Works and Sola Fide," *SBJT* 19/4 (2015), 39-58; "Some Reflections on Sola Fide," *JETS* 58/1 (2015), 11.

조건이라기보다는 수단입니다(엡 2:8). 그리고 믿음은 칭의에 앞섭니다. 그렇다면 '오직 믿음'에서 믿음은 어떤 믿음입니까? 이에 대해, 이성호의 설명을 들어봅시다.

이 믿음은 오직 '사랑이 역사하는' 믿음이고 오직 '성령이 인(印)치신' 믿음이며, 따라서 오직 '선행을 일으키는' 믿음이다. 그리고 다른 어떤 것도 아닌 오직 이 믿음을 통해서만이 우리는 그리스도께서 주시는 모든 은덕(칭의, 성화, 영생)을 받을 수 있다. 이 믿음은 무엇보다 그리스도 안에서 나타난 하나님의 자비하심, 즉 복음에 관한 것이다. 믿음은 복음에 대한 '분명한 지식,' 복음이 제시하는 약속에 대한 '굳은 확신,' 그리고 이 약속을 하시는 분에 대한 '철저한 신뢰'를 의미한다.524)

'오직 믿음'은 이신칭의의 단축키와 같은데, 인간 스스로 구원에 이를 수 없다는 전적 타락과 유일한 중보자이자 구원자이신 예수 그리스도를 믿음의 대상으로 전제합니다(롬 4:3; 갈 2:16; 3:6, 11).525) 바울은 '믿음의 순종'이라는 독특한 표현으로, 믿음은 곧 순종이라는 등식을 강조합니다(롬 1:5; 16:26; 참고. 마 7:17-19).526) 순종을 필연적으로 동반하는 살아 있는 믿음이 아니라, 헛된 믿음(고전 15:2), 죽은 믿음(약 2:26), 혹은 마귀적 믿음(약 2:19)도 있습니다.527)

그런데 바울서신의 '그리스도의 믿음'($\pi i \sigma \tau \iota \varsigma$ $X \rho \iota \sigma \tau o \tilde{v}$, 피스티스 크리스투)을 '그리스도의 신실함'으로 이해하는 송순열은 로마서

---

523) Schreiner, "Some Reflections on Sola Fide," 12.
524) 이성호, "오직 믿음(sola fide)에서 말하는 믿음이란 무엇인가?" 『한국개혁신학』 35 (2012), 11.
525) 최갑종, 『오직 믿음만으로』 (용인: 킹덤북스, 2015), 13, 22-23.
526) 최갑종, 『오직 믿음만으로』, 35-36.
527) T. R. Schreiner, 『오직 믿음: 칭의의 교리』, *Faith Alone: The Doctrine of Justification*, 박문재 역 (서울: 부흥과 개혁사, 2017), 12.

부록 2: 다섯 가지 오직(5 Solas) | **267**

3:26과 갈라디아서 2:16을 두고 다음과 같이 설명합니다.

하나님께서 길이 참으시는 가운데, 지금 이때에 자기의 의를 나타
내신 것은, 하나님께서는 의로우신 분이시라는 것과 예수님의 신실
함을 통하여 누구나 의롭게 하여 주신다는 것을 나타내시려는 것이
다. 이런 해석을 택하면 우리의 믿음이 우리를 의롭게 하는 것이 아
니다. 여기에는 인간의 공로가 들어가지 않는다.528)

송순열의 해설은 '예수님의 신실함'과 '죄인의 불신실함'이 마치
로마서와 갈라디아서에 중요한 이슈인 것처럼 부추길 수 있습니다.
하지만 이 두 서신에서 바울이 강조하는 바는 죄인이 '예수님을 믿
음'으로 구원에 이르는 복음입니다. 그러므로 예수님 자신의 신실함
을 통한 칭의가 아니라, 예수님을 구주로 믿는 이신칭의의 복음이 중
요합니다.

바울의 이신칭의를 계승한 루터는 소위 '탑의 경험'(Tower
Experience)을 통해,529) 이신칭의는 교회가 서고 넘어지는 문제라
고 보았습니다. 그리고 루터의 전체 신학의 중심축은 다름 아니라 하

---

528) 송순열, "오직 믿음으로(sola fide): 칭의론에 대한 논쟁과 성서적 해석- 루
터에서 오늘까지," 『신학사상』 182 (2018), 158; S. J. Gathercole, "The
Petrine and Pauline Sola Fide in Galatians 2," in *Lutherische und
Neue Paulusperspektive: Beiträge zu Einem Schlüsselproblem der
Gegenwärtigen Exegetischen Diskussion* (Tübingen: Mohr Siebeck,
2005), 309-327. Contra 최갑종, 『오직 믿음만으로』, 43; Schreiner, 『오
직 믿음: 칭의의 교리』, 222-29.

529) 29세 청년 루터는 1513년에 비텐베르크 수도원의 탑에 머물면서 이신칭의의
복음을 깨달았다. 이때 중생을 체험한 루터는 이렇게 회상했다. "나는 완전
히 새롭게 태어난 듯한 기분이었고, 열린 문을 열고 낙원에 들어간 것만 같
았다. 그곳에서 성경 전체는 완전히 다른 얼굴을 나에게 보여주었다." 정성
국은 "탑의 경험 이전에 루터의 문제는 본문이 그리스도에 관해서 말한다는
것을 안 다음에도, 여전히 본문의 문자적 의미에 이르렀을 뿐, 자신이 하나님께
수용될 수 없을 것 같은 불안한 양심을 해결할 수 없었다는 점이다. ……
탑의 경험 이후에 루터는 그리스도를 통해 주어지는 하나님의 은혜를 읽어 낼
수 있는 해석학적 체계를 형성해 나간다."라고 설명한다. 정성국, "루터의 '문
자적 의미'와 그 해석학적 배경들," 『ACTS 신학저널』 32 (2017), 56-57.

나님의 의와 구원을 붙잡는 '오직 믿음'이었습니다(롬 3:28).[530] 사람이 '행복한 교환'을 통해 자신의 죄를 용서받고 순종하신 예수님의 의를 전가받는다는 '법정적(forensic) 칭의'는 실제로 하나님의 은혜로 사람이 생명과 구원을 얻는다는 '유효한(effectual) 칭의'와 맞물립니다(롬 4:3; 5:19).[531]

루터에게 있어, 믿음은 다름 아니라 마음의 진리인데, 마음으로 하나님을 올바로 아는 것입니다. 이 지식은 믿음에서 나옵니다. 그리고 믿음은 비가시적인 하나님의 말씀에 우리 영혼을 연결합니다. 또한 믿음은 하나님의 얼굴의 빛인데, 우리 마음을 조명하기 때문입니다.[532]

칼빈은 참 믿음을 어떻게 정의합니까? 그는 성령께서 성도의 지성에 계시하셔서 성도의 마음에 인쳐진 것으로서, 하나님의 자비에 대한 확고한 지식이라고 정의합니다(기독교강요 3.2.7). 그리고 성도는 하나님의 인자하심과 선하심을 믿고 의지하면서, 구원을 기대하면서 붙잡는 사람입니다(기독교강요 3.2.16).

WCF 11:4와 WSC 30-31문, 그리고 WLC 65문에 따르면, 성령님으로 말미암은 성도와 예수 그리스도와의 신비로운 연합은 구원의 효력을 가지고 오는데, 이 구원은 오직 의로우신 예수 그리스도에 대한 믿음으로만 주어집니다(엡 2:5).[533]

---

530) A. S. Santrac, "The Legacy of Martin Luther's Sola Fide," *In die Skriflig* 51/1 (2017), 2.

531) Schreiner, 『오직 믿음: 칭의의 교리』, 101; Santrac, "The Legacy of Martin Luther's Sola Fide," 3-5. 참고로 Santrac은 바울의 옛 관점과 새 관점의 긍정적 통찰을 통합하는 데 찬성한다.

532) 루터 in L. Rinehart, "Sola Fide: The Mystery of Salvation by Faith," *Journal of Ecumenical Studies* 49/4 (2014), 591에서 요약.

533) L. G. Tipton, "Biblical Theology and the Westminster Standards Revisited: Union with Christ and Justification Sola Fide," *Westminster Theological Journal* 75/1 (2013), 3-6.

성경 증거 구절

오직 믿음: 성결의 영으로는 죽은 가운데서 부활하여 능력으로 하나님의 아들로 인정되셨으니 곧 우리 주 예수 그리스도시니라 그로 말미암아 우리가 은혜와 사도의 직분을 받아 그 이름을 위하여 모든 이방인 중에서 믿어 순종케 하나니 너희도 그들 중에 있어 예수 그리스도의 것으로 부르심을 입은 자니라(롬 1:4-6)

이 예수를 하나님이 그의 피로써 믿음으로 말미암아 화목제물로 세우셨으니 이는 하나님께서 길이 참으시는 중에 전에 지은 죄를 간과하심으로 자기의 의로우심을 나타내려 하심이니 곧 이 때에 자기의 의로우심을 나타내사 자기도 의로우시며 또한 예수 믿는 자를 의롭다 하려 하심이라(롬 3:25-26)

믿음은 바라는 것들의 실상이요 보이지 않는 것들의 증거니 선진들이 이로써 증거를 얻었느니라(히 11:1-2)

➡ 복습과 실천을 위해 함께 생각해 볼 점

(1) 종교와 진리를 탈피하는 시대에, 교회와 '오직 믿음'의 관련성은 무엇입니까? 계몽주의 시대 이래로 이성은 믿음을 경시해 왔습니다. 그리고 포스트모던 시대에 교회는 진리와 구원의 공동체로서 어떻게 믿음을 지키며 살 수 있습니까?(갈 5:5-6). 그리스도인은 진리와 구원이라는 복이 무엇인지 그리고 얼마나 위대한가를 생활로 증명해야 합니다.

(2) 자신의 신학이나 이념을 고수하기 위해 '오직 성경'을 거스르는 경향은 무엇입니까?534) 자신의 선입견과 이념을 성경 위에 둘 경우에 이런 현상은 얼마든지 발생합니다.

(3) '오직 믿음'은 '오직 그리스도'를 위해 어떤 중요한 역할을 수행합니까? 예수님은 믿음의 대상입니다. 성령은 성도 안에 믿음을 일으키시며, 그리스도인은 믿음으로 순종합니다.535) 성도는 성령으로 잉태되셨고, 성령으로 사역하신 예수님을 믿습니다.

(4) 불신앙은 하나님께 불복종하는 것이며, 그것은 말씀 안에 거하지 않는 상태입니다. 여기서 오직 믿음, 오직 하나님께 영광이, 그리고 오직 성경이 공존합니다.

---

534) 빌 2:5-11에서 예수님의 낮아지심은 바울 당시의 사회-정치-종교적 배경에서 자신의 기득권을 포기하고 낮은 신분으로 내려오려는 메시지를 던진다.

5. 오직 하나님께 영광이(Soli Deo Gloria)

성부 하나님의 보이지 않는 영광이 가시화되려면 성부의 영광의 본체이신 '오직 그리스도'(Solus Christus)가 필요합니다(참고. 요 1:14; 골 1:15-19).[536] 하나님의 영광은 예수님의 재림 때에 완성될 새 하늘과 새 땅과 거기 거주할 그리스도인 가운데 완전히 회복될 것입니다(참고. 계 21:23).

'송영과 영광의 신학자'인 바울은 로마서 16:25-27에서 영원하시며 전능하시고 유일하시며(27절 첫 단어 $\mu\acute{o}\nu\omega$[모노]) 지혜로우신 하나님께 영광이 영원토록 있기를 찬양합니다. 다시 말해, 바울은 예수 그리스도의 나라를 통해서 구원 사역을 성취하신 "하나님께서 지니고 계시는 모든 무한한 속성들을 인정하고, 가장 존귀한 분으로 받들어 섬기며 찬미한다."[537]

그리스도인은 먹든지 마시든지 무엇을 하든지 하나님께 영광이 되어야 합니다(고전 10:31). 사람의 최고의 목적은 하나님을 영화롭게 하고 영원토록 그분을 즐거워하는 것입니다(WLC 1; WSC 1). 그리스도인의 노력으로 과연 하나님께서 영광을 받으실 수 있을까요? 완전하지는 않지만 어느 정도는 가능합니다. 그리스도인은 하나님께서

이런 해석은 아파르트헤이트 지지자들의 심기를 거슬렀다. 그러나 성경 주해가 교리나 이데올로기의 진위나 정확도를 판정해야 한다. M. J. Slabbert, "Sola Scriptura versus Sola Fide versus Solum Imperium?: Albert S. Geyser en 'n Kontemporêre Verstaan van $\mu o\rho\phi\acute{\eta}$ $\theta\varepsilon o\tilde{\upsilon}$ in die Christus-Himne," *HTS Teologiese Studies* 74/4 (2018), 5.

535) A. H. Bogaards, P. J. de Bruyn, and J. H. van Wyk, "Sola Fide: Die Belangrike Rol van die Geloof in die Christoiogie van Hermann Friedrich Kohlbrugge," *In die Skrifig* 32/2 (1998), 151.

536) 박재은, "하나님의 영광에 대한 헤르만 바빙크의 견해," 『생명과 말씀』 34/3 (2022), 178, 184.

537) 박창환, "오직 하나님께 영광을: 로마서 16장 25-27," 『성경연구』 9/1 (2002), 12.

하신 일에 마땅히 감사하고 찬양해야 합니다. 하나님의 영광은 하나님 자신의 사역으로만 가능합니까?(참고. 신 28:58; 시 79:9; 115:1; 사 42:8; 43:7; 48:11). 예. 이것은 완전히 가능합니다. 실제로 하나님의 영광은 온 땅의 주인이신 하나님 자신의 사역으로 충만합니다(시 102:15; 사 6:3; 40:5; 60:3; 눅 2:13-14; 딛 2:13). 그리고 영광스러운 하나님의 호칭도 중요합니다. 그분은 '영광의 하나님'(행 7:2; 참고. 유 1:24-25; 계 4:9), '영광의 왕'(시 24:8), '영광의 주'(고전 2:8; 참고. 요 11:4; 계 5:11-12), 그리고 '영광의 아버지'이십니다(엡 1:17).

'영광의 신학자'인 칼빈에게 있어 하나님의 영광은 "천상에서 시작된 그의 영광이 그의 창조세계 안에서 극장처럼, 거울처럼 빛났으며, 그리고 구속주 예수 그리스도의 존재와 사역 안에서, 특별히 십자가에서 빛났으며, 그리스도의 부활 승천 후에는 그의 구속에 참여하는 자들 안에서 나타나게 된다. 그리스도의 구속에 참여하는 자들에게서는 하나님의 영광이라는 개념이 이제부터 '하나님께 영광'의 개념으로 전환하게 된다."[538]

황대우는 제2 제네바 신앙교육서에 나타난 하나님의 영광이 어떤 의미를 가지는지 다음과 같이 요약합니다. 인생의 목적은 하나님을 바르게 알고 하나님께 영광 돌리기(Deo glorificare)인데, 그것은 최고선으로 하나님을 따라서 그분을 경외하며 사는 것입니다.[539] 이

---

538) 김선권, "칼뱅의 오직 하나님께 영광(Soli Deo Gloria)," 『한국개혁신학』 47 (2015), 8-41.

539) 황대우, "하나님의 영광과 인생의 위로: 제2 제네바 신앙교육서 1-15문답과 하이델베르크 신앙교육서 1-22문답 비교 연구," 『개혁논총』 29 (2014), 267. 참고로 남아공의 저명한 기독교 철학자 핸드릭 헤르할더스 스토커(H. G. Stocker, 1899-1993)는 모든 선이 흘러넘치는 하나님의 영광을 드러낸 칼빈주의자였다. 그러나 그에게는 아프리카너(남아공 백인)의 특권 의식을 지지한 인종차별적 경향이 있었다. 참고. A. W. G. Raath, "Soli Deo

에 관해 황대우의 추가 설명을 들어봅시다.

제2 제네바 신앙교육서(1542/1545)의 2문답에 나타나는 단어 '글로리피어르'(glorifier: 영광을 돌리다, 찬양하다)와 6과 7문답에 나타나는 단어 '오노러르'(honnorer: 공경하다, 경배하다)는 동의어로 볼 수 있는데, 둘 다 칼빈이 말하는 신지식 즉 '하나님을 아는 것'의 핵심 내용이기 때문이다. 특히 하나님께서 인간을 통해 받으시길 원하는 그 영광은 인생의 목적일 뿐만 아니라 창조의 목적이기도 하다. 그러므로 하나님의 영광은 인생의 출발점인 동시에 종착역이다.[540]

'하나님의 영광'(SDG)은 '다섯 오직'을 묶는 접착제와 같습니다. 성경에 나타난 예수님을 통한 구원의 은혜의 목적은 하나님께서 영광을 받으시는 것입니다. 그리고 "구원이 우리 편에서의 어떤 기여가 없이 오직 믿음과 오직 은혜와 오직 그리스도로 말미암아 이루어진다는 사실은 모든 영광이 우리 자신의 것이 아니라 하나님의 것임을 분명히 한다."[541]

하나님께서는 언약을 신실하고도 놀랍게 성취하십니다. 언약의 수혜자는 그런 언약의 성취를 감사하며 하나님께 영광을 드려야 합니다. 하지만 사람에게는 하나님의 영광을 가로채려는 경향이 있습니다(참고. 대상 27:23-24).

Gloria: Die Lewe en Werk van Prof. Dr. H. G. Stoker (4 April 1899-16 Mei 1993)," *Koers* 59/3-4 (1994), 361.

540) 황대우, "하나님의 영광과 인생의 위로," 258.

541) D. VanDrunen and M. Barrett (ed), 『오직 하나님의 영광: 그리스도인의 신앙과 삶의 장엄한 핵심』, *God's Glory Alone: The Majestic Heart of Christian Faith and Life*, 박문재 역 (서울: 부흥과 개혁사, 2017), 17-20.

성경 증거 구절

오직 하나님께 영광을 드리는 그리스도인의 생활: 값으로 산 것이 되었으니 그런즉 너희 몸으로 하나님께 영광을 돌리라(고전 6:20)

그런즉 너희가 먹든지 마시든지 무엇을 하든지 다 하나님의 영광을 위하여 하라(고전 10:31)

능히 너희를 보호하사 거침이 없게 하시고 너희로 그 영광 앞에 흠이 없이 기쁨으로 서게 하실 이 곧 우리 구주 홀로 하나이신 하나님께 우리 주 예수 그리스도로 말미암아 영광과 위엄과 권력과 권세가 영원 전부터 이제와 영원토록 있을지어다 아멘(유 1:24-25)

내가 또 들으니 하늘 위에와 땅 위에와 땅 아래와 바다 위에와 또 그 가운데 모든 만물이 가로되 보좌에 앉으신 이와 어린 양에게 찬송과 존귀와 영광과 권능을 세세토록 돌릴지어다 하니 네 생물이 가로되 아멘 하고 장로들은 엎드려 경배하더라(계 5:13-14)

➡ 복습과 실천을 위해 함께 생각해 볼 점

(1) 하나님 중심으로 살면서 하나님의 주권을 인정한다면, 삶과 예배의 중심 그리고 목회의 동기는 오직 하나님의 영광이어야 합니다.[542] 송영으로서의 신학이 가능하면 송영으로서의 목회도 가능합니다.

(2) 주기철목사의 영향을 받아 일사 각오의 순교 정신으로 목양했던 '사랑의 원자탄'이자 산돌 손양원목사(1902-1950)의 신앙과 신학은 "16세기 종교개혁자들이 그토록 외치고 강조했던 5개의 솔라(Sola) ...... 신학 바로 그것이었다."[543]

(3) 선교적 교회는 세상 속에 흩어져서 소망에 찬 모습으로 송영하며 살 수 있습니까? 그리스도인은 하나님의 통치의 섭리를 믿을 때, 모든 상황에서 찬송할 수 있습니다. '오직 그리스도'의 아름다움을 더 알수록 '마라나타'를 더 간절히 소망합니다(계 22:20).

(4) 베드로전서 1장에 '다섯 오직'이 모두 등장합니다. 바로 오직 성경(23절), 오직 은혜(2절), 오직 그리스도(19절), 오직 믿음(5절), 오직 하나님께 영광입니다(3절). 따라서 16세기 종교개혁가들은 베드로를 비롯한 사도의 신앙을 계승했습니다.

이상의 '다섯 가지 오직'에 대한 논의의 결론을 맺어보면, 하나의 '오직'이 동떨어진 채 단독으로 있으면 좋지 않습니다(It's not good to be Sola[alone]). 이 가운데 '오직 그리스도'가 중심에 서서 나머지를 연결한다고 봐도 무방합니다. 첫째, 아버지 하나님의 구원의 '은혜'는 그리스도 사건에서 가장 분명히 증명되었습니다(롬 3:24). 둘째, 예수 그리스도는 성부의 가장 분명한 '말씀'이자 해석입니다(요 1:1, 18). 셋째, 성령님의 역사로 사람이 예수님을 하나님의 아들이자 그리스도로 '믿음'은 전적인 은혜입니다(롬 3:28). 예수님은 믿음을 시작하시고 완성하십니다(히 12:2). 마지막으로, 예수 그리스도는 성부께 '영광'을 돌리셨고, 성부도 독생자를 영화롭게 하셨습니다(요 12:28; 17:5). 웰럼은 "지금 그리고 영원토록 우리의 유일한 소망은 주권적 은혜(Sola Gratia)로 말미암아, 믿음의 빈손(Sola Fide)

---

542) 참고. N. R. Pope, *Motivation for Ministry: Perspectives for Every Pastor* (Milwaukee: Northwestern Publishing House, 1993).

543) 신종철, "ACTS 신학공관(共觀)에서 본 손양원 목사의 신앙과 신학 연구," 『ACTS 신학저널』 28 (2016), 66. 주기철과 손양원처럼 목숨을 걸고 하나님을 섬긴 성경 인물들이 적지 않다(다윗, 아비새, 에스더, 예수님, 바울, 에바브로디도). 왕후 에스더는 "죽으면 죽으리라"는 각오로 아하수에로 왕에게 나아갔다(에 4:16). 다윗은 목숨을 걸고 골리앗과 싸웠다(삼상 17). 다윗에게 '첫 세 용사'인 요셉밧세벳, 엘르아살, 그리고 삼마는 목숨을 바쳐 싸웠다(삼하 23:8-12). 그리고 다윗에게는 삼십 두목 중 세 사람도 있었다. 이 세 용사의 우두머리는 요압의 동생 아비새였다(삼하 23:13-19). 다윗이 베들레헴 성문 곁 우물 물을 마시고 싶었을 때, 아비새를 비롯하여 세 용사가 블레셋 군대를 돌파하고 물을 길어 왔다. 그 때 다윗은 "생명을 돌보지 아니하고 갔던 이 사람들의 피를 어찌 마시리이까"라고 스스로 다짐했다(대상 11:19-20; 참고. 삼상 26:6; 삼하 23:17). 선한 목자이신 예수님은 양들을 위하여 자신의 목숨을 버리셨다(요 10:11, 17-18). 그리스도의 사도인 바울은 주 예수님께 받은 사명 곧 하나님의 은혜의 복음을 증언하는 일을 마치기 위해서 자신의 생명조차 조금도 귀한 것으로 여기지 않았다(행 20:24). 로마에 투옥된 바울을 돌보기 위해 빌립보교회가 파송한 "에바브로디도는 그리스도의 일을 위하여 죽기에 이르러도 자기 목숨을 돌보지 아니한 것은 나를 섬기는 너희의 일에 부족함을 채우려 함이니라"(빌 2:30). 그리스도인이 세상 나라를 하나님 나라로 변혁시키고 사탄과 싸워 이기려면, 자기 목숨을 아끼지 않아야 한다(계 12:11).

을 들어 받는, 오직 그리스도(Solus Christus) 안에서 그리고 오직 그리스도를 통하여, 우리를 구원하시는 삼위 하나님께 있다."라고 '5 Solas'를 잘 요약합니다.544) '다섯 가지 오직'을 담아낸 총 5절로 된 찬송가를 아래와 같이 제시합니다.

다섯 가지 오직(5 Solas) 곡 해설

조성: 다장조 (C 장조)/ 박자: 6/8 박자/ 조금 느리게 & 힘있게 국악풍으로

이 곡은 한국풍 찬송가로 우리 고유의 느낌을 위해 민요에 사용되는 6/8 박자와 6음 음계 (계이름 '도레미솔라시')를 사용하였습니다. 그리고 붓점 리듬을 사용하여 한국풍의 느낌을 더하였습니다. 이 곡은 두 부분으로 구성됩니다. 첫째 부분에서는 '다섯 가지 오직'을 설명하고, 둘째 부분인 후렴에서는 각 절에 나온 '다섯 가지 오직'의 핵심을 다시 반복합니다. 그러므로 후렴은 5절에서만 부르는 것이 더 의미가 있을 것입니다. 첫째 부분의 각 절은 이 곡의 핵심 가사인 '다섯 가지 오직'으로 시작하는데, 이 '다섯 가지 오직'을 강조하기 위해 모든 성부가 같은 선율을 노래하는 유니슨(Unison)을 사용하였습니다. 첫째 부분의 음역은 편안한 중간 음역대이지만, 핵심 가사인 '하나님의 말씀은' 다소 높은 음역으로 그 의미를 강조하고 있습니다. 그리고 '기초라네' 가사는 그 의미에 맞게 저음으로 표현되었습니다. 둘째 부분인 후렴은 각 절의 첫 두 마디의 가사를 반복하기에 그 선율을 약간 변형만 하여 사용함으로 첫째 부분과의 연관성과 통일성을 주었습니다. '오직 성경', '오직 은혜', '오직 그리스도', 가사에서는 음을 조금씩 상향시키면서 가사의 의미를 강조하며 발전시켰습니다. 그리고 마지막 가사인 '오직 하나님께 모든 영광이'에서는 상향하는 음과 가장 높은 음을 통해 그 의미를 표현하며 이 곡을 마무리합니다. 한국풍의 느낌을 잘 표현하기 위해 붓점 리듬은 흥겹게 튕기듯이 부르는 것을 권장합니다.

---

544) Wellum, 『오직 그리스도: 구원자로서 예수의 유일성』, 451.

다섯 가지 오직 (5 Solas)

송영목   정미경

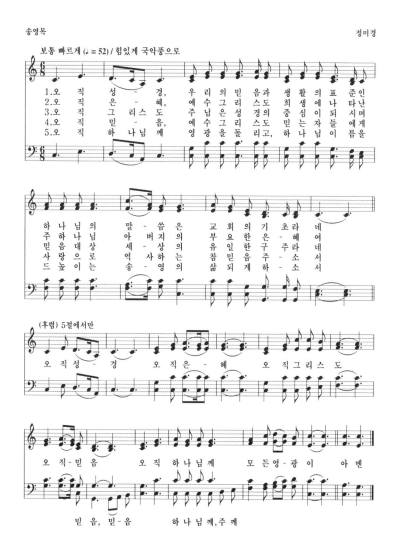

6. 적용: 코람데오(Coram Deo)의 삶

1966년 12월 칼빈대학(고신대학교 전신) 졸업사은회 때, 신학과 박종칠 학생회장은 학교 교훈으로 다소 긴 'Carpe Diem(현재를 즐겨라), Coram Deo(하나님 앞에서), Pro Rege(그 왕을 위하여)'를 교수회에 제안했습니다.[545] 다음 해 무렵, 교수회는 중간의 'Coram Deo'(하나님 앞에서)를 교훈으로 결정했습니다. 1946년에 고려신학교가 설립되었으니, 교훈 '코람데오'를 가지는 데 21년이 걸린 것입니다. 성경은 코람데오를 어떻게 가르치는가를 살피는 것은 의미가 있습니다. 왜냐하면 그리스도인은 '튤립'과 '5가지 오직'의 주인공이신 하나님 앞에서 살아야 하기 때문입니다.

6.1. 구약성경의 코람데오

창세기 1-11장에서 사람의 창조와 계보(תולדות, 톨레도트)는 사람이 출생 후 죽는다는 엄연한 진리를 교훈하지만, 세대를 이어가면서 하나님 앞에서 사는 복된 인생도 강조합니다(참고. 욥 42:16).[546] 주목할 만한 본문은 창세기 6:11입니다. 노아 당시 온 땅은 '하나님 얼굴 앞에'(리페네 하엘로힘, 70인 역 ἐναντίον τοῦ θεοῦ, 에노피온 투 쎄우) 악했으므로 심판을 면할 수 없었습니다.

제1계명은 "너는 내 앞에 다른 신들을 네게 두지 말라"입니다(출 20:3). 한글 개역개정의 '나 외에'가 아니라 '내 앞에'(알-파니) 즉 '하나님의 얼굴(פָּנֶה, 페네) 앞에'는 하나님의 현존을 가리킵니다(ESV,

---

545) 이것은 2022년에 고신대를 방문한 박종칠교수님과 대화 중에 필자가 직접 들은 내용이다.

546) R. Oosthuizen, "Future Expectations as Continuation of life *Coram Deo* in the Old Testament through Generation Continuity," *Old Testament Essays* 8/1 (1995), 43.

KJV). 우상숭배는 하나님의 얼굴을 범하여 수치스럽게 똥칠하는 것입니다(참고. 말 2:3).

출애굽기는 이집트에서 하나님의 부재와 같은 현실에서 시작하여 광야 성소에서의 현존으로 마무리합니다. 바로의 명령을 거역한 히브리 산파는 하나님을 두려워했는데, 그것은 다름 아니라 코람데오의 삶이었습니다(출 1:17).[547] 이처럼 코람데오 신앙은 신자에게 용기를 줍니다.

하나님께서 세우신 지도자 모세에게 반역한 고라는 '야웨 앞으로' (리페네 야웨) 나아가야 했습니다(민 16:16). 70인 역에는 '너의 주님 앞에'(ἔναντι κυρίου σύ, 에난티 퀴리우 쉬)인데, 죄인은 하나님 앞에 심판받습니다(참고. 창 6:11).

벧세메스 사람들이 야웨의 법궤를 들여다보다 죽자, 그곳 사람들은 "이 거룩하신 하나님 여호와 앞에(리페네 야웨 하엘로힘 하카도쉬) 누가 능히 서리요?"라고 물었습니다(삼상 6:20). 자신이 죄인임을 인식하는 장소는 '하나님 앞'이지만, 죄인의 불의와 죄가 드러나기에 거기서 피하고 싶어합니다.[548]

다윗은 '하나님 앞에서' 은혜를 받아 성전을 건축하려 했습니다(참고. 행 7:46). 다윗의 시에 따르면, 사람이 생명의 길을 보이신 '주님 앞에' 산다면 충만한 기쁨을 느낍니다(시 16:11). 여기서 '주님 앞에'는 '당신의 얼굴에는'(에트 파네카)입니다. 생명과 기쁨을 누리기 위해 주님의 얼굴 앞에 사는 사람은 그 주님을 '자기 앞'에 모십니다(시 16:8). 그런데 시편 51:11에 따르면, 죄인은 하나님 앞에서 즉 '주님

---

547) G. Breed, "Ministry in the Presence of God (*Coram Deo*) according to Exodus," *In die Skriflig* 49/3 (2015), 3-8.

548) 유해무, 『코람데오: 시편 51편을 통해서 본 루터의 십자가의 신학』 (여수: 그라티아, 2012), 12-13.

의 얼굴로부터'(밀레파네카) 내쫓겨날 신세입니다(참고. 시 51:4 70인 역의 ἐνώπιόν σου[에노피온 수], 당신 앞에서]). 이런 신세는 아담 부부가 범죄 후 '야웨 하나님의 얼굴'(밉페네 야웨 엘로힘)을 피하여 에덴동산의 나무 사이에 숨었을 때 시작되었습니다(창 3:8). 죄인은 의로운 하나님을 피합니다(참고. 롬 3:20). 그러나 하나님은 자기 백성의 생명을 사망에서 건지셔서 '하나님 앞'(리페네 엘로힘) 곧 '생명의 빛 안에' 살도록 하십니다(시 56:13). 코람데오는 하나님의 백성이 모든 삶을 무소부재하신 하나님의 얼굴의 영광을 위해서 살아야 함을 강조합니다(시 139:7의 '미파네카'; 참고. 겔 48:35; 계 5:8; 7:15).[549]

요약하면, 죄인은 하나님의 얼굴을 범하여 심판받습니다. 악인은 하나님을 자기 앞에 모시지 않고 등 뒤에 버립니다(왕상 14:9). 그러나 의인은 하나님 앞에서 은혜와 생명과 기쁨과 용기를 얻습니다(잠 8:30). 하나님 앞에서 즐거워함은 개혁주의 인생관에 일치합니다.

6.2. 신약성경의 코람데오

천사장 가브리엘은 '하나님 앞에서' 봉사합니다(눅 1:19; 비교 눅 12:9과 16:15의 '사람 앞에서'). 가브리엘은 하나님 앞에 있지만 동시에 세상에 파송됩니다(참고. 계 5:6). 세례 요한은 '주 앞에'(ἐνώπιον τοῦ κυρίου, 에노피온 투 퀴리우) 큰 자가 되며 모태로부터 성령의 충만함을 받았습니다(눅 1:15). 그는 '하나님 앞에서' 성결과 의로써 '주님 앞'에 사역하다가 목이 잘려 순교했습니다(막 6:20, 27; 눅 1:75-76). 예수님의 선구자이자 순교자인 세례 요한은 구약의 가장 큰 인물이지만, 신약 시대의 성도와 견주어 볼 때 그는 작은 인물에

---

549) 시 139:7의 하나님의 무소부재를 가능하게 하는 '주님의 영'은 신약 성도에게 내주하셔서 동행하시는 분이다. 참고. 김경래, "하나님 앞에 선 믿음: 시편 139편 1-12, 23-24절," 『성경연구』 8/8 (2002), 34, 39.

불과합니다(마 11:11).

병자는 '예수님 앞에' 나아와야 치유받습니다(눅 5:18). 예수님은 자기 앞에 있는 병자를 치유하심으로써 긍휼과 능력이 충만한 그리스도이심을 나타내십니다.

베드로와 요한은 '하나님 앞에서'(ἐνώπιον τοῦ θεοῦ, 에노피온 투 쎄우) 유대 종교 지도자들이 예수님의 이름으로 말하지 말라는 위협적 말을 듣는 것이 하나님의 말씀을 듣는 것보다 옳다고 판단하지 않았습니다(행 4:19). 이처럼 코람데오의 정신은 불의한 권력가의 위협에 맞서는 담대함을 줍니다.

바울서신의 코람데오 사상은 로마서 1-5장에 나타나는데, 언약과 성전과 토라를 가지고 있는 유대인들조차 하나님 앞에서 자랑할 것은 없습니다.550) 사람은 예수 그리스도를 믿음으로써 하나님 앞에서 의롭게 됩니다(롬 3:21-22). 따라서 율법의 행위로 '하나님 앞에' 의로운 사람은 없습니다(롬 3:20). 다시 말해, 사람이 단독으로 성부 앞에 선다면 죄인이지만, 예수님과 더불어 선다면 의인입니다. 따라서 그 누구도 구원의 택함이라는 은혜를 자신의 공로인 양 '하나님 앞에서' 자랑할 수 없습니다(고전 1:29).

성도는 자신의 믿음과 양심 그리고 맹세나 의사 표현을 '하나님 앞에서' 신중히 견지해야 합니다(롬 14:22; 고후 4:2; 7:2; 갈 1:20; 딤전 6:13; 딤후 2:14; 4:1). 또한 이웃 교회를 구제하는 것과 같은 선한 일이 비방 거리가 되지 않도록 '주님 앞과 사람 앞에서' 조심해야 합니다(고후 8:21). 주님 안에서 효도는 '하나님 앞에서' 받으실만한

---

550) F. Wilk, "Ruhm Coram Deo bei Paulus?" *Zeitschrift für die Neutestamentliche Wissenschaft und die Kunde der Älteren Kirche* 101/1 (2010), 76-77. 참고로 한글 개역개정의 고후 2:17과 12:19에 '하나님 앞에'가 있는데, 전치사 구 κατέναντι θεοῦ(카테난티 쎄우, in the sight of God)를 번역한 것이다(참고. 창 39:9).

것입니다(딤전 5:4). 그리스도인이 속사람을 온유하게 안정시키는 것은 '하나님 앞에' 값진 것입니다(벧전 3:4). 그리고 성도가 스스로 책망할 일이 없으면 그 사람은 '하나님 앞에' 담대합니다(요일 3:21).

일곱 영 곧 성령님은 성부와 어린양이 계신 보좌 앞에 계십니다(계 1:4; 4:5; 5:6; 참고. 슥 4:10). 성부와 성자의 보좌 앞에 계시며 구원과 통치를 온 세상에 적용하시는 일곱 영의 사역은 선교를 지향합니다. 성도가 영적으로 살아있으려면 '하나님 앞'에 자신의 행위를 온전히 해야 합니다(계 3:2; 참고. 계 11:4).

4생물(모든 생명체)과 24장로(구약과 신약의 성도)는 '어린양 앞에' 경배합니다(계 4:10; 5:8). 성도는 성자 예수님께 기도를 드립니다(참고. 딤전 2:3). 예를 들어, '마라나타' 혹은 예수님의 구원 사역을 곡조에 담아 올려드리는 찬양입니다(참고. 계 5:9).

교회를 상징하는 144,000명은 '그 보좌 앞과 어린양 앞에'(ἐνώπιον τοῦ θρόνου καὶ ἐνώπιον τοῦ ἀρνίου, 에노피온 투 쓰로누 카이 에노피온 투 아르니우) 삽니다(계 7:9, 15; 11:16). 요한계시록에 46회 언급되는 '보좌'는 왕권과 통치를 의미합니다. 따라서 144,000명 교회는 성부와 성자 하나님의 통치를 받으며, 고난을 이기고 구원받기를 소망하며 찬양합니다(계 7:10-11; 참고. 약 4:10).

예수님께서 재림하시면 최후 심판이 있을 것입니다. '주님의 보좌 앞'(ἐνώπιον τοῦ θρόνου, 에노피온 투 쓰로누)은 최후 심판의 장소입니다(계 20:12; 참고. 민 16:16; 히 4:13; 계 3:5; 8:2; 14:10; 16:19). 성도는 주 예수님의 구원을 의지하여 주님과 함께, 최후 심판대로 즐거이 나아가야 합니다.

6.3. 요약

죄인이었다가 구원의 은혜를 입은 성도는 하나님 앞에서 의롭고 거룩하며 선하고 담대하게 살아야 합니다. 또한 하나님께 기도와 찬양을 드리고 최후 심판을 늘 기억해야 합니다.

6.4. 개혁주의에 나타난 코람데오

대개 '코람데오'라는 명언을 들을 때, 우리를 내려다보시는 하나님 앞에서 정직하고 거룩한 삶을 떠올립니다. 그래서 크리스천 청년이 연애할 때 스킨십을 어느 정도 할 수 있는지 물으면, 하나님께서 바로 앞에서 보고 계신다고 생각하고 결정하라고 답하기도 합니다. 하지만 루터는 시편 51편 강해에서 코람데오를 '정직'의 관점이 아니라, 사람이 예수 그리스도 없이 성부 앞에서 죄인임으로 이해합니다 (참고. 롬 3:20). 하지만 죄인이 예수님을 믿으면 자비로운 성부 앞에 의인으로 설 수 있습니다. 이처럼 루터는 코람데오를 자신의 주요 신학인 이신칭의와 성령으로 가능한 성화의 관점에서 이해하였습니다.[551]

칼빈은 기독교강요 1:1에서 "하나님의 얼굴을 묵상하고 하나님에 대한 직관적 지식을 얻음으로" 순수한 지식에 이를 수 있다고 보았습니다.[552] 칼빈은 야곱의 얍복강 사건도 '하나님의 얼굴'(브니엘)을 찾는 코람데오로 이해했는데, 야곱이 경험한 하나님의 영광과 계시는 완전한 광채이신 예수 그리스도와 비교하면 여명에 지나지 않습니다(창 32:30; 참고. 민 6:24-26; 시 4:6; 24:6; 36:9).[553]

CD 5:5, 13(1619)에 '코람데오'가 명시적으로 나타나지 않지만, 해당 개념은 '하나님의 얼굴'로 설명됩니다.[554] 하나님의 얼굴빛이

---

551) 유해무, 『코람데오』, 24, 54, 79, 86-89.
552) J. Calvin, 『1559년 라틴어 최종판 직역 기독교강요. 제1권』, *Institutio Christianae Religionis*, 문병호 역 (서울: 생명의 말씀사, 2020), 166.
553) J. Calvin, 『창세기 II』, *Genesis*, 성서교재간행사 역 (서울: 성서교재간행사, 1993), 250-51.

임하는 코람데오는 생명보다 더 귀하고, 주님의 얼굴이 거두어지는 것은 죽음보다 더 씁니다.

6.5. 결론

구약성경에서 코람데오는 '하나님의 얼굴'로 설명되며, 신약성경에서 전치사 ἐνώπιον(에노피온)과 하나님/주/예수님/보좌가 더불어 나타납니다. 구원의 은혜를 입은 성도가 하나님 앞에 사는 생활은 감시카메라와 같은 하나님의 감찰하시는 눈 때문에 행동이 부자연스럽고 부담되는 게 아니라 도리어 자연스럽고 복됩니다.[555] 코람데오의 삶은 하나님의 영광을 위해 신앙의 정통과 생활의 순결을 소중히 간직하고 반영합니다. 코람데오로 사는 성도는 홀로 '크고 기이한 일들'을 행하시는 하나님의 하나님 되심, 즉 그분의 절대 주권을 인정합니다(시 86:10; 130:3; 131:1; 136:4; 145:5-6).[556] 그리고 그리

---

554) P. P. Krüger, "Certitudo *Coram Deo*: Reframing a Fascinating Feature of Dort," *In die Skriflig* 54/2 (2020), 2-3; K. Sonderegger, "Theology Coram Deo," *International Journal of Systematic Theology* 19/2 (2017), 200-209.

555) 루터와 칼빈처럼 쇠얀 A. 키에르케고르(d. 1855)는 모든 사람이 하나님 앞에서 '영적으로' 평등하다는 사실을 염두에 두었다. 키에르케고르는 그의 책 *Two Ages*에서 우등한 인간과 열등한 인간을 구분하는데, 추상적 실체인 대중이 개인을 지워버릴 수 있는 미래의 시대를 염려했다. 그의 눈에 정치가 대중을 지배하지 못하게 하려면 영원에 관한 책임을 가진 종교적이며 하나님 앞에서 특징지어진 개인성을 회복해야 한다. 그리고 하나님 앞에서 개인이 변화되지 않고서는 사회 변혁은 의미가 없다. 키에르케고르는 *Works of Love*에서 기독교 방식으로 서로 사랑하려면 하나님 앞에 있어야 한다고 설명한다. 다시 말해, 코람데오는 남을 사랑하기 위한 근본적인 기초이며, 사람 간의 관계는 하나님을 중심에 두어야 한다. 따라서 코람데오 안에서 참 평등이 가능하고, 사람을 차별하지 않고 모든 사람을 사랑하는 것이 가능하다. 키에르케고르는 사회적 평등을 지지하면서, 참으로 사랑하는 사람이라면 자신이 죄인임을 자각하면서 남의 허물과 특유성에도 불구하고 사랑해야 함을 강조한다. 사람에게 딱지를 붙이는 것은 그를 부인하는 것이기 때문이다. S. G. Lee, "A Social Function of Coram Deo in the Thought of Kierkegaard," *Journal of Reformed Theology* 1/2 (2007), 154-71에서 요약.

스도인이 예수 그리스도 안에서 말씀과 은혜로 충만한 그리스도인이 코람데오 정신으로 산다면 세상 앞에서(Coram Mundo)도 올바르게 살 수 있습니다.557)

성경 증거 구절

코람데오: 우리가 원수의 손에서 건지심을 받고 종신토록 그의 앞에서 성결과 의로 두려움이 없이 섬기게 하리라 하셨도다(눅 1:74-75)

그러므로 율법의 행위로 그의 앞에 의롭다 하심을 얻을 육체가 없나니 율법으로는 죄를 깨달음이니라(롬 3:20)

이 일 후에 내가 보니 각 나라와 족속과 백성과 방언에서 아무도 능히 셀 수 없는 큰 무리가 나와 흰 옷을 입고 손에 종려 가지를 들고 보좌 앞과 어린 양 앞에 서서 큰 소리로 외쳐 이르되 구원하심이 보좌에 앉으신 우리 하나님과 어린 양에게 있도다 하니(계 7:9-10)

---

556) N. L. DeClaissé-Walford, et als, 『시편』, *The Book of Psalms*, 강대이 역 (서울: 부흥과 개혁사, 2019), 1125.

557) Santrac, "The Legacy of Martin Luther's Sola Fide," 2. 참고로 성경의 결론인 요한계시록에 따르면, 튤립과 그것의 적용인 코람데오는 '다섯 가지 오직'과 접맥한다. '죄'의 종으로 전적 타락했다가 하나님 나라 백성으로 구원의 '은혜'를 입은 성도(계 1:5)는 환난에도 불구하고 '인내'하면서 죽도록 충성하면 생명의 관을 받는다(계 2:10). 하나님의 '은혜'를 받아 생명책에 녹명된 성도(계 1:5; 21:27)는 '어린양'의 신부로서 '믿음'으로 살아야 한다(계 21:8). 그리고 교회는 세상 나라를 하나님 나라로 바꾸기 위해 '오직 그리스도' 즉 어린양의 피와 '오직 성경' 즉 성도가 증언하는 하나님의 말씀(계 1:9; 12:11), 그리고 '오직 하나님(과 예수님)의 영광'을 위해서 목숨을 바쳐야 한다(계 1:6; 12:11; 참고. 계 19:1, 7; 21:11, 23). 그러나 창세 전에 생명책에 자신의 이름이 기록 안 되어 구원의 예정 은혜를 받지 못한 사람(계 13:8)은 예수님의 증인들을 죽이고(계 17:6) 회개하지 않으며 하나님께 영광을 돌리지 않는다(계 16:9). 교회 공동체에 소속되었다가 이단에 넘어간 사람은 인내하지 못했다기보다 구원의 예정을 입지 못한 경우이다(계 2:14).

➡ 복습과 실천을 위해 함께 생각해 볼 점

(1) 코람데오와 전적 타락: 타락한 죄인은 거룩하신 하나님 앞에 서기를 두려워합니다.

(2) 코람데오와 무조건적 선택: 구원을 받기로 택정을 입은 사람은 은혜로운 하나님 앞에 설 수 있습니다.

(3) 코람데오와 제한적 구속: 구원받은 사람만 구주 예수님과 함께 하나님 앞에 감사함으로 설 수 있습니다.

(4) 코람데오와 저항할 수 없는 은혜: 하나님 아버지 앞에 세우시는 칭의의 은혜는 택정을 받은 사람이라면 거부할 수 없습니다.

(5) 코람데오와 성도의 견인: 성도가 하나님 앞에서 임마누엘의 은혜를 믿으며 산다면 굳세게 견디게 됩니다.

(6) 코람데오와 오직 성경: 생명과 진리의 말씀은 성도를 하나님 앞으로 인도합니다. 설교자는 성경의 저자이시며 진리의 영이신 성령으로 충만한 가운데 '하나님 앞에서' 말해야 합니다(렘 17:16; 고후 2:17; 12:19; 참고. 눅 24:19).558)

(7) 코람데오와 오직 은혜: 사람은 오직 은혜로 하나님의 엄위 앞에 기쁨으로 설 수 있습니다.

(8) 코람데오와 오직 그리스도: 사람은 오직 예수 그리스도를 통하여 그리고 그분과 함께 하나님 아버지 앞에 설 수 있습니다.

(9) 코람데오와 오직 믿음: 하나님 앞에 서려면 오직 예수님을 구주로 믿어야 합니다.

(10) 코람데오와 오직 하나님께 영광이: 성도가 하나님 앞에 사는 것은 그 분을 즐거워하며 영광을 돌리는 것입니다. 물론 인본주의에 반하는 코람데오 정신에 정직과 윤리가 포함됩니다.

---

558) "고린도후서 2장 17절과 12장 19절에서 바울은 복음 전파의 사역자로서 자신이 중요하게 생각하고 지켜온 세 가지 의식, 즉 소명의식, 윤리의식, 하나님 임재 의식을 강조한다." 김세광, "설교 청중으로서의 하나님에 관한 소고: 바울의 '하나님 앞에서 말하노라'(고후 2:17, 12:19)를 중심으로," 『신학과 실천』 52 (2016), 132.

참고문헌

김경래. "하나님 앞에 선 믿음: 시편 139편 1-12, 23-24절."『성경연구』
　　　8/8 (2002): 30-39.

김대동.『(개신교 신앙의 토대) 종교개혁의 5대 정신』. 서울: 한들출판사,
　　　2017.

김동춘(ed).『칭의와 정의: 오직 믿음으로만?』. 서울: 새물결플러스, 2017.

김선권. "칼뱅의 오직 하나님께 영광(Soli Deo Gloria)."『한국개혁신학』
　　　47 (2015): 8-41.

_____. "칼빈의 은혜론."『갱신과 부흥』29 (2022): 71-108.

김세광. "설교 청중으로서의 하나님에 관한 소고: 바울의 '하나님 앞에서 말
　　　하노라'(고후2:17, 12:19)를 중심으로."『신학과 실천』52 (2016):
　　　123-50.

김요섭. "오직 그리스도(Solus Christus) 원리의 실천: 제1스위스 신앙고백
　　　의 개혁 교회론 연구."『한국개혁신학』63 (2019): 32-66.

김진섭. "한국교회를 위한 복음주의 신학의 사명: 창 2:16-17에 나타난
　　　Sola Scriptura를 중심으로."『성경과 신학』29 (2001): 31-57.

박재은. "하나님의 영광에 대한 헤르만 바빙크의 견해."『생명과 말씀』
　　　34/3 (2022): 161-200.

박창환. "오직 하나님께 영광을: 로마서 16장 25-27."『성경연구』9/1
　　　(2002): 1-14.

송순열. "오직 믿음으로(sola fide): 칭의론에 대한 논쟁과 성서적 해석- 루
　　　터에서 오늘까지."『신학사상』182 (2018): 141-64.

신종철. "ACTS 신학공관(共觀)에서 본 손양원 목사의 신앙과 신학 연구."
　　　『ACTS 신학저널』28 (2016): 43-79.

우택주. "해석의 힘과 힘의 해석: 종교개혁의 구호 '성서만으로'에 대한 성찰." 『구약논단』 24/2 (2018): 144-74.

유해무. 『코람데오: 시편 51편을 통해서 본 루터의 십자가의 신학』. 여수: 그라티아, 2012.

이성호. "오직 믿음(sola fide)에서 말하는 믿음이란 무엇인가?" 『한국개혁신학』 35 (2012): 1-14.

정성국. "루터의 '문자적 의미'와 그 해석학적 배경들." 『ACTS 신학저널』 32 (2017): 43-76.

최갑종. 『오직 믿음만으로』. 용인: 킹덤북스, 2015.

황대우. "하나님의 영광과 인생의 위로: 제2 제네바 신앙교육서 1-15문답과 하이델베르크 신앙교육서 1-22문답 비교 연구." 『개혁논총』 29 (2014): 245-75.

Adams, G. W. "Shock and Awe: The Reformers and the Stunning Joy of Romans 1-8." *JETS* 61/2 (2018): 231-44.

Barrett, M. 『오직 하나님의 말씀: 성경의 권위』. *God's Word Alone: The Authority of Scripture*. 김재모 역. 서울: 부흥과 개혁사, 2018.

Bender, K. J. "The Sola behind the Solas: Martin Luther and The Unity and Future of the Five Solas of the Reformation." *Evangelical Quarterly* 90/2 (2019): 109-131.

Boekestein, W. "Ulrich Zwingli on Sola Scriptura: The Clarity and Certainty of Scripture in Zwingli's Theology." *Puritan Reformed Journal* 10/1 (2018): 106-118.

Bogaards, A. H., De Bruyn, P. J. and Van Wyk, J. H. "Sola Fide: Die Belangrike Rol van die Geloof in die Christoiogie van Hermann Friedrich Kohlbrugge." *In die Skrifig* 32/2 (1998): 145-60.

Breed, G. "Ministry in the Presence of God (Coram Deo) according to Exodus." *In die Skriflig* 49/3 (2015): 1-9.

Burger, H. et als (ed). *Sola Scriptura: Biblical and Theological Perspectives on Scripture, Authority, and Hermeneutics.* Leiden: Brill, 2017.

Calvin, J. 『1559년 라틴어 최종판 직역 기독교강요. 제1권』. *Institutio Christianae Religionis.* 문병호 역. 서울: 생명의 말씀사, 2020.

_____. 『창세기 II』. *Genesis.* 성서교재간행사 역. 서울: 성서교재간행사, 1993.

Cheng, Y. "Christ, Grace, Faith and Scripture: The Four Protestant Principles in Historical and Theological Perspective." *Taiwan Journal of Theology* 45 (2018): 55-79.

DeClaissé-Walford, N. L. et als. 『시편』. *The Book of Psalms.* 강대이 역. 서울: 부흥과 개혁사, 2019.

Gathercole, S. J. "The Petrine and Pauline Sola Fide in Galatians 2." In *Lutherische und Neue Paulusperspektive: Beiträge zu Einem Schlüsselproblem der Gegenwärtigen Exegetischen Diskussion.* Tübingen: Mohr Siebeck, 2005: 309-327.

Huizenga, L. A. "Solus Christus: The Markan Contrast between Jesus and His Disciples." *Currents in Theology and Mission* 35/6 (2008): 405-412.

Johnson, T. L. *The Case for Traditional Protestantism: The Solas of the Reformation.* Edinburgh: Carlisle, 2004.

Kittelson, J. M. "Contemporary Spirituality's Challenge to Sola Gratia." *Lutheran Quarterly* 9/4 (1995): 367-90.

Krüger, P. P. "Certitudo Coram Deo: Reframing a Fascinating

Feature of Dort." *In die Skriflig* 54/2 (2020): 1-7.

Lee, S. G. "A Social Function of Coram Deo in the Thought of Kierkegaard." *Journal of Reformed Theology* 1/2 (2007): 153-77.

Long, G. B. "Revelation, then Response: Sola Scriptura and Children's Sunday School Curriculum." *Christian Education Journal* 15/1 (2018): 43-61

Mayer, F E. "No Sola Gratia without Solus Christus." *Concordia Theological Monthly* 22/9 (1951): 676-80.

Moorhead, J. "Solus Christus and the Protestant Reformation of Europe." *Master's Seminary Journal* 28/2 (2017): 181-200.

Naudé, P. "We cannot just continue as if Nothing has happened between Us: *Sola Gratia* and Restorative Justice." *Scriptura* 84 (2003): 402-409.

Oliver, W. H. and Oliver, E. "Sola Scriptura: Authority versus Interpretation?" *Acta Theologica* 40/1 (2020): 102-123.

Oosthuizen, R. "Future Expectations as Continuation of life Coram Deo in the Old Testament through Generation Continuity." *Old Testament Essays* 8/1 (1995): 31-47.

Raath, A. W. G. "Soli Deo Gloria: Die Lewe en Werk van Prof. Dr. H. G. Stoker (4 April 1899-16 Mei 1993)." *Koers* 59/3-4 (1994): 343-61.

Santrac, A. S. "The Legacy of Martin Luther's Sola Fide." *In die Skriflig* 51/1 (2017): 1-7.

Schreiner, T. R. 『오직 믿음: 칭의의 교리』. *Faith Alone: The Doctrine of Justification.* 박문재 역. 서울: 부흥과 개혁사, 2017.

_____. "Justification by Works and Sola Fide." _Southern Baptist Journal of Theology_ 19/4 (2015): 39-58.

_____. "Some Reflections on Sola Fide." _JETS_ 58/1 (2015): 5-14.

Seiling, J. R. "Solae (Quae?) Scripturae: Anabaptists and the Apocrypha." _Mennonite Quarterly Review_ 80/1 (2006): 5-34.

Slabbert, M. J. "Sola Scriptura versus Sola Fide versus Solum Imperium?: Albert S. Geyser en 'n Kontemporêre Verstaan van $\mu o \rho \varphi \acute{\eta}$ $\theta \varepsilon o \tilde{\upsilon}$ in die Christus- Himne." _HTS Teologiese Studies_ 74/4 (2018): 1-6.

Sonderegger, K. "Theology Coram Deo." _International Journal of Systematic Theology_ 19/2 (2017): 200-209.

Strauss, P. J. "What are the Consequences of Sola Scriptura for a Reformed Polity?: With Reference to the Dutch Reformed Church Order of 1962." _HTS Teologiese Studies_ 77/4 (2021): 1-10.

Strong, P. "Christ Alone ... Redeeming Youth Ministry." _In die Skriflig_ 48/1 (2014): 1-9.

Tipton, L. G. "Biblical Theology and the Westminster Standards Revisited: Union with Christ and Justification Sola Fide." _Westminster Theological Journal_ 75/1 (2013): 1-12.

Trueman, C. R. 『오직 은혜: 하나님의 선물인 구원』. _Grace Alone: Salvation as a Gift of God_. 박문재 역. 서울: 부흥과 개혁사, 2018.

VanDrunen, D. and Barrett, M. (ed). 『오직 하나님의 영광: 그리스도인의 신앙과 삶의 장엄한 핵심』. _God's Glory Alone:_

The *Majestic Heart of Christian Faith and Life*. 박문재
역. 서울: 부흥과 개혁사, 2017.

Van Oudtshoorn, A. "Solus, Sola: Constructing a Christocentric Faith
Model of the 'Ordo Salutis'." *Verbum et Ecclesia* 35/1
(2014): 1-9.

Wellum, S. J. 『오직 그리스도: 구원자로서 예수의 유일성』. *Christ
Alone: The Uniqueness of Jesus as Savior*. 김찬영 역.
서울: 부흥과 개혁사, 2018.

_____. "Christological Reflections in Light of Scripture's
Covenants." *Southern Baptist Journal of Theology*
16/2 (2012): 44-55.

_____. "Retrieval, Christology, and Sola Scriptura." *Southern
Baptist Journal of Theology* 23/2 (2019): 35-59.

_____. "Solus Christus: What the Reformers taught and Why
It Still matters." *Southern Baptist Journal of Theology*
19/4 (2015): 79-107.

Wessels, J. M. "The Bible as Seedbed for Revival in the 21st
Century." *In die Skriflig* 54/2 (2020): 1-8.

Whitfield, K. S. and Putman, R. "The Bible and the University:
Sola Scriptura and Interdisciplinary Engagement."
Southwestern Journal of Theology 62/2 (2020): 53-75.

Wiley, D. P. "Tradition and Sola Scriptura in 2 Thessalonians
2:15." *Bibliotheca Sacra* 699 (2018): 323-37.

Wilk, F. "Ruhm Coram Deo bei Paulus?" *Zeitschrift für die
Neutestamentliche Wissenschaft und die Kunde der
Älteren Kirche* 101/1 (2010): 55-77.

Williams, G. J. "The Five Solas of the Reformation: Then and

Now." *Unio cum Christo* 3/1 (2017): 13-33.

Witherington III, B. "Sola Scriptura and the Reformation: But which Scripture, and what Translation?" *JETS* 60/4 (2017): 817-28.

Woodbridge, J. D. "Sola Scriptura: Original Intent, Historical Development, and Import for Christian Living." *Presbyterion* 44/1 (2018): 4-24.

부록 3: 복음주의, 근본주의, 그리고 개혁주의559)

들어가면서

복음주의는 넓은 개념이며, 그 안에 근본주의와 개혁주의라는 좁은 개념이 자리 잡고 있습니까? 복음주의, 근본주의, 그리고 개혁주의를 분명하게 정의해 봅시다. 그리고 개혁주의가 나아가야 할 방향을 찾아봅시다.

1. 복음주의

정통 기독교 신학의 유산으로부터 나온 복음주의 신학(evangelical theology)은 특히 자유주의신학에 대한 반대에서 기인했습니다. 복음주의 신학의 뿌리는 성경 교훈을 찾아 변호하기 위해 작성된 초기 기독교 신앙고백들로 거슬러 올라갑니다. 복음주의 신학은 다음 사항들을 확언합니다. (1) 성경은 하나님의 참된 계시이자 생명을 주시는 하나님께서 말씀하시는 음성입니다. (2) 하나님은 전능하신 창조주이시고, 사람은 하나님을 의존하는 피조물입니다. (3) 아버지 하나님은 성자 예수님의 성육신으로 세상 역사 속에 구원을 위해 들어오셨습니다. (4) 하나님은 삼위일체로 존재하신다. 예수님은 온전한 하나님이시자 사람이십니다. (5) 죄의 권세와 죄에 대한 심판은 모든 인류에게 실재입니다. (6) 하나님은 죄인을 구원하시려는 은혜의 사역을 예수님과 성령을 통하여 주도하십니다. (7) 예수 그리스도는 자신의 교회를 세우십니다. (8) 역사의 완성은 예수님의 재림과 모든 사람

---

559) S. B. Ferguson (ed), *New Dictionary of Theology* (Leicester: IVP, 1988), 239-41, 266-68, 569-72에서 요약함.

의 부활과 최후 심판과 천국과 지옥으로 이루어질 것입니다.

복음주의 신학은 중세 신학과 밀접한데, 캔터베리 대주교인 안셀름(d. 1109)과 클레르보의 버나드(d. 1153) 등이 주장한 예수님의 고난과 속죄의 만족설을 지지합니다. 그리고 복음주의 신학은 개신교 종교개혁의 특징들과 접맥합니다. 예를 들어, 성경 중심, 성령의 능력을 통한 설교, 교리와 삶의 최종 권위인 성경, 자연스러운 성경 해석, 성경을 모국어로 번역, 이신칭의, 신자의 모임인 교회, 신자가 하나님과 직접 교제함 등입니다. 종교개혁은 국가와 인물 별로 다양한 신학을 꽃피웠습니다. 예를 들어, 성례와 예정론, 천년왕국, 교회 정치 체제의 형식, 성경 영감성의 정확한 특징, 구원을 확신하는 방법, 교회와 문화 및 국가의 관계인데, 복음주의 신학도 이런 이차적인 문제들에 관심을 둡니다.

복음주의 신학은 18세기 중순의 복음주의 대각성과 맞물리는데, 전수된 기독교의 전통에 관한 신학을 다시 확인하고 그리스도인의 삶에 관한 신학을 강조합니다. 구원에 이르는 믿음 혹은 회심은 지속적으로 강조되어왔고, 하나님의 사랑에 대한 의식과 죄인의 회심 그리고 그 회심이 동반하는 사람의 성향 변화도 중요합니다. 그런데 회심의 순간성에 대해서는 이견이 있습니다.560)

---

560) 복음주의가 역점을 두는 복음전파(evangelism)와 관련하여, '복음'을 가리키는 그리스어 명사 '유앙겔리온'은 신약성경에 72회 나타나며, 동사 '유앙겔리조마이'는 52회에 걸쳐 등장하는데 '복음을 전하다'는 의미이다. '복음 전하는 자'인 '유앙겔리스테스'는 3회만 등장한다(행 21:8; 엡 4:11; 딤후 4:5). 복음증거는 '복음을 나누거나 전하다'이다. 복음을 전하는 방법은 다양하다(고후 2:17; 4:2, 5). 복음의 범위가 어떠한지 논의가 있다. 복음의 중심 메시지는 예수님 안에 있는 구원이다(행 8:35; 롬 1:1, 3). 그런데 이 구원을 설명함에 있어, 무엇이 핵심이며 주변적인가에 대한 이견이 있다. 전통적으로 복음전파는 개인이 죄 용서를 받는 것이라고 여겼다. 하지만 사복음서는 복음주의를 하나님 나라의 도래라는 맥락에서 설명한다(막 1:14-15; 눅 4:18-19). 혹자는 복음의 사회적 차원이 중요하다고 본다. 그 결과 혹자는 하나님께서 새로운 공동체를 창조하심을 강조하면서, 좁은 의

복음주의 신학에 성화의 수단과 가능성도 중요한데, 성화의 시간과 가능한 정도에 대해서는 의견이 갈립니다. 공동체의 영적 생활에 관한 신학도 강조되었으며, 교회의 갱신과 사회의 복음화와 개선에도 관심을 보입니다.

1930년대에 복음주의 신학은 그리스도인의 윤리에 몰입한 자유주의신학에서 벗어나 중세 초기와 종교개혁기의 정통신학의 유산을 다시 확립했습니다. 그런데 정통신학의 본질에 몰두한 고백적 복음주의자들은 당대 사상의 세계를 일축하면서, 그리스도인의 삶에 관한 자유주의신학을 중요시하지 않았고, 모든 신학의 최종 형태는 종교개혁기의 신앙고백서에 담겨있다는 인상을 남겼습니다. 아브라함 카이퍼 당시의 복음주의 신학은 모든 영역에 예수 그리스도의 주권을 이루려는 영역주권 이론을 수용했습니다.

19세기 자유주의가 맹위를 떨칠 때, 복음주의는 약화되어 방어적 복음주의 신학은 근본주의 형식으로 나타났습니다. 그 무렵 교회와

미의 복음주의와 사회적 행동을 강하게 분리할 수 없다고 본다. 이와 유사한 이유로 혹자는 예수님께서 복음을 전파하심은 말뿐 아니라, 하나님의 권능과 사탄의 패배를 알리는 초자연적 표적과 이적이 동반되었다고 주장한다(막 16:15-18; 행 2:22; 고전 4:20). 또한 복음화는 복음전파를 위한 동기들에 주목한다. 성경에 나타난 주요 동기들로는 하나님의 영광과 그리스도의 지상명령에 순종함(마 28:19-20)과 하나님의 은혜에 감사, 그리고 불신자의 운명에 관한 관심을 들 수 있다. 세계복음화를 위한 로잔회의(1974)는 복음화는 성경대로 예수 그리스도께서 우리 죄를 위해 죽으시고 부활하셨으며, 다시오시는 주님께서 회개하고 믿는 모든 사람에게 지금 죄용서와 성령의 자유케하는 은사를 주신다는 복음을 전파하는 것이라고 선언한 바 있다. 그리스도인은 세상 속에서 복음증거를 위해 존재하면서, 세상의 목소리를 듣고 이해해야 한다. 복음전파 자체는 구주와 주이신 역사적이고 성경에 나타난 그리스도를 전파하여 죄인이 하나님께로 나아와 화해하도록 돕는 것이다. 복음전파를 위해서라면 제자도의 대가를 치를 수밖에 없다. 이를 위해 그리스도인은 자신을 부정하며 자기 십자가를 지고 예수님의 몸인 새롭게 창조된 공동체에 속해 있어야 한다. 복음전파의 결과는 그리스도에게 순종함, 주님의 교회에 소속함, 그리고 세상에서 책임성 있게 봉사함을 포함한다.

사회는 치유될 수 없이 타락해 간다는 비관적 천년왕국론도 나타났습니다. 이런 근본주의 경향에 따르면, 교회는 현재의 이슈에 대해 말할 능력이 없기에, 오직 미래만 중요합니다.

20세기 중반에 복음주의 신학의 부흥이 일어났습니다. 영국과 미국 복음주의 신학자들은 성경주해와 조직신학과 변증학 그리고 윤리학을 발전시켰습니다. 화란 신학자들과 메노나이트 신학자들은 다양한 출발점으로부터 사회적 행동의 신학을 발전시켰습니다. 복음주의에 속하는 오순절의 은사주의자들의 성령론도 주목할 만합니다.

복음주의 신학은 '영적 신학'이라 불릴만합니다. 정통신학의 전통 안에서 복음주의 신학을 수행하는 방식은 생생하게 '살아있는 정통주의'입니다. 성경은 연구의 대상이자 기도와 경건과 묵상의 자료입니다. 그리고 신학의 목적은 신학 지식을 쌓는 것이라기보다는 하나님을 아는 것입니다. 학문적 자만심을 경계하면서 복음주의 신학은 하나님과 사람을 사랑하는 공동체 안에서 주님의 재림을 인식하면서 수행되어야 합니다. 따라서 복음주의 신학의 전부는 하나님의 영광을 추구합니다.561)

2. 근본주의

근본주의(fundamentalism)는 북미에서 복음주의 부흥운동의 유산에 기반하여, 19세기에 자유주의를 반대하면서 성경의 근본적 교리와 가르침을 고수하려는 신학입니다. '근본주의'라는 용어는 미국

---

561) 영국 유니온신학교(전신은 웨일스복음주의신학교) 총장 마이클 리브스는 복음주의를 성경이 증거하는 삼위 하나님의 구속 사역, 즉 성부 하나님이 성자를 통하여 온 세상을 회복하는 새 창조를 성령 안에서 행하신다는 복음에 충실한 신학으로 정의한다. 적어도 이런 복음주의라면 개혁주의와 다르지 않다. M. Reeves, 『복음의 사람들』, *Gospel People*, 송동민 역 (서울: 복 있는 사람, 2013).

에서 1920년에 편집인인 로즈(C. L. Laws, d. 1946)가 북침례교(NBC) 안에서 자신이 속한 반 모더니즘단체를 위해 사용한 데서 유래했습니다.562) 이성주의 모더니즘(1700-1900)과 세속주의 그리고 자유신학을 반대하는 복음주의자들의 연대에서 '근본주의'라는 용어가 사용되었습니다. 근본주의자들은 복음주의 개신교도, 모더니즘에 반대하면서 전통적인 초자연적 성경적 기독교에 동의하는 사람, 모더니즘과 세속화에 맞서 싸우는 사람입니다. 19세기 미국의 부흥운동에 뿌리를 둔 성결주의자와 오순절주의자들은 스스로 '근본주의자'라 부르기도 했습니다. 1920년경 근본주의자들은 모더니즘(성경비평,563) 진화론, 도덕적 상대주의, 마르크스주의, 음주, 흡연 등)에

---

562) 저널 *The Fundamentals*의 창간호(1910)에 실린 논문 목록과 저자 이름은 다음과 같다. "The Virgin Birth of Christ"(James Orr); "The Deity of Christ"(Benjamin B. Warfield); "The Purposes of the Incarnation"(G. Campbell Morgan); "The Personality and Deity of the Holy Spirit"(R. A. Torrey); "The Proof of the Living God"(Arthur T. Pierson); "History of the Higher Criticism"(Dyson Hague); "A Personal Testimony"(Howard A. Kelly).

563) 이성주의적 성경비평은 해석방식을 강조하는데, 본문의 의미를 찾기 위해 학문적으로 검증할 수 있는 자료를 활용하려 한다. 역사비평에 따르면, 본문을 이해하고 본문에 나타난 사건의 역사성을 파악하려면 인간 저자가 살던 당시의 세계를 이해해야 한다. 이를 위해, 역사, 경제, 심리, 철학, 사회적 해석방식, 다시 말해 성경 바깥의 여러 방법을 동원하여 심지어 본문을 교정하려고 시도한다. 하지만 성경의 영감성을 부인하거나 전제하지 않는 역사비평의 심각한 문제점을 간과할 수 없다. K. J. Vanhoozer (ed), *Dictionary for Theological Interpretation of the Bible* (London: SPCK, 2005), 634. 참고로 17세기에 영국에서 조지 폭스(George Fox, d. 1691)가 시작한 퀘이커교도는 성령의 영감이 계속된다고 주장하면서, 그런 영감이 기록된 성경을 능가하지는 않지만 성경을 더 잘 이해하고 경험하도록 돕는다고 주장한다. 그리고 복음주의 형제단(Evangelical Friend) 혹은 퀘이커교도는 그리스도인이 일상에서 성속 이원론에 빠지지 않고 성례와 같은 생활을 마땅히 살아야 할 것을 강조한다. 그런데 이런 '성육신적 성례론'을 주장하는 바탕에는 그들이 외형적인 세례와 성찬을 거부하고 그리스도의 임재를 자신들의 모임 속에서 직접 경험함으로써 서로 연합할 수 있다는 신학적 오류가 자리하고 있기에 주의해야 한다. 청교도와 침례교도의 반대에 직면했던 폭스는 웨스트민스터 신앙고백서가 작성된 1647년에

맞서는 '미국의 백인 보수주의자들'을 지칭했습니다(참고. 바이블 밸트의 백인 성서침례교도). 그 무렵 프린스턴신학교가 신앙의 근본적 사항들(성경 무오, 그리스도의 신성과 동정녀 탄생, 십자가의 대속의 은혜, 예수님의 부활, 재림)을 지키려고 노력하다 보니 근본주의로 분류되기도 합니다. 1930년대에 근본주의자들은 침례교를 중심으로 참 신앙을 고수하기 위해 독립된 교회조직을 갖추려고 기성 교회에서 분리되었습니다.

영국의 복음주의 보수주의자들은 근본주의라는 용어를 성경의 영감성을 고수하면서 역사비평을 거부하는 데 사용했습니다. 따라서 그들은 최근에 발전된 합리적인 방식의 성경해석법을 수용하는데 소극적입니다. 또한 근본주의는 방어적이며 미래지향적 그리고 비관적 세계관을 가진다는 점에서 다비(J. N. Darby)와 스코필드(C. I. Scofield)와 영국 케직사경회의 영향을 받은 전천년적 세대주의와 접맥합니다.564)

1940년대에 근본주의자들 안에서 분열이 발생했습니다. 주류 교단들과 느슨하게 연대하려던 근본주의자들은 스스로 '신복음주의자'라 불렀는데, 1950년대에는 더 단순하게 '복음주의자'라 불렀습니다(H. J. Ockenga, C. F. H. Henry, E. J. Carnell). 반면에 더 강경한 분리주의자들은 스스로 '유일한 참된 근본주의자'라 자부했습니다(J. R. Rice, B. Jones[1883-1968], C. C. McIntire[1906-

---

직접적이고 즉각적인 계시 경험을 체험했다고 스스로 주장한 바 있다. K. Walkemeyer, "Work as Sacrament: The Quaker Bridge from Sunday to Monday," *Quaker Religious Thought* 109 (2007), 48-53; R. D. Warden, "Text and Revelation: George Fox's Use of the Bible," *Quaker Religious Thought* 97 (2001), 10, 14.

564) 저널 *The Fundamentals* 11호에 C. I. Scofield는 "The Grace of God"를 기고했다.

2002]).565) 1960년부터 '근본주의자'는 바로 이 강경한 사람들을 가리켰습니다. 1980년대에 침례교 근본주의인 팔웰(Jerry Falwell, b. 1933)이 '도덕적 다수'(Moral Majority)를 조직하여 공적 영역에서 전통적인 기독교 관습을 보존하려고 시도했습니다(참고. 뉴라이트). 이들 근본주의자들은 세대주의적인 예언적 해석을 신봉하면서 오늘날 이스라엘 국가를 지지합니다. 그러나 항상 개혁해 가는 교회와 신학이 아니라 근본주의에 빠진다면, 스스로 도태되거나 세상과 분리되어 게토화되기 십상입니다.566)

3. 개혁주의

개혁주의(Reformed)는 16세기 종교개혁가들의 신학으로, '다섯 가지 오직'(5 Solas)과 '튤립'(TULIP)으로 요약됩니다. 개혁주의 신학은 16-17세기 칼빈주의 교회의 신앙고백서와 교리문답서에 잘 나타납니다. 그리고 하나님의 주권과 영광, 문화변혁을 통한 영역주권, 예수님 중심의 구속사적 해석과 설교, 이해를 추구하는 믿음, 세상의 갱신과 통전적 구원, 말씀을 표준으로 삼아 항상 개혁해 가는 교회 등이 특징입니다.567) 개혁주의가 표방하는 교회 정치 체제는 개혁교

---

565) 물론 학자에 따라, 이들을 근본주의자가 아니라 복음주의자나 개혁주의자로 분류할 가능성도 있다.

566) 참고. 박명수, "박용규 교수와 '개혁주의적 복음주의'," 『神學指南』 87/2 (2020), 210.

567) 한국의 기독교 근본주의자들이 자본주의 유물론을 옹호하며, 여성 목사를 반대하고, 성소수자들의 인권 확립에 결정적 걸림돌이 된다는 주장은 호남신대 이진구, "한국 기독교 근본주의와 종교권력," 『기독교사상』 8월 호 (2010), 60-63을 보라. 이처럼 성경적 개혁주의와 그렇지 않은 근본주의를 적절히 구분하는 데 실패한 경우가 종종 나타난다. 참고. 전호진, "복음주의, 개혁주의 및 근본주의는 본질적으로 다른가?" 『神學指南』 268 (2001), 49. 참고로 "박용규 교수는 한국 장로교의 뿌리를 '개혁주의적 복음주의'라는 용어로 설명하고 있다. 그는 한국 장로교회는 주로 맥코믹신학교를 졸업한 선교사들이 이끌어 왔는데, 맥코믹 전통은 장로교 구파의 정통신학뿐

회와 장로교회입니다. 17세기 이후로 개혁주의 신학은 남아공, 독일, 스위스, 헝가리, 스코틀랜드, 미국, 화란, 캐나다, 호주, 뉴질랜드, 한국 등에서 발전되었습니다.568) 항상 개혁해가는 신학이라면 나쁜 콜레스테롤 찌꺼기와 신학적 동맥 경화를 유발하는 신학적 지방(theological fat)을 빼고 근육을 키워야 합니다. 신학적 지방은 개혁주의자들이 성령 충만하고 겸손과 사랑의 태도를 회복하며, 개혁교회의 유산을 늘 점검하면서 발전시킬 때 제거할 수 있습니다.

나오면서

개혁주의는 복음주의보다 본서의 '부록 2'에서 다룬 '다섯 가지 오직'(5 Solas)을 더 굳게 붙잡습니다. 이미 1990년대에 성경은 아프리카에서 600개 이상 언어로 번역되었습니다. 그만큼 성경은 아프리

만이 아니라 무디부흥운동의 전통을 이어받았다고 주장한다." 그리고 예장 합동교회의 경우 복음주의와 개혁주의를 구분하지 않고 혼용하는 경우가 있는 것으로 보인다. 참고. 박명수, "박용규 교수와 '개혁주의적 복음주의'," 197, 209-210, 215; 전호진, "복음주의, 개혁주의 및 근본주의는 본질적으로 다른가?" 49.

568) 2023년 5월 1일에 네덜란드의 해방파 개혁교회(GKV; Gereformeerde Kerke-Vrijgemaakt, since 1944)는 역사에서 자취를 감추었다. GKV는 네덜란드 개혁교회(NGK; Nederlands Gereformeerde Kerken, since 1967)와 통합하여, 이와 철자가 거의 비슷한 네덜란드 개혁교회(NGK; Nederlandse Gereformeerde Kerken)라는 이름을 새로 달았다. GKV의 이주민들은 캐나다 개혁교회(CanRC)와 호주자유개혁교회(FRCA)를 세웠다. 그리고 GKV는 남아공자유개혁교회(VGKSA; Vrye Gereformeerde Kerke in Suid-Afrika)와 자매 관계를 유지했다. 그러나 GKV는 2017년 여성 목사를 허용함으로써 자매교회와 결별했으며, 2022년에는 국제개혁교회연맹(ICRC)이 GKV의 회원권을 박탈함으로 국제적으로 수모를 겪었다. NGK는 1995년에 여성 집사를 허용했고 2011년에는 여성 목사를 허용했기에, 결을 같이하는 GKV와 통합하는 데 걸림돌은 없었다. 이런 개혁교회의 역사를 통해, 개혁교회가 항상 개혁해갈 때, 기준은 시대사조가 아니라 성경이어야 함을 다시 교훈 받는다. 참고. Wes Bredenhof의 A Reformed Christian Blog and Resource Page (2023년 7월 8일 접속).

카인에게 공적인 도구라는 뜻입니다. 그런데 아프리카에서 '오직 성경'(Sola Scriptura)이라는 개혁주의 전통을 오용하는 자들이 있습니다. 다시 말해, 어떤 통치자들은 자신의 지배권을 유지하기 위해 성경을 이념적 도구로 남용해 왔습니다.569) 그러나 그리스도인의 신앙과 생활의 원칙은 성경이어야 합니다.

종교개혁의 또 다른 표어인 '오직 믿음'(Sola Fide)은 세상에 파송된 그리스도인에게 공적인 도구로 자리매김합니까? 생명 경시, 무너지는 윤리, 자연의 파괴, 심해지는 빈부격차, 사회의 부정 등은 개혁주의 신앙인이 붙잡고 있는 '오직 믿음'과 무관하다고 말할 수 없습니다.570) 예수님께서 자신의 통치를 세상에 구현하실 때, 어떤 한 영역도 포기하시지 않습니다. 이것은 개혁교회가 하나님 나라를 이 세상에 구현하기 위해 개혁주의 공공-선교신학을 정립하고 실천해야 할 이유입니다.

---

569) V. S. Vellem, "The Reformed Tradition as Public Theology," *HTS Teologiese Studies* 69/1 (2013), 3. 참고로 에큐메니컬 신학을 추구하는 세계개혁교회연합(World Communion of Reformed Churches)은 '오직 성경'이라는 주제를 두고 의심의 해석학과 같은 다양한 해석 방법을 동원하여 토론함으로써 교회 연합을 추진하려고 시도한다. Y. Dreyer et als, "Sola Scriptura: Hindrance or Catalyst for Church Unity?" *HTS Teologiese Studies* 69/1 (2013), 5-7.

570) Vellem, "The Reformed Tradition as Public Theology," 4.

참고문헌

박명수. "박용규 교수와 '개혁주의적 복음주의'." 『神學指南』 87/2 (2020): 193-219.

이진구. "한국 기독교 근본주의와 종교권력." 『기독교사상』 8월 호 (2010): 55-65.

전호진. "복음주의, 개혁주의 및 근본주의는 본질적으로 다른가?" 『神學指南』 268 (2001): 45-71.

Dreyer, Y. et als. "Sola Scriptura: Hindrance or Catalyst for Church Unity?" *HTS Teologiese Studies* 69/1 (2013): 1-8.

Ferguson, S. B. (ed). *New Dictionary of Theology*. Leicester: IVP, 1988.

Reeves, M. 『복음의 사람들』. *Gospel People*. 송동민 역. 서울: 복 있는 사람, 2013.

Vanhoozer, K. J. (ed). *Dictionary for Theological Interpretation of the Bible*. London: SPCK, 2005.

Vellem, V. S. "The Reformed Tradition as Public Theology." *HTS Teologiese Studies* 69/1 (2013): 1-5.

Walkemeyer, K. "Work as Sacrament: The Quaker Bridge from Sunday to Monday." *Quaker Religious Thought* 109 (2007): 46-55.

Warden, R. D. "Text and Revelation: George Fox's Use of the Bible." *Quaker Religious Thought* 97 (2001): 9-17.

가.도.원